本书得到了山东省软科学项目“科技资源共享平台建设研究”（项目编号：2018RKB01110）、德州学院校级人才引进项目“基于价格和服务的产品销售策略研究”（项目编号：330109）、德州学院校级人才引进项目“三种生产模式下期量标准计算方法研究”（项目编号：402624）的资助。

基于价格和服务的企业销售策略研究

王　彬 ◎ 著

中国社会科学出版社

图书在版编目（CIP）数据

基于价格和服务的企业销售策略研究/王彬著．—北京：中国社会科学出版社，2019.5

ISBN 978－7－5203－4441－8

Ⅰ．①基…　Ⅱ．①王…　Ⅲ．①企业管理—销售管理—研究
Ⅳ．①F274

中国版本图书馆 CIP 数据核字(2019)第 090646 号

出 版 人　赵剑英
责任编辑　刘晓红
责任校对　周晓东
责任印制　戴　宽

出　　版　中国社会科学出版社
社　　址　北京鼓楼西大街甲 158 号
邮　　编　100720
网　　址　http：//www.csspw.cn
发 行 部　010－84083685
门 市 部　010－84029450
经　　销　新华书店及其他书店

印刷装订　北京君升印刷有限公司
版　　次　2019 年 5 月第 1 版
印　　次　2019 年 5 月第 1 次印刷

开　　本　710×1000　1/16
印　　张　12
插　　页　2
字　　数　185 千字
定　　价　58.00 元

摘　要

在制造业服务化的影响下，传统制造业的竞争手段不仅仅局限于价格、质量、交货期等因素，服务作为一个有力的竞争手段，已经开始影响消费者的购买决策。企业在销售产品时，需要提供与之配套的服务。在基于价格和服务的竞争模式下，明确企业的决策过程和最优方案，是企业成功的重要前提。

本书研究了在价格和服务共同作为竞争要素的情境下，各参与方构成的博弈模型以及均衡状态下各方的最优决策，对不同情境的结果作了比较，并做参数分析。主要内容和创新表现在以下几方面：

（1）研究了两个制造商在提供替代产品的同时提供配套服务，在一方 Stackelberg 占优、纳什均衡和企业联盟三种情景下的双方价格、服务水平、销售量和利润。在参数分析方面，产品市场容量增加或者服务成本减少使其自身的利润增加。当替代品市场容量增加时，若服务成本较高，则产品会因此受益，但其幅度小于替代品；若服务成本较低，则产品会遭受损失。而替代品服务成本减少，则一定会导致产品利润减少。在情境比较方面，两个企业形成联盟时，能够获得最大利润，但消费者利益受到损失。当无法形成联盟时，若双方实力相等，则维持纳什均衡，此时双方获得中等水平的利润；如一方占据优势，则领导者凭借优势地位获取较多的利润，跟随者只能获取最低的收益。

（2）研究了两个生产互补品企业在提供产品的同时提供配套服务，在一方 Stackelberg 占优、纳什均衡和企业联盟三种情境下双方的价格、服务水平、销售量和利润。在参数分析方面，产品的市场容量增加或者服务成本减少使自身的利润增加。当互补品市场容量增加时，若服务成本较低，则产品的利润增加，但幅度小于互补品；若服务成本较高，则产品利润减少。互补品的服务成本减少，则一定会导致产品的利润增加。在情境比较方面，两个企业形成联盟时，能够获得最大利润，且消费者会因此受益。当无法形成联盟时，若双方实力相等，则维持纳什均衡，此时双方获得中等水平利润；如一方占据优势，则领导者凭借优势地位获取较多的利润，跟随者只能获取最低的收益。

（3）研究了市场上存在两个生产商和一个零售商，且由生产商提供服务的模型。分析了生产商占优、零售商占优和纳什均衡三种情境下，三方的价格、服务水平、销售量和利润。在参数分析方面，当某一产品市场容量增加时，产品、替代品和零售商的利润都会增加。当产品服务成本降低时，生产商和零售商的利润都会提高，但替代品利润会降低。在情境比较方面，当生产商占优势时，生产商能够获得最多的利润，零售商只能获取最少的利润。当零售商占优势时，零售商能够获取最多的利润，生产商只能获得最少的利润。当处于纳什均衡状态，三方的决策与服务成本相关。当服务成本较低时，双方保持平等状态，且都获得中等水平的利润。当服务成本较高时，生产商放弃平等地位转为跟随者获取中等水平的利润，零售商也乐意成为领导者，从而获取最多的利润。

（4）研究了再制造产品经营的两种模式。第一种模式中，市场上存在两个生产商：一个是传统的新产品生产商，另一个通过回收旧产品从事再制造，两个企业在销售产品的同时提供与产品相关的配套服务。讨论了在纳什均衡和新产品生产商为领导者两种情景下两种产品的价格、服务水平、销售量和利润。在参数分析方面，随着顾客对于再制造产品认可度（θ）的提升，新产品利润减少而再制造产品的利润先增加后降低。在情境比较方面，当处于新产品生产商领导者地位时，新产品商会采取较低的服务水平，较高的价格，虽然需求量较低，但是利润最高。对于再制造产品生产商，当θ较小会采取较低的服务水平和较低的价格，其需求量和利润也较低；但是当θ较大时会采取较高的服务水平和较高的价格，其需求量和利润也较高。第二种模式是市场上只有一个生产商，同时生产两类产品并提供配套服务。研究了两类产品的价格、服务水平、销售量和利润。在参数分析方面，随着θ增加，新产品的价格、服务水平和需求会降低，再制造产品的服务水平、价格和需求会增加，两类产品获得的总利润会减少。与第一种模式相比，第二种模式中两类产品都会采取高价格、低服务水平，虽然需求量较低，但是可以获得更多的利润。新产品生产商会根据再制造产品认可程度，生产所需投入的固定成本和再制造商实力，在两种模式间做出些选择。

（5）在第四部分研究的基础上，探讨了有零售商参与的经营模式。研究了在制造商占优、零售商占优和纳什均衡三种情境下，新产品生产商、再制造产品生产商和零售商的均衡价格、服务水平、销售量和利润。在参数分析方面，随着顾客对于再制造产品认可度的提升，新产品的利润减少，再制造产品的利润先增加后降低，零售商的利润持续增加。在情景对比方面，在生产商为领导者状态下，新产品和再制造产品采用较高的批发价格而且获得较高的利润，零售商的零售价格虽然稍高但只能获得较低的利润。在零售商为领导者状态下，新产品采取最低的批发价格并获取最低的利润，再制造产品可以采取中等的批发价格并获取中等的利润，零售商则用其优势地位获取较高的零售价格从而获取最高的利润。在纳什均衡状态下，新产品和零售商均会获得中等的价格和利润，而再制造产品由于相对弱势只能获得最低的价格和利润。

关键词：服务增强　替代品　互补品　再制造　参数分析

Abstract

Under the influence of Service – Manufacturing, competition methods for traditional manufacturing are not limited to price, quality, date of delivery and other factors. Service, as a powerful competition facter, has begun to affect consumer purchasing decision. Enterprise not only supplies a single product, but also provides accompanying service. Therefore, understanding decision – making process and the optimal solution based on price and service competition, is an important prerequisite for business operation.

This thesis studies the game models and equilibrium optimal decisions of parties, where price and service are both competitive factors. It compares results on different situations and makes parameters analysis. Main contents and innovations are as following:

(1) This paper studies the situation where two manufacturers supply substitute products and related services. It finds prices, service levels, sales and profits of both sides in three scenarios including Stackelberg, Nash Equilibrium and Alliance. The increase of product market capacity or decrease of service cost will increase its profit. When substitute market capacity increases, if service cost is high, product will benefit; but the extent is less than substitute; otherwise, product will suffer loss. While reduce of substitute's service cost will lower product profit definitely. In comparison of situation, when two companies form an alliance, they can gain maximum profits, but consumers will bear loss. When they can't form an alliance, if both sides have equal strength, they will maintain Nash Equilibrium and have medium

profit; if one party is Stackelberg dominant, leader can obtain more profit and follower only obtains the lowest income.

(2) It studies the situation where two manufacturers supply complement products and related services. It also finds the price, service level, sales and profits of both sides in three scenarios including Stackelberg, Nash Equilibrium and Alliance. The increase of product market capacity or reduce of service cost will increase its profit. When complement market capacity increases, if service cost is low, product will benefit, but the extent is less than complement; otherwise, product will suffer loss. While reduce of complement's service cost will increase product profit definitely. In comparison of situation, when two companies form an alliance, they can gain maximum profits, and consumers also benefit. When they are can't form an alliance, if both sides have equal strength, they will maintain Nash Equilibrium and have medium profit. If one is Stackelberg dominant, leader can obtain more profit and follower only gets the lowest earning.

(3) This paper researches the model where there are two substitute manufacturers and a retailer on the market and manufacturers provide services. It analyzes the prices, service levels, sales and profits of the three parties in three kinds of situation including Manufacturer Stackelberg, Retailer Stackelberg and Nash Equilibrium. When one product market capacity increases, the product, substitute and retailer's profits will increase. When one product service cost reduces, both the product and retailer's profits increase, but substitute profit will reduce. In Manufacturers Stackelberg, manufacturers can get the most profits, and retailers can only obtain the least profit. In Retailer Stackelberg, retailers get the most profit, and manufacturers only earn minimal profits. In Nash Equilibrium, the decisions are related to service cost. If service cost is low, the participants remain equal status and get medium profit. If service cost is high, manufacturers will give up equal status to become a follower and get medium profits; retailers are also willing to be a leader and get more profit.

(4) It studies two kinds of remanufacturing product operation patterns.

In first pattern, there are two manufacturers on the market. One is a traditional manufacturer which produces new product, and the other remanufactures by recycling used products. Two companies also provide product – related services. The paper discusses the optimal decision of prices, service levels, demands and profits in the two scenarios including Nash Equilibrium and New Product Manufacturers Stackelberg. It is discovered that with the increase of customer acceptance of remanufactured product (θ), the profit of new products reduces and remanufactured product profit increases at the beginning but then decreases. In New Product Manufacturer Stackelberg, relative to the Nash equilibrium, new product manufacturer adopts lower service level and high price. Although demand is smaller, profit becomes higher. For remanufactured product, if θ is small, it takes lower service level and price; demand and profit are also lower. When θ is larger, it adopts higher service level and price; demand and profit are also higher. In second model, there is only one manufacturer on the market, which supplies two types of products and services. It studies the optimal prices, service levels, sales and profits of the two types of products. With increase of θ, for new product, price, service level and demand decrease. For remanufacturing product, price, service level and demand increase. But total profits are reduced. Comparing with first pattern, two types of products both take higher prices, lower service levels. Although demands are lower, it can get maximum profit. Manufacturer makes choice between the two patterns based on customer acceptance of remanufactured product, investment in fixed cost of remanufacturing production and power of remanufacturer.

(5) On the basis of part 4, it studies the operation patten including retailer. This paper discusses the optimal decision of prices, service levels, demands and profits in three scenarios including Manufacturers Stackelberg, Retailer Stackelberg and Nash Equilibrium. With the increase of customer acceptance of remanufactured product, new product profit reduces, and remanufactured product profit increases at the beginning and then decreases. Will, the profit of retailer grows steadily. In Manufacturers Stackelberg, new and re-

manufactured products can adopt higher wholesale prices and get maximum profits; retailer only has the minimum profit, although retail prices are higher. In Retailer Stackelberg, new product only has the lowest wholesale price and gets minimum profit; retailer can adopts the highest retail prices and get maximum profit; remanufactured product takes medium wholesale price and gain medium profit. In Nash Equilibrium, new product and retailer have the medium prices and profits; remanufactured product only has the minimum price and profit.

Key words: Service Enhancement, Substitute, Complement, Remanufacturing, Parameter Analysis

目　录

第一章　绪论

第一节　本书的研究背景和意义

一　制造业服务化的兴起

随着经济的发展和顾客需求水平的提高，传统的制造企业不再仅仅关注实体产品的生产过程，而把业务范围扩展到产品的整个价值链，包括市场需求分析、产品研发、生产制造、市场营销、售后服务和产品最终的报废、回收。在整个价值链中，生产制造环节起到的作用越来越小，而服务环节创造的利润越来越多。一些传统意义上的制造企业已经开始放弃或者外包制造业务，只从事与服务相关的研发设计、市场销售等活动。这些制造企业已经开始向服务企业转变，服务化已经成为制造企业发展的必然趋势。

制造业服务化是指制造企业从传统的以产品为中心向服务增值延伸，不再是单一的产品提供者，而是成为集成服务提供商，这是制造业走向高级化的必然趋势。制造企业不再仅仅提供产品，而是延伸到产品的整个生命周期，提供产品、服务、支持、自我服务和知识的“集合体”。

制造业服务化已经成为传统制造业发展的必然趋势，许多国际知名的制造企业集团已经开始了这种转型。例如 IBM 成立于 1911 年，多年来一直从事硬件生产。但是到了 20 世纪 90 年代，IBM 发展遇到了困难，公司亏损严重。在这种情况下，IBM 开始转型，经营业务重点由硬件转向软件和服务，由制造企业转型为信息技术和业务解决方案公司。2013 年，IBM 的总营业收入中，来自服务、金融和软件等非制造业务占 80% 以上，而硬件收入只占 18% 左右。通用电气（GE）是一家著名的电器和电子设备制造公司，从 20 世纪 80 年代开始转型，其业务范围涵盖消费者金融、医疗、商务融资、制造、影视等多个领域，2013 年服务业务收入已经占据总营业收入的 70% 以上。耐克是世界知名的运动品牌，但公司已经把制造环节完全剥离，外包给加工质量好、成本低的代工厂，而把业务重点放到了研发和销售。从严格意义上来讲，耐克已经是一家服务企业。类似的例子还有苹果、飞利浦、壳牌等。事实上，许多传统的制造业企业都开始做出转型，不再只从事单一的生产制造，还提供与实物产品相关的服务，甚至直接提供完全的服务产品。

传统制造业向服务化转型有两种基本模式：一种是依托自身的制造业发展服务业，即核心技术服务化。公司在保持原有产品的基础上，将经营重心从制造转向提供研发、营销、售后等与产品相关的服务，从制造商转型为服务提供商，如耐克、惠普等公司。另一种是战略转型发展服务业，即多元化经营。公司减少或退出制造业务，组建和发展服务、金融等新兴高增长业务，此类代表有 IBM、GE 等公司。

目前我国已有一些制造企业开始逐步向服务化转型，例如陕鼓、远景能源等企业。但总体上看，绝大多数企业仍然刚刚起步，能够为行业提供集成解决方案和系统服务的企业并不多。2014 年 7 月，针对目前存在的问题，国务院下发《关于加快发展生产性服务业促进产业结构调整升级的指导意见》（以下简称《指导意见》）。该指导意见对我国生产性服务业的发展做出全面部署，鼓励国内制造企业走服务转型模式。本课题主要针对第一种模式，即依托自身的实物产品提供服务展开研究。

二　服务型制造的概念和相关理论

服务型制造的概念起源于生产性服务业。1966 年，美国经济学家 Greenfield 在对服务业分类时，提出了生产性服务业的概念。20 世纪 90 年代，研究学者们又提出了服务增强型制造、服务嵌入型制造和服务导向型制造等一系列概念。在此基础上，孙林岩等提出了服务型制造的概念。服务型制造，是为了实现制造价值链中各利益相关者的价值增值，通过产品和服务的融合、客户全程参与、企业相互提供生产性服务和服务性生产，实现分散化制造资源的整合和各自核心竞争力的高度协同，达到高效创新的一种制造模式。服务型制造是世界先进制造业发展的新模式，是生产与服务相结合的现代制造业新的产业形态。

服务型制造的相关理论研究在国内外已经开展多年，在国外的研究中，学者们从生产性服务业对经济的促进作用、制造业与服务业的融合、制造业和服务业的合作关系等方面做了较多的研究。Drucker 提出了“新制造业”的概念，认为生产出实物产品并不是制造企业的重点，企业需要为顾客提供满意的服务，能够满足顾客的需求才是企业首先要考虑的因素。Howells 等认为，制造企业将有形产品和配套服务捆绑销售可以给企业带来更多的利润。Brady 等认为，某些产品的制造商应该提供具有个性化的整体解决方案，从而为客户创造额外价值。Geum 等总结了服务型制造的特性，认为其融合了服务和产品，将环境绩效和价值创造结合，并改变了某些经营模式——产品所有权没有转移到顾客，而是仍然由生产商保留。Lu 分析了实施服务型制造的方法，服务型制造的应用范围以及定价策略。研究表明，当服务成本相对价格较低时，可以考虑实施。认为市场上至少应有一半的企业应该实施服务型制造策略。Blandine 研究了法国 10 个实施服务型制造的企业。调查了他们实施的原因和形式，对管理方式创新的影响，需要的基础知识，以及应用的限制。研究表明是否实施服务型制造与企业的学习能力和在供应链中的地位有关，而成功与否和企业的技术水平和创新能力相关。此外，Oliva、Morelli、Aurich、Shin、Elnadi 等对服务型制造的特点类型、实施的方法和策略也做了阐述。

国内也有许多学者做了较为深入的研究。戴志强等分析了制造企业向服务转型的动因：从经济发展的角度来看，是因为产业链上的价值重心从制造向服务转移；从战略调整的角度分析，可以开辟“蓝海”、避免过度竞争，满足现代经济内在的分工与分工外部化深入的需要。张旭梅等研究了两种不同类型的服务：服务企业面向制造企业的服务和制造企业面向客户的服务。对制造业服务化的内涵和类型做了论述，并且通过案例分析的方式探讨了制造业服务化的三种典型模式：制造商自营服务、制造商与服务商合作共同提供服务和服务外包，并就我国制造服务业发展给出了相关建议。刘明宇等从经济动机角度和社会关系角度，分析了生产性服务外包产生的原因和运营模式，并对制造业和服务业的协同做了分析。丁兆国通过整理和分析服务型制造的价值演变过程，总结出服务型制造的价值创造过程中的四个关键环节，分析了服务要素在企业价值创造环节中的作用，并就服务型制造在华阳的应用做了案例分析。方红卫认为，全球经济已经开始向服务经济转型，通过采用商业模式理论和案例研究的方式，研究了中国汽车制造企业从生产型到服务型的转型模式，并通过陕汽的实例分析了企业的转型过程。研究发现传统汽车制造企业应从提供单一的汽车产品转向提供综合解决方案，从提供基本的售后维修保养服务转向提供基于汽车产品的全生命周期的服务。杨慧运用实证研究的方式讨论了服务化对于制造企业带来的竞争优势。通过分析江苏省200家制造企业经营数据，从产出和过程两个角度建立服务型制造双重竞争优势模型，通过结构方程模型对该理论模型做了验证。结果表明服务型制造模式的主要构成要素对企业绩效和顾客绩效都有正向的促进作用。应用此模式能够降低运营成本，并且创造差异化优势来获取溢价效应。

此外，刘继国、蔺雷、吴贵生、冯泰文、王明微、何哲、沈瑾等也对服务型制造的起源、概念模型、理论体系、内在机理、实施模式、价值创造模式和业界实践等内容进行了研究。

总体来看，国内外现有研究的成果大多是基于宏观层次，研究产品和服务的融合，从微观层面做系统分析的并不多见。对于制造企业来说，在服务型制造的大环境下，产品和服务往往是合并销售，共同定价影响消费者决策的，从该视角来进行研究为数不多。现有的研究主要针对单独一个企业的产品和服务，但是市场上往往存在多个企业生产相关产品，比如替代品、互补品等。在这种情景下，企业如何决定价格和服务水平从而取得最佳效益，目前尚未有学者对这类问题做系统研究。

因此，虽然众多企业和学者都注意到服务能够影响顾客的选择，并使顾客获得更高的满意度，但是对于价格与服务共同决定顾客决策的情景，以及多种产品均以价格和服务来博弈决策的研究较少。如果不清楚了解在这种新型模式下企业应如何获取最优方案，以及当环境变化时企业应如何调整策略，而根据以往的市场经验很有可能做出误判，影响企业在市场中的地位。所以明确企业在此模式下的决策过程和最优方案，是企业成功的重要前提。

三　本书研究的意义

基于以上分析，本书的研究对象为按订单设计并生产的制造行业，例如生产基础类装备、定制化服装等，此类行业围绕产品所形成的一整套服务体系相对成熟和稳定，顾客对服务关注度较高。课题讨论在价格和服务共同作为竞争要素的情境下，消费者和企业之间，企业和企业之间的博弈模型和均衡状态下的各方的最终决策。研究主要分成四个部分：第一部分研究生产相关产品的两个企业的竞争模型；第二部分研究两个制造商生产不同产品并通过同一零售商向消费者销售的竞争模型；第三部分研究两个企业分别生产再制造产品和新产品的竞争模型；第四部分研究再制造商和新产品商通过同一零售商向顾客销售两类产品的竞争模型。在研究过程中，分析参与方的决策和均衡结果，以及环境参数变化对参与方决策的影响，并对不同情境下的结果作比较。

本书研究的主题对学术领域和企业界都具有重要的意义，具体来说，可以分为以下两个方面：

（1）从理论上来看，本书的研究内容将对现有的基于服务的竞争形成有益的补充。虽然关于“服务”的研究已经成为多年来各领域专家学者关注的前沿和热点，在市场营销、运作管理等多个领域都有一些研究成果。但是有许多文献还停留在讨论现象的层面，或者只是讨论单一产品在不同销售模式下基于服务的竞争，较少涉及多种产品的情境。

因此本书基于博弈理论，对多种产品基于服务和价格的企业销售策略做了较为系统的研究。同时本书作参数分析，研究当外界环境变化时企业的价格和服务决策应如何调整，需求和利润会如何改变，并做算例分析。这对于现有的研究是一个重要补充。

（2）从企业实践层面来看，本书的研究将对企业成功实施服务增强提供非常有价值的参考。目前虽然众多企业都认识到提供服务的好处，但是同时也不得不面对实施所带来的诸多挑战，尤其是对于如何确定产品服务的水平和价格缺乏足够的了解。企业要想获得更多的市场份额和利润，必须对这种竞争模式有充分的认识。

本书的研究内容从市场需求规律出发，探讨制造商、零售商、消费者等多方参与过程中的具体决策过程，期望可以给企业提供一个全新的视角，有利于服务增值的成功应用和推广。

第二节 本书的研究方法、研究内容和创新点

一 研究内容

（一）生产相关产品的制造商销售策略

如前所述，市场上的某些产品有一定的相关关系，主要包括替代品和互补品。替代品之间存在竞争关系，互补品之间存在互补关系。本书设定的情景为市场上只有两个垄断制造商，双方向市场销售相关产品，同时提供配套服务。制造商可以采取的竞争手段是价格和服务水平。本书探讨在纳什均衡、一方占优势、企业联盟三种情景下，参与者所采取的均衡价格和服务水平，以及在各情景下获得的需求量、成本和利润。

纳什均衡情境在贝特兰德双寡头博弈模型的基础上，在竞争要素里添加服务要素，双方同时决策，运用静态博弈分析方法得出纳什均衡结果。一方占优势的情境运用斯塔科尔伯格双寡头博弈模型，将价格和服务作为竞争要素，运用动态博弈分析方法求出均衡解。双方合作情境里两个企业达成联盟，目标是联盟总利润最高，运用多元函数求极值的方法得出双方决策变量。

课题对三种情景下的均衡结果作比较，分析制造商采取的竞争或合作策略。在此基础上，做参数分析，即当某一产品的环境改变，例如市场容量变化或服务成本变化时，均衡结果会如何变动，对该制造商和另一种制造商产生影响，以及双方会采取的策略。最后对参数变化做算例分析。模型如图 1 – 1 所示。

（二）制造商和零售商的销售策略

制造商在销售产品的过程中有时不是直接面对最终顾客，而是通过中间的零售商来销售。本书设定市场上有两个替代品制造商和一个零售商，制造商提供产品并以较低的批发价格卖给零售商，零售商则以较高

的零售价格卖给消费者。制造商在提供产品的同时还提供与产品配套的服务。本书探讨在纳什均衡、制造商占优势、零售商占优势三种情景下，参与者所采取的均衡价格和服务水平，以及在各情景下获得的需求量和利润。在此基础上，对三种情景下的均衡结果作比较，分析参与方会采取的销售策略。进一步研究外界环境变化对均衡结果的影响，以及参与方应采取的策略。并分析某种产品的参数变化对该产品和另一种产品的需求、价格、服务水平和利润等要素的影响。最后对参数变化做算例分析。模型如图 1－2 所示。

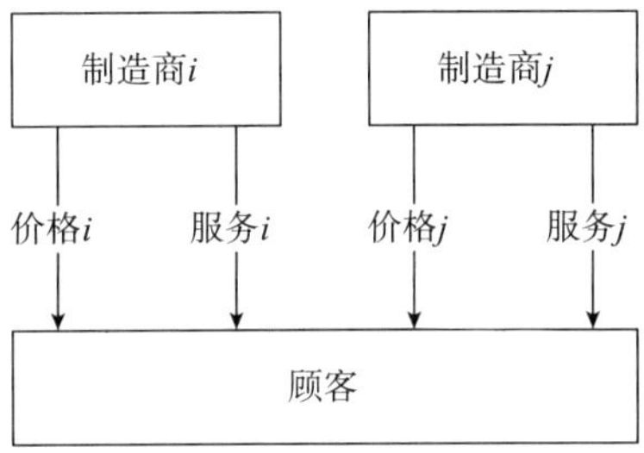

图 1－1 两个相关产品制造商的销售模型

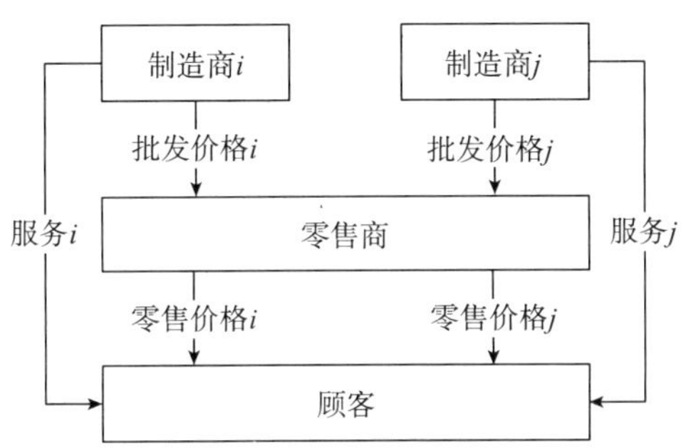

图 1－2 制造商和零售商销售模型

（三）再制造产品和新产品的销售策略

为了充分利用资源，部分企业会回收旧产品，并将其重新制造恢复原有的使用功能，此类产品称为再制造产品。而再制造产品会与新产品形成竞争关系。本书研究两种模式，第一种模式设定市场上存在新产品和再制造两个生产商，两个企业在销售产品的同时提供与产品相关的配套服务，并且独立地决定两类产品的价格和服务水平。课题分析在纳什均衡和新产品生产商为领导者两种情景下双方的价格、服务水平的最优决策以及获得的销售量和获得的利润。第二种模式是市场上只有一个生产商，同时生产两类产品并提供配套服务。分析两类产品的价格、服务水平的最优决策以及获得的销售量和利润。在此基础上，研究顾客对再制造产品的接受程度对参与方决策和结果的影响，并对两种模式做对比分析，最后对参数变化做算例分析。模型如图 1－3 所示。

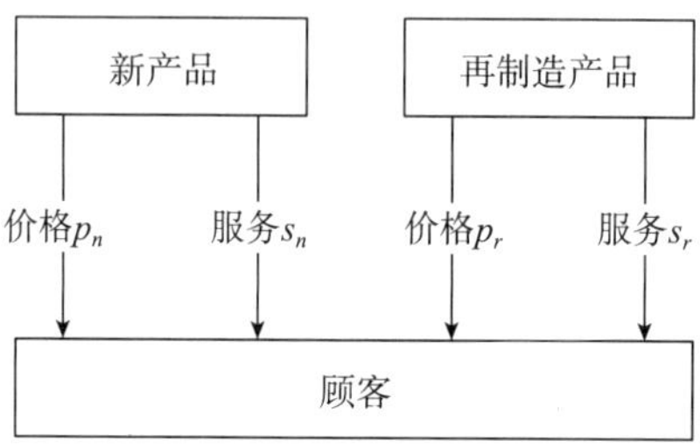

图 1－3　再制造产品和新产品的销售模型

（四）再制造生产商与零售商销售策略

本书设定的情境为市场上有两个生产商和一个零售商。其中一个生产商生产新产品，另一个生产商生产再制造产品，且两类产品以较低的批发价格卖给同一个零售商，零售商则以较高的零售价格卖给消费者，制造商在销售过程中会提供配套服务。课题研究制造商和零售商，在纳什均衡、制造商占优势和零售商占优势三种情境下，参与方采取的最优决策及获得的利润。在此基础上比较各情境下的决策结果，并分析顾客对再制造产品接受程度的变动对参与方的影响，最后对参数变化做算例分析。模型如图 1－4 所示。

二　研究方法和技术路线

随着科学技术的发展，学科交叉越来越多，基于服务和价格的销售策略研究也是如此。本书将综合运用营销学、决策科学、经济学等相关理论知识详细刻画竞争过程中企业的决策行为。采用数学模型和博弈分析来研究该问题，并用 Matlab 软件对结果进行算例分析。

本书的技术路线大致分成 4 个阶段，如图 1－5 所示。

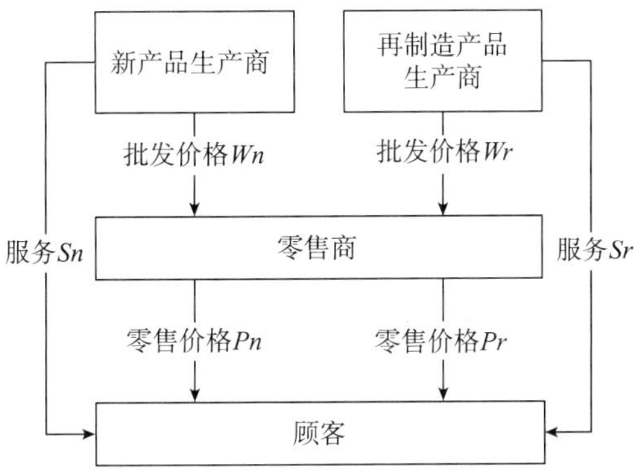

图 1－4　零售商参与的再制造产品和新产品的销售模型

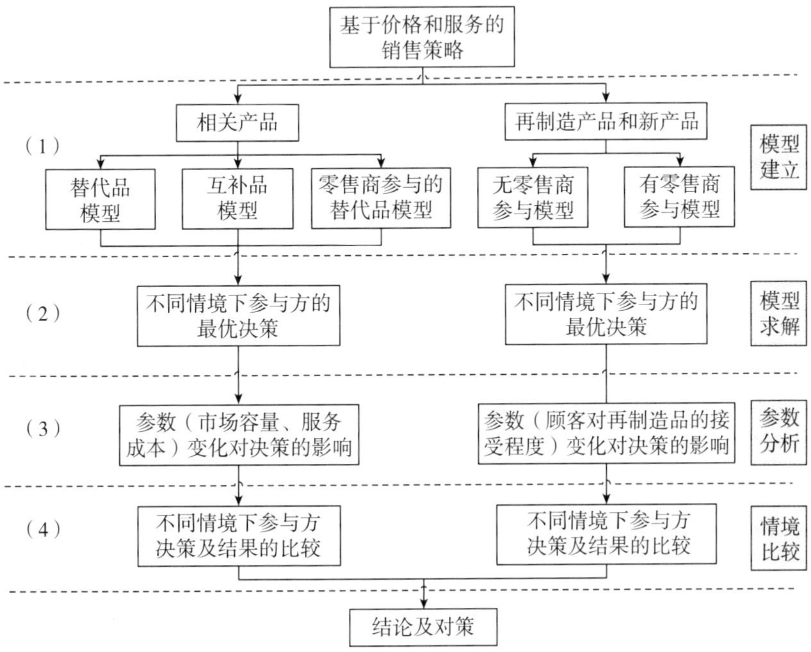

图 1－5　本书研究技术路线

（1）本书首先根据经济学和管理学的相关知识，结合实际情况，在参照国内外类似研究的基础上，建立本书的相关模型。包括相关产品和再制造产品两类模型。其中相关产品涵盖两个替代品生产商、两个互补品生产商、两个替代品生产商和一个零售商三种形式；再制造产品涵盖新产品商和再制造商两方参与，新产品商、再制造商和零售商三方参与两种形式，并确定各产品的成本函数、需求函数和利润函数。

（2）运用经济数学的理论，对模型做博弈分析，求解在不同情境下，参与企业的采取的均衡价格、服务水平决策和付出的成本及获取的销售量和利润。

（3）在各方均衡的基础上，做参数分析。研究当外界环境变化时，各参与方的均衡结果的变化，以及采取的策略，从而推断企业对环境变化所持有的态度，并用 Matlab 软件对结果进行算例验证。其中相关产品对市场容量、服务成本做算例分析，再制造品对顾客对再制造品的接受程度对算例分析。

（4）分析在不同情境下，参与方的决策变量和收益的比较。从而推断参与方在拥有不同实力时，如何选择最佳的情境。

基于以上研究内容、研究方法和技术路线，本书章节安排如下：

第一章，介绍课题来源、研究背景和意义；对制造业服务化和服务型制造的研究现状做了理论综述；介绍课题的章节安排、研究思路、技术路线和创新点。

第二章，对本书的相关文献和理论基础进行介绍，分别是服务增强理论、销售渠道中基于价格和服务的竞争策略和再制造理论。通过对现有文献的阐述和分析，指出可能的研究问题和发展方向，并对理论基础作出系统阐述。

第三章、第四章，分别研究两个替代品生产商和两个互补品生产商在提供产品的同时提供配套服务，在纳什均衡、企业联盟和一方占优势三种情景下，双方价格和服务水平的决策及获得的销售量和利润，并分析市场容量和服务成本两个参数对各项指标的影响，最后对三种情境结果做对比研究。

第五章，研究市场上存在两个生产商和一个零售商的模型。讨论在生产商占优势、零售商占优势和纳什均衡三种情境下，三方的价格和服务水平的决策，以及获得销售量和利润，并且对这三种情境下的结果作比较。在此基础上，分析市场容量和服务成本的变化，对三方的决策和结果的影响。

第六章，研究市场上存在新产品和再制造产品的模型，企业在销售产品的同时提供与产品相关的配套服务，讨论在纳什均衡、新产品生产商为领导者以及企业独自经营两类产品三种情景下两类产品的价格、服务水平的最优决策以及获得的销售量和利润，并对三种情景的结果作比较，最后分析顾客对再制造产品的接受程度对于双方决策和结果的影响。

第七章，在第六章基础上，研究有零售商参与的模型。分析在生产商占优势、零售商占优势和纳什均衡三种情境下，新产品生产商、再制造产品生产商和零售商的价格、服务水平的最优决策，以及所获得的销售量和利润，并对三种情景作比较，最后分析顾客对再制造产品的接受程度对于参与方决策和结果的影响。

三 本书的创新点

创新点 1 是研究了多个生产商提供相关产品和配套服务，在不同情境下的决策，以及环境参数变化对决策的影响。该研究在第三、四章。

创新点 2 是建立了由两个制造商和一个零售商构成的基于服务和价格的竞争模型，并设定由制造商而非零售商提供产品配套服务，更加符合服务型制造的发展趋势；分析了不同情境下，参与三方的决策以及环境参数变化对决策的影响。该研究在第五章。

创新点 3 是对再制造产品的需求和成本模型做出改进，将服务因素纳入其中，研究了在不同情境下基于服务和价格的竞争环境下新产品和再制造产品的销售决策；并分析了顾客对于再制造品的接受程度对于决策的影响。该研究在第六、第七章。

第二章　文献综述和理论基础

第一节　服务增强相关理论

一　服务增强理论

在制造业服务化的影响下，传统制造业的竞争手段不仅仅局限于价格、质量、交货期等因素，服务也开始影响顾客的购买决策。企业不再只提供单一产品，而且提供配套的服务。此处“服务”定义为企业采取的“帮助顾客最大限度地在购买中获取价值”的活动。典型的服务包括产品广告、售后支持、金融贷款和产品运输等。

随着服务逐渐渗透到企业经营的各个环节，传统的制造业逐渐开始通过服务拓展业务，挖掘市场需求，从而提高盈利水平。这种依靠服务增强产品竞争力，获取更多的利润的现象，被学者称为“服务增强”（Service Enhancement）。

产品的服务增强可以使企业获取更多新的利润。服务增强不仅可以增加产品质量，提高顾客满意度，而且可以增加产品的差异化，提高产品竞争力。许多成功转型的企业已经开始把业务重点放在了提供服务上，例如软件商甲骨文不仅向客户出售软件，有时也搭配提供与软件相关的信息化服务；IBM 不仅销售服务器硬件，同时也向顾客提供配套的信息服务，甚至直接将硬件设备与信息服务捆绑销售。

目前，关于服务增强的内容，有较多的学者开展了研究。在国外，Berger 分析了中国香港、美国和日本制造业生产率的差异，提出了服务增强（Service - enhancement）的概念，认为传统的产品生产型制造企业已经不能适应经济发展的需要，应向“服务增强型”制造企业转变。Marceau 研究了制造和服务之间的关系，发现制造和服务活动之间的关联使新经济和旧经济之间的联系逐渐清晰。整个产业形成一个系统，制造活动和服务活动在此系统中相互配合，发挥出最大的效用。Sakao 等通过问卷的方式调查了意大利和德国的部分厂商，研究他们是否愿意将产品与售后服务组合出售。结果表明，公司对顾客关注度越高，越趋向于组合出售，一些公司从产品设计阶段就开始考虑如何将产品与服务组合。相对来看，意大利的公司比德国的公司意愿性更强。Salonen 通过调查两个制造企业，研究了企业如何从产品型向产品—服务型的转化。发现企业往往需要建立一个专业的服务部门去做这项工作。完全依靠技术优势获得市场领先地位越来越困难，更多的是需要企业提供集成方案来获取核心竞争力。Gebauer H. 对 332 家制造企业做了实证研究，分析了满足顾客需求、创新性、服务差异化和企业经营业绩之间的关系。结果发现，当企业从一个单纯的产品提供者过渡到服务提供者时，过于强调服务的差异化会导致企业对顾客的复杂需求不再敏感，从而使利润减少，而产品或服务的创新则会得到更多的回报。Kastalli 针对“服务化悖论”，研究了 44 家企业 2001—2007 年的经营业绩，这些企业都是逐渐由传统制造商转型为产品—服务提供者。结果发现，产品—服务模式的效果好于单纯的产品模式，特别是劳动密集型行业表现得更为突出。实证研究还揭示了服务的规模和盈利能力之间存在非线性的正相关关系：随着服务规模的增长，在初期利润增长较快，中间会进入“盈利障碍”阶段，但到达“服务能力规模”阶段后，利润又会增长。Kowalkowski C. 研究了服务增值模式在中小企业的应用。通过对 13 个中小企业的深度访谈发现，由于价值体系和商业网络的不同，服务增值模式的应用没有固定的模式。Turunen T. 研究了企业由以产品为中心向以服务为中心的转型中，人口密度、资源依赖度、技术水平、行业竞争、政治等外界因素的作用及影响。此外，Sawhney、Brax、Mattoo、Guerrieri、Reinartz、Neely、Visnjic 等也对服务增强的理论和实施方法做了阐述。

国内对服务增强的概念和机理也做了深入研究，叶勤分析总结了产品服务增值战略，认为制造企业为顾客提供的实物产品和服务之间的关系已经发生了改变，服务不再是实物产品的附属品，而是制造企业实现价值增值的主要手段。蔺雷认为，服务增强能增强产品差异化并提高产品的竞争力，消费者也会从中受益。服务增强模式的出现是因为顾客需求模式的改变，不同行业采取服务增强的模式是存在差异的，且受到企业的经营成本的影响。蔺雷分析了制造业服务增强的起源、现状与发展，对其内在机理做了系统研究。谢文明通过构建无差异化的产品竞争模型和有差异化的服务竞争模型，分析了服务增强对厂商实施差异化战略的影响。研究结果表明：企业实施服务增强是因为顾客需求模式已经发生改变。服务差异化程度并不是越大越好，在某个区间内企业才会获得正的利润；适度服务差异化对企业和顾客都是有利的。梁军研究了成本驱动型和差异化驱动型两种服务增强模式，并分析了两种不同模式下生产服务业与制造业之间的互动关系。在此基础上，利用中国 1999—2010 年的统计数据，对两种驱动模式下的生产者服务业与制造业的互动关系做了实证检验。结果表明：成本驱动型生产者服务业能够有效地推动经济增长，但与制造业的互动关系较差；差异化驱动型生产者服务业与制造业的互动关系较好，但对经济增长的推动作用有限，并提出了改进建议。韦铁分析了制造企业实施服务增强来实现差异化竞争的问题。研究结果表明，企业可根据实际情况采取不同的服务增值方式来进行差异化竞争。当服务成本较高时，企业往往会采取低服务水平来节省成本并获利。丁志伟认为，如何配置产品延伸服务是产品服务化的关键环节，提出企业应建立科学的产品延伸服务配置知识库和配置规则，使制造企业产品延伸服务的配置具有模块化、结构化和个性化。

此外，程大中、郑吉昌、宋高歌、鲁桂华、刘平、柏昊等也分别对服务增值的概念、理论基础、特征和应用等进行了阐述和探讨。

二　总结和展望

总体上，国内外对于服务增强的探讨还停留在萌芽的概念层面和起步阶段，并没有做更深入的研究，缺乏体系化的概念结构。当企业提供产品和服务双重商品时，产品和服务往往是合并定价并共同影响消费者决策，所以在服务型制造经济环境下，企业如何确定价格，如何确定服务水平从而保持企业竞争力，是未来的研究发展方向。

第二节　销售渠道中基于价格和服务的企业策略

目前，关于基于价格和服务的销售策略的相关研究主要集中于两个方面：一是生产商将产品通过零售商向顾客销售；由于零售商更贴近最终顾客，所以零售商会向顾客提供与产品相关的配套服务。二是生产商通过零售商和网络直销两种渠道将产品销售给顾客，由零售商或其他专业服务商提供服务。

一　生产商和零售商在销售渠道中的价格和服务策略

此领域的研究主要集中于销售渠道中追加增值服务，各参与方如何确定提供的服务水平，最终的销售定价和利润，以及彼此之间的合作和竞争关系。

（一）国外的研究成果

在国外研究中，Cohen 研究了市场上存在一个制造商和一个服务商。制造商直接向顾客提供产品并确定价格水平，而服务商提供与产品相关的服务并确定服务水平，并构造了需求函数模型，分析了参与双方的价格和服务决策。Iyer 分析了产品售后服务对产品需求和价格的影响，以及在寡头市场条件下对竞争的影响。但是，Iyer 认为，售后服务只是一个非价格的竞争要素，本身无法给企业带来利润。Tsay 研究了由一个生产商和两个零售商构成的供应链。生产商确定批发价格，而零售商以零售价格向最终顾客提供产品并提供服务，分析两个零售商如何在价格和服务上展开竞争。Xia 研究了市场上存在一个制造商和一个零售商的模型。制造商同时生产两种具有替代关系的产品，以批发价提供给零售商，并对顾客提供服务，而零售商以零售价卖给顾客。这个模型适用于电子产品、计算机设备和汽车等行业。Bernstein 研究了一个制造商和多个零售商构成的供应链。制造商提供产品并确定批发价格，零售商提供服务并确定零售价格。需求由价格及服务水平决定，服务水平一旦确定不可更改，而价格可根据要求做出调整。研究了仅依靠价格竞争和同时依靠价格和服务竞争的两种情境下各参与方的策略，并对两种情境做了对比。Xiao 研究了一个基于价格和服务的竞争模型，模型中有两组供应链，每组供应链包含一个风险中性型的制造商和一个风险规避型的零售商。分析了零售商的风险敏感度对于参与方决策的影响，发现随着零售商的风险敏感度提高，其零售价格和服务水平降低，需求量增加，制造商的批发价格则先升高再降低，双方的利润也是先升高再降低；另一组的零售商和批发商的决策及结果则取决于两种产品的可替换性。Kurata 研究了制造商和零售商都提供售后服务的情景。其中制造商向所有顾客都提供基本的服务，零售商只对付费用户提供较高级的服务，从而对顾客进行了细分。通过五种模型的分析，发现当制造商和零售商为了获取最多的利润而提供最优服务水平时，顾客的服务需求并没有得到充分的满足。Xiao 设计了一个两阶段供应链模型。该模型根据本期的价格、服务水平、需求弹性和外部竞争对手来决策下一期的最优价格和服务水平，根据实际境况做出调整，最后并给出了算例。Amrouche 研究了一个处于弱势的零售商和一个制造商形成联盟的模型。在使用博弈模型得出最优决策后发现：当价格影响力较弱时联盟才会成立，采取差别价格和服务会使双方都受益，服务成本对于零售商是否从联盟中受益起到了很重要的作用。Li 研究了市场上存在一个制造商和一个零售商的模型。制造商提供产品并通过零售商销售，零售商可以选择由自己提供售后服务或外包给专业的服务公司。结果发现外包服务会使零售商提高服务水平，制造商降低批发价格，而需求量会增加。服务外包的成本和零售商对于风险态度会影响参与方的决策，并研究了零售商在何种状态下会自己提供或外包服务。最后证明了制造商愿意承担部分服务成本从而使双方都受益。

此外，Morri、Taylor、Krishnan、Xie、Boisvert 等也做了相似的研究。

（二）国内研究成果

许明辉等研究了市场上只存在一个制造商和一个零售商，在只有制造商提供服务、只有零售商提供服务和双方都提供服务三种模式下，在 Stackelberg 和 Nash 两种博弈中制造商和零售商的决策及结果，并对不同模式做了比较。陈菊红研究了由制造商、销售商和第三方物流服务商构成的供应链，Stackelberg 和合作两种情境下，各参与企业如何确定产品的批发价、销售价和物流服务价格。证明了当三方达成合作时，各自的利润要高于非合作状态。王素娟研究了由制造商提供、由零售商提供和零售商销售但由制造商提供这三种服务提供模式，并对三种模式下的结果做了比较。研究引入服务吸引力指数进行了分析。分析结果说明当只有部分顾客购买服务时，一般由零售商提供服务；当全部顾客都购买服务时，制造商和零售商根据双方服务吸引力指数的关系选择不同的模式。宋寒研究了客户参与对于服务过程的作用和影响。认为顾客参与可以降低服务成本，提高服务项目的成功率。当顾客参与行为与服务商的工作存在互补关系时，顾客参与度与服务商工作努力程度正相关；反之，顾客参与度与服务商工作努力程度负相关，并通过算例验证了结论。姚树俊研究了由生产商、服务商和客户构成的产品—服务系统。分别从制造商和服务商的角度，建立了产品—服务系统的收益模型和协调机制模型，并分析了价格敏感性对于产品—服务系统收益的影响，发现随着价格敏感性的提高，生产商和服务商的收益都会减少。李杰研究了由零售商提供、由制造商提供、由零售商外包给服务公司和由制造商外包给服务公司这四种提供服务的模式，并引入了服务需求敏感指数。研究发现，当需求敏感指数较小时，零售商外包给服务公司的模式最佳；当需求敏感指数较大时，零售商提供服务是最优选择。汤易兵研究了垂直整合、纳什整合、制造商占优势和零售商占优势四种模式下，制造商和零售商构成的供应链的均衡决策。分析了同时决定服务水平和按顺序决定服务水平两种情况下，四种模式的价格和服务水平。并对四种模式做了比较，结果说明垂直整合模式服务水平最高，且收益也最高。丁斌建立了零售商和物流服务商关于物流服务能力的博弈模型，研究了配送服务成本和配送服务能力对于决策的影响，以及物流服务信息共享对参与双方成员利润的影响。结果表明：配送服务成本对零售商和物流服务商的利润有重要影响。物流服务信息共享增加了零售商的利润，但只在一定条件下才能增加物流服务商的收益。

此外，刘清峰、骆品亮、陈剑、张怡、权锡鉴等也在此领域做了类似的研究。

二 基于服务的双渠道销售策略

随着电子商务和网络经济的发展，制造商不仅可以通过零售商来销售产品，而且也可以用网络直销的方式向顾客直接销售产品，其中零售商渠道因为更接近消费者所以会额外提供配套服务，目前有部分文献在这个领域展开了研究。

（一）国外的研究成果

Dumrongsiri 研究了基于价格和服务的双渠道销售模型。研究发现，当服务敏感系数较大时，零售商会提高服务水平从而增加利润，制造商也会因此而受益。Wang 等提出了零售商和制造商的收益共享机制：当零售商提高服务水平和价格，制造商将网络直销的利润共享时，可以使制造商和零售商达到双赢。Hua 把交货期作为衡量零售商服务质量的重要指标，研究了在传统零售渠道和网上直销两种方式下，交货期对于制造商和零售商利润和定价的影响。文献采用了两阶段供应链优化技术和 Stackelberg 博弈，结果表明，交货期、直销价格、直销接受度和产品类型等因素决定顾客在两种渠道中的转移率，并且影响产品的服务水平和价格。Chun 认为，在双渠道销售模式下，对于制造商和零售商都是有利的。因为市场份额的扩大对于制造商有利，而批发价格的降低使零售商获利。当顾客需求差异较大或零售商服务水平较高时，制造商更倾向于通过实体的零售商销售。而一些信息产品，例如音视频、软件等，网络零售商将会取代实体的零售商。Dan 研究了制造商通过网络直销和传统零售商的两种销售模式。通过两阶段优化和 Stackelberg 博弈，分析了零售商服务和顾客忠诚度对于制造商和零售商价格策略的影响。参数分析还表明，需求增长率和顾客忠诚度对于零售商的服务和定价有较为深刻的影响。Chen 研究了一个制造商通过传统的零售商和网络直销两种方式向顾客销售产品，另一个制造商生产替代产品且仅通过零售商销售。两个制造商分别制定各自产品的批发价格，零售商决定零售价格并提供服务。文献分析 Nash 和 Stackelberg 博弈状态下参与方的均衡解。研究结果表明，零售商提供产品配套服务可以减轻网络直销带来的威胁。最后讨论了制造商和零售商应如何实施合作战略。

此外，Chiang、Cai、Yan、Huang 等也在此方面做了研究工作。

（二）国内的研究成果

王虹研究了具有风险规避的制造商和零售商参与的直销与分销渠道，得出了整体决策和分散决策两种模式下最优的直销和分销价格以及零售商提供的服务水平，并分析了风险规避度对决策的影响。结果表明，集中决策的总收益大于分散决策得到的总收益；随着风险规避度的增加，参与者的收益都会减少。陈远高分析了存在服务差异的双渠道供应链中制造商和零售商的最优决策，并就双渠道和单一渠道在服务水平和利润方面做了对比。结果说明，当制造商 Stackelberg 占优时，双渠道的收益大于单一渠道；消费者对网络渠道的接受程度会影响制造商和零售商的利润分配。肖剑研究了制造商网络直销与零售商服务合作销售模型，并分别得出了在 Stackelberg 和 Bertrand 两种情境下的均衡解，并作了比较分析。结果表明，服务成本会影响渠道价格和需求，其中制造商在网络渠道的服务成本与零售渠道的定价正相关；零售商的服务成本与网络渠道的定价正相关；Stackelberg 竞争下制造商网络渠道和零售渠道价格均小于 Bertrand 竞争情形。罗美玲分析了制造商引入网络直销后对传统零售渠道的服务“搭便车”问题，分析了“搭便车”行为对于制造商和零售商决策的影响。研究结果表明，网络直销的“搭便车”行为会损害零售商的利益，使零售商降低服务水平。在这种情况下，制造商应代替零售商承担部分服务成本，从而促使零售商提高服务水平，使双方都因此而受益。张盼研究了两个零售商都依靠传统渠道和网络渠道销售产品，且均依靠价格和服务进行竞争的模式。运用双寡头市场的霍太林模型求得了价格和服务水平的最优解，并分析了网络销售对价格、服务水平、需求量和利润的影响。结果表明，当两个零售商之间差异较小时，开通网络渠道迫使零售商提供更高的服务水平，但利润较少；但是当零售商之间的差异较大时，开通网络渠道能够使零售商以更低的服务水平获得更多的利润。但斌认为，为了缓解网络直销渠道和传统零售渠道的冲突，应在不同渠道中销售异质产品，制造商应为传统零售渠道承担部分服务成本，提出了两部收费协调策略。研究表明，实施两部收费策略能够协调两种渠道之间的矛盾，并且顾客对产品差异性的偏好越大，两部收费策略带来的利润越多。刘芹应用 Stackelberg 博弈模型，分析了零售商具有服务溢出效应时，制造商和零售商在双渠道销售模式下的决策，并与传统的单渠道做了对比。结果表明，直销渠道是否开设取决于零售商的服务溢出效应的大小；双渠道销售模式下制造商应确保零售商共享一定比例的收益。许明星研究了在双渠道销售模式下，制造商和零售商都提供服务时企业的决策行为。发现制造商提供的服务对网络渠道和零售渠道的价格都会产生影响：当制造商的服务水平较低时，提高服务使网络渠道价格提高而零售渠道价格降低；当制造商的服务水平较高时，制造商提高服务使网络渠道和零售渠道的价格均会增加。

此外徐广业、李书娟、孔庆山、张思等也在此领域方面做了较为深入的研究。

三　总结和展望

总体来看，在经济学和营销学等研究领域，围绕基于价格和服务的销售策略问题已经开展了大量的研究并取得了很多成果，不过这些研究大多都是以单一产品附加服务探讨企业和顾客的决策行为。但是很多产品在市场上面临着多种与其有竞争或合作关系的产品，比如替代品、互补品、新产品和再制造产品等。在这种情景下，企业与企业之间，不同种类产品之间，如何保持竞争与合作的关系，如何确定价格和服务水平取得最佳效益，目前尚未有学者对这类问题做系统研究。因此，当市场上存在关于多种产品相互影响时，企业产品的价格和服务水平应如何决策，还值得进一步深入研究。

第三节　再制造产品相关理论

一　理论综述

再制造一般指的是对已经使用过产品做分解、清洁、再处理并重新投入使用。一些政府和环保组织在环境和资源的压力下，纷纷鼓励企业从事再制造。许多企业已经建立了回收物流去收集和再制造废旧产品。从经济角度去考虑，再制造不仅减轻了环境负担，还会降低生产成本。根据 Global Industry Analysts 在 2010 年的报道，全球机械行业再制造产值近年来一直在增长，预计 2015 年将达到 1048 亿美元。其他行业，例如打印机墨盒、电气设备、电子设备和家具等，再制造业务近年来增长得也很快。

学术界也开始关注此方面的研究。Savaskan 研究了再制造企业三种不同的回收渠道，分析了每种渠道最优的回收价格和回收能力并作了对比。基于环保的考虑，研究如何刺激顾客把使用过的废旧产品送回到再制造企业。Savaskan 将零售商纳入闭环供应链中，研究在两阶段竞争条件下，正向和反向渠道下价格的决策。Ferrer 研究了多周期的新产品和再制造产品差异定价问题，得到了各种情形下的最优定价。Atasu 研究了再制造产品在考虑成本、市场、与新产品的竞争和产品生命周期等多种因素下的决策行为。结果表明，再制造产品在垄断竞争市场下收益是最大的；在回收旧产品时，价格因素起的作用非常重要。Oraiopoulos 等研究了独立的再制造企业将电子产品回收再制造，并将其投入市场中，原生产商应如何对其收取许可费的问题。Wu 拓展了原有的研究，考虑了回收量受到上周期产品销售量的限制，研究了制造商和再制造商如何定价问题。Li 考虑了在产量和需求率随机时再制造产品的定价策略。文献就先定价再生产和先生产再定价两种模式展开研究，并作了参数分析，发现先生产再定价在成本、价格、满足需求和利润方面更有优势。Xiong 研究了再制造产品需求服从基于价格的随机分布时，以动态定价为核心，提出了一个连续时间马尔可夫决策过程模型，并利用实验来证明动态定价相比静态定价具有一定的优势。

许多相关的研究还包括 Majumder、Guide、Debo、Ferrer、Mitra 等。国内学者中，刘晓峰等通过调查发现，许多企业已经开始认识到逆向回收物流的重要性。王文宾等研究了由制造商和零售商构成的闭环物流供应链的利润分配。葛静燕等设计了由零售商销售回收废旧产品，制造商同时生产新产品和再制造品的闭环供应链。研究两个企业如何确定两类产品的批发价和零售价，以及废旧产品的回收价，并设计了双方的合作协调机制。熊中楷等研究了再制造品的生产存在多种渠道时制造商的决策问题。设计了三种再制造策略：不实施再制造、制造商实施再制造和许可第三方再制造商实施再制造。通过比较得出，当再制造品认可度较高时，实施再制造策略是有利的；若第三方再制造商生产成本较低，则制造商会授权其进行再制造；否则由制造商自己再制造。申成然等研究了政府补贴对于再制造的促进作用。分析了政府补贴回收再制造的两种机制：补贴给原制造商和直接补贴给第三方再制造商，并对两种方式作了比较。结果表明，两种方式的决策结果是一样的，制造商可以使用专利许可费的方式与第三方再制造商分享补贴。高鹏研究了信息共享对于制造商和再制造商决策的影响，并分析集中模式、分散合作模式和分散竞争模式三种情境。结果表明，信息共享在合作模式中对制造商不利而对再制造商有利，在竞争模式中对制造商、再制造商均有利；随着再制造品市场容量增加，制造商和再制造商的利润都会增加。张汉江将政府作为决策者纳入模型中，建立了以政府为 Stackelberg 领导者，制造商和回收商为跟随者的模型。分析了政府的财政补贴，回收商的回收努力程度，再制造品的价格等均衡解，研究了政府决策的绩效及制造商的风险态度对再制造活动的影响。高攀拓展了再制造品的范畴，将翻新产品纳入其中。研究当市场上存在新产品、再制造产品和翻新产品三类产品时，制造商的决策行为。结果表明，当制造商生产三种产品时，再制造产品会对新产品和翻新产品产生市场挤兑，但能够增加利润；翻新产品不会对新产品产生市场挤兑，但存在与再制造产品相互挤兑的现象，同样促进了利润的增加。

此外李枫、王文宾、孙浩、范体军、常香云等也做了此类的研究工作。

二 总结和展望

通过梳理可以发现，在现有的文献资料中，再制造产品的研究主要集中在再制造产品的价格、成本、回收渠道、需求等方面。如前述分析，服务是影响产品的一个很重要的因素，对于再制造产品来说，由于其生产、销售和使用等方面都与新产品有所不同，所以服务也会起到非常重要的作用，但是这方面目前尚未有较为系统的研究。

第四节 文献评析与研究展望

从上述总结中可以看出，虽然关于“服务”的研究已经成为多年来各领域专家学者关注的前沿和热点，在市场营销、运作管理等多个领域都有一些研究成果，但是仍然存在一些不足之处，主要表现在三个方面。

首先，关于产品竞争，许多文献只是讨论单一产品在不同销售模式下基于服务的竞争，较少涉及多种产品的情景。但实际上，市场上的产品种类是多样的，许多产品之间不可避免地有合作或者竞争关系，如替代品之间、互补品之间、新产品和再制造产品之间等。因此，虽然众多企业和学者都注意到服务能够影响顾客的选择，并使顾客获得更高的满意度，但是对于价格与服务共同决定顾客决策的情景，特别是多种产品均以价格和服务来博弈决策目前甚少研究。

其次，现有的文献中，对于博弈结果的参数分析研究较少。较多的只是比较不同竞争模式的结果，或者价格、服务水平和需求等决策变量之间的关系。很少有学者站在环境参数（如经营成本、市场容量等）的角度去分析决策结果。但事实上，企业所处的内外环境由于受到各种因素的影响会发生变化，如企业投放广告或经济形势变好使市场容量增加，通过改进经营模式使成本降低等。这种变化会改变企业的成本和利润，进而影响企业决策。因此有必要去分析这些变化对于企业决策和结果的影响，从而指导企业如何通过改变环境来获取更多的利润。参数分析还可以了解企业各种决策的鲁棒性，从而判断企业经营是否处于相对稳定状态。

最后，目前的文献大多设定由零售商提供服务，其理论基础是因为零售商更接近顾客。当提供的服务较简单时是符合实际的。但随着技术水平的不断提高，产品越来越向复杂化、精密化方向发展，其科技含量越来越高。很多的零售商并不具备提供合格服务的能力。制造商可以利用技术方面的优势直接向顾客提供更加优质的服务，而且按照范围经济的原理，其成本更低，对于生产机械设备、大型飞机等复杂产品的企业更是如此。因此书设定由制造商直接向顾客提供产品配套服务，这也是对现有研究的一种补充。

服务增值成功的原因就在于对服务水平和价格的准确把握，所以企业要想获得更多的市场份额和利润，必须对这种竞争模式有充分的认识。如果不清楚了解在这种新型模式下企业应如何获取最优方案，以及当环境变化时企业应如何调整策略，而根据以往的市场经验很有可能做出误判，影响企业在市场中的地位。所以明确企业在此竞争模式下的决策过程和最优方案，是企业成功的重要前提。本书的研究内容正是从市场需求规律出发，探讨制造商、零售商、消费者等多方参与过程中的具体决策过程，期望可以给企业提供一个全新的视角，有利于服务增值的成功应用和推广。

因此，本书将重点讨论在基于价格和服务共同作为竞争要素的情境下，消费者和企业之间、企业和企业之间的博弈模型和均衡状态下的各方的最终决策，并做参数分析。从理论上来看，本书的研究内容将对现有的基于产品和服务的竞争模式形成有益的补充；从企业实践层面来看，本书的研究将对企业成功实施服务增值提供非常有价值的参考。

第五节 理论基础

本书研究基于经济学与管理学中的 Nash 均衡博弈模型、Stackelberg 博弈模型，企业联盟，多元化经营，捆绑定价，范围经济等理论。

一 博弈模型

Nash 均衡博弈模型是一种静态竞争模型，所有参与成员同时决策，每个参与者在决策时，需要考虑其他成员的策略选择，做出最优方案。

Stackelberg 博弈模型是一种动态竞争模型。其中一方处于领导者地位，首先做出最优决策；另一方属于跟随者，根据领导者的决策结果再做出自己的决策。在整个决策过程中，领导者具有先动优势，是在依据跟随者的决策基础上做出最有利的决策。在市场上，那些规模较大、技术水平较高、实力较强的大企业往往处于领导者地位，可以率先作出决策；而那些规模小、技术水平低、实力较弱的小企业只能处于跟随者地位，根据大企业的结果再作出反应。

本书在研究中会根据 Nash 均衡博弈模型和 Stackelberg 博弈模型设定不同情境，并对结果作比较，分析渠道权利在竞争中的作用。

二 企业联盟

企业联盟是指企业之间在基于策略目标的前提下达成一个持续而正

式的合作关系，从而获得市场竞争优势。根据联盟所处环节的不同，战略联盟可分为价格联盟、产品或服务联盟、销售渠道联盟、促销联盟、技术联盟等多种形式。本书主要应用价格联盟、促销联盟、技术联盟等理论。

价格联盟是指企业之间在产品价格上达成合作，共同将所有产品的价格限定在某一范围，避免价格战的发生，从而获取较多的利润。本书将考虑服务因素，分析在价格和服务联盟下企业的决策，并与非联盟状态做对比。

促销联盟是指企业之间互相为对方的产品或服务促销，包括广告、推销等多种形式。本书考虑市场中的企业在满足一定条件的状态下，就扩展市场容量展开合作。

技术联盟是指不同企业之间合作从事某一技术或产品的研发行为，从而适应技术发展的要求，满足市场竞争的需要。本书中生产商之间或生产商和零售商之间，会在改进服务成本方面展开技术合作。

三 多元化经营

多元化经营是指企业增加产品种类，扩大生产经营范围和市场范围，从而充分利用企业的资源，提高经营效益。多元化经营的形式可归纳为四种类型：同心多元化、水平多元化、垂直多元化和整体多元化。

本书采用了同心多元化。同心多元化指企业利用现有的生产技术条件，生产与原产品不同的新产品。如电视机厂除了生产电视机，同时也生产空调、冰箱等其他家电。其特点是原产品和新产品之间有较强的技术关联性。在本书中，企业在生产新产品的同时，由于制造技术相似，可以考虑生产再制造产品，形成多元化经营战略。本书第六章将应用该理论研究问题。

四 捆绑定价

捆绑定价是企业的一种营销策略，是指企业者将多种产品“捆绑”在一起，以一个价格共同出售。例如微软将其浏览器“探索者”与 Windows 操作系统捆绑销售。其形式包括同质产品捆绑定价、互补式产品捆绑定价、非相关性产品捆绑定价三种。

本书在研究过程中设定企业将产品和服务捆绑在一起向顾客销售，并统一定价，属于互补式产品捆绑定价。

五 范围经济

范围经济指由企业扩大经营范围而带来的经济，即当一个企业同时生产多种产品时，其总的费用低于多个企业分别生产每种产品的费用总和。在本书中，对于制造商来说，更倾向于在市场上同时提供产品和配套服务。因为相对于零售商或者独立的服务商，制造商的技术能力和服务能力更强。而且按照范围经济的原理，其服务成本会更低。所以在本书中，均设定由制造商来提供服务。

第三章　替代品基于价格和服务的竞争策略

第一节　理论综述

替代品又称为竞争品，是指能够实现同种功能的其他产品。当两种产品价格交叉弹性系数为正值时，即一种产品价格的提高会引起另一种产品需求量的增加，这两种产品互为替代品。一般来说，替代品会对现有产品构成威胁。

在学术界，有较多的学者研究替代品之间的竞争关系。国外的学者中，Wolf 等分析了欧洲燃气市场的竞争，建立斯塔尔博格模型和纳什模型，得出了模型的均衡解和相应的性质。Matsumura 建立了多阶段古诺竞争模型，分析了存量在多阶段博弈中的作用。Huck 等研究了博弈中的学习模型，并运用实验经济学的方法，对 Stackelberg 模型和 Cournot 模型进行研究，对两种模型下的产量和利润进行比较。Brynjolfsson 等调查了实体零售商和网络零售商均提供替代产品时，由于交易成本和搜索成本，客户更倾向于网络零售商。Dong 研究了当同一制造商提供两种可替代或互补型产品时，价格竞争对制造商和零售商的影响。Shao 研究了当制造商采用直销和零售两种类型的渠道销售产品时，若零售商同时销售竞争产品，两种产品之间如何影响，制造商和零售商如何决策。

国内的学者中，徐晋等拓展了参与者的数目，研究了当寡头数量大于等于 2 时，其以产量为竞争策略的多寡头古诺竞争与斯塔尔博格竞争，并做了对比研究。程子阳等以电信市场为例，应用古诺竞争与斯塔尔博格竞争模型，分析了参与方的产量、利润和销售量，并对两种情形做了对比。吉伟卓等应用混沌力学的相关理论，研究了三寡头垄断的电力市场，分析了产量调整对市场造成的影响。熊中楷等发展了双寡头竞争模型，利用微分对策理论提出了一个多方竞争下的微分对策模型，并求出了模型的均衡价格、广告策略、市场份额和利润。研究表明当市场上的企业数较少时，企业可以获得利润；但企业数量过多则有可能会亏损。曹国昭通过分析两个零售商之间的竞争博弈，研究了当存在替代品竞争的情况下，损失厌恶和产品替代率对零售商库存的影响。张雅琪研究了两个制造商和两个零售商构成的供应链，分析了制造商向零售商提供统一批发价格和实施批发价格歧视两种情境下的决策结果，并探讨了产品间可替代程度对参与者的决策影响。毕功兵研究了单个厂商销售两种可替代产品的情况，并把销售决策推广到两周期，得出了消费者的购买决策以及厂商的最优定价策略。

通过分析可以发现，现有的研究替代品销售策略的文献，较多的是关于价格、库存和需求量等的竞争，而较少有研究产品和服务均作为竞争手段，同时影响企业和消费者决策的情况。本章假定市场上有两个企业处于双寡头垄断地位，两个企业生产两种具有替代关系的产品，并且销售给消费者，在此期间企业产能不发生变化。与此同时，企业还提供与产品相关的配套服务，并研究在不同情境下企业的决策行为。

第二节　模型及假设

在本章中，设定两个生产商分别为 i，j。假定所有的决策都发生在单周期。各产品的需求受到四个因素的影响：产品价格、产品的服务水平、替代品的价格和替代品的服务水平。

一　需求函数

假设 3.1：两种产品的需求函数结构是对称的。当产品价格升高或替代品价格降低时，产品需求会降低；当产品服务水平提高或替代品服务降低时，产品的需求会提高。

假设3.2：两种产品有基本的市场容量 a_i 和 a_j。它等于两种产品的价格和服务都为0时的需求量。

根据假设3.1和假设3.2，产品 i 的需求函数表达式如下：

$$q_i = a_i - \alpha_p p_i + \beta_p p_j + \alpha_s s_i^{'} - \beta_s s_j^{'} \tag{3.1}$$

此处 $a_i > 0$，$\alpha_p > \beta_p > 0$，$\alpha_s > \beta_s > 0$，$i = 1$，2，$j = 3 - i$。

各参数解释如下：

q_i 为产品 i 的需求量，$p_i s_i^{'}$ 为产品 i 的价格和服务水平。

a_i 为正常数，如上所述，表示产品 i 基本的市场容量。此处假定 a_i 足够大，以确保 q_i 始终为正数。

α_p 用于衡量产品需求对价格的敏感程度。当价格每增加一个单位，则需求量减少 α_p 个单位。

β_p 用于衡量产品需求对替代品价格的敏感程度。当替代品价格每增加一个单位，则需求量增加 β_p 个单位，此处 $\alpha_p > \beta_p$。

α_s 和 β_s 用于衡量产品对服务水平的敏感程度，其含义与 α_p，β_p 类似，此处不再复述。

假设3.3：对于某产品来说，该产品和替代品的服务和价格对于需求影响的相对程度是相等的，即 $\frac{\alpha_p}{\beta_p} = \frac{\alpha_s}{\beta_s}$。

设定 $\alpha_s = k\alpha_p$，$\beta_s = k\beta_p$，$\alpha_p = \alpha$，$\beta_p = \beta$，$s_i = ks_i^{'}$，$s_j = ks_j^{'}$，k 为常数且 $k > 0$。则需求函数简化为：

$$q_i = a_i - \alpha p_i + \beta p_j + \alpha s_i - \beta s_j \tag{3.2}$$

由于 k 为常数且 $k > 0$，所以 s_i，s_j 代表的含义与 $s_i^{'}$，$s_j^{'}$ 完全相同。以下如不特别说明，均用 s_i，s_j 表示服务水平。

二　成本结构和利润函数

产品的成本由两部分组成：生产成本和服务成本。假定生产成本为0。服务成本定义为在提供服务时所花费的成本，对于服务成本做以下假设：

假设3.4：服务成本具有边际成本递增效应，即随着服务水平的增加，每提高一个单位的服务水平，需要追加的成本越来越多。服务成本属于固定投资，与销售量无关。因此设定服务成本与服务水平成平方关系。当提供的服务水平为 s_i 时，服务成本为$\frac{1}{2}\eta_i s_i^2$。

因此，企业 i 的利润为：

$$\prod_i = p_i q_i - \frac{1}{2}\eta_i s_i^2 \tag{3.3}$$

三　竞争策略

本书设定为完全信息环境，即两个参与者均知道本企业和替代品企业产品和服务的成本、市场容量等信息。在此基础上，研究在三种情景下双方的决策过程和结果。

（1）纳什均衡。两个企业拥有平等的地位，目标是使各自企业的利润最大。

（2）Stackelberg。一个企业占据优势地位，处于 Stackelberg 领导者地位；另一个企业处于弱势地位，为跟随者。两个企业目标是使各自企业的利润最大。

（3）企业联盟。两个企业采取合作策略，目标是使两个企业的利润总和最大。

第三节　纳什均衡

一　决策过程及结果

在此模型中，两个企业拥有相同的权力，并且同时做出决策。两个企业的目标都是让本企业利润最大。双方的决策变量分别为 p_i，s_i 和 $p_j s_j$，所以一阶导数如下：

$$\frac{\partial \prod_i}{\partial p_i} = a_i - 2\alpha p_i + \beta p_j + \alpha s_i - \beta s_j = 0 \tag{3.4}$$

$$\frac{\partial \prod_i}{\partial s_i} = \alpha p_i - \eta_i s_i = 0 \tag{3.5}$$

式中，$i=1$，2，$j=3-i$。

二阶导数分别为 $\frac{\partial^2 \prod_i}{\partial p_i^2} = -2\alpha$，$\frac{\partial^2 \prod_i}{\partial s_i^2} = -\eta_i$，$\frac{\partial^2 \prod_i}{\partial p_i \partial s_i} = \alpha$。当 $2\eta_i > \alpha$ 时，海瑟矩阵满足条件，存在最优解。根据式（3.4）—式（3.5），可得企业的最优决策方案，式中字母上标带 * 表示最优解，以下均采取此表示方法。

$$s_i^{N*} = \alpha \frac{\alpha(2\eta_j - \alpha)a_i - \beta(\alpha - \eta_j)a_j}{\alpha^2(2\eta_i - \alpha)(2\eta_j - \alpha) - \beta^2(\alpha - \eta_i)(\alpha - \eta_j)} \tag{3.6}$$

$$p_i^{N*} = \eta_i \frac{\alpha(2\eta_j - \alpha)a_i - \beta(\alpha - \eta_j)a_j}{\alpha^2(2\eta_i - \alpha)(2\eta_j - \alpha)_i - \beta^2(\alpha - \eta_i)(\alpha - \eta_j)} \tag{3.7}$$

$$q_i^{N*} = \alpha\eta_i \frac{\alpha(2\eta_j - \alpha)a_i - \beta(\alpha - \eta_j)a_j}{\alpha^2(2\eta_i - \alpha)(2\eta_j - \alpha)_i - \beta^2(\alpha - \eta_i)(\alpha - \eta_j)} \tag{3.8}$$

$$\prod_i^{N*} = \left(\eta_i - \frac{1}{2}\alpha\right)\eta_i\alpha\left[\frac{\alpha(2\eta_j - \alpha)a_i - \beta(\alpha - \eta_j)a_j}{\alpha^2(2\eta_i - \alpha)(2\eta_j - \alpha) - \beta^2(\alpha - \eta_i)(\alpha - \eta_j)}\right]^2 \tag{3.9}$$

二　参数分析

企业的成本或利润的相关参数由于受各种因素的影响会发生改变，从而影响企业的决策和结果。企业需要了解这种改变的影响，从而有意识地去促进或者阻止这些参数变化的发生。

为便于参数分析和比较结果，此处提出两个假设：

假设 3.5：双方企业的经营规模相似，即 $a_i = a_j = a$，$\eta_i = \eta_j = \eta$。

假设 3.6：α^2 相对 β^2 较大。

该假设适用于本章所有命题，各命题的证明过程见本章附录。

（一）参数 a_i

命题 3.1：$\frac{\partial s_i^{N*}}{\partial a_i} > 0$，$\frac{\partial p_i^{N*}}{\partial a_i} > 0$，$\frac{\partial q_i^{N*}}{\partial a_i} > 0$，$\frac{\partial \prod_i^{N*}}{\partial a_i} > 0$；即产品 i 的市场容量 a_i 增加使产品的价格、服务水平、需求量和利润都增加。

当 a_i 增加时，产品的市场环境变好，需求量增加。企业可以提高产品价格去获取更多的利润，并适当增加服务水平保证销量。因此增加市场容量是企业希望发生的，所以企业往往通过广告、公关等方式改善产品形象，促使更多的消费者接受产品，成为潜在消费者。

命题 3.2：当 $\eta_i > \alpha$ 时，$\frac{\partial s_i^{N*}}{\partial a_i} > \frac{\partial s_j^{N*}}{\partial a_i} > 0$，$\frac{\partial p_i^{N*}}{\partial a_i} > \frac{\partial p_j^{N*}}{\partial a_i} > 0$，$\frac{\partial q_i^{N*}}{\partial a_i} > \frac{\partial q_j^{N*}}{\partial a_i} > 0$，$\frac{\partial \prod_i^{N*}}{\partial a_i} > \frac{\partial \prod_j^{N*}}{\partial a_i} > 0$；即产品 i 的市场容量增加会使替代品 j 的价格、服务水平、需求量和利润都增加，但其幅度小于产品 i。当 $\eta_i < \alpha$ 时，$\frac{\partial s_j^{N*}}{\partial a_i} < 0$，$\frac{\partial p_j^{N*}}{\partial a_i} < 0$，$\frac{\partial q_j^{N*}}{\partial a_i} < 0$，$\frac{\partial \prod_j^{N*}}{\partial a_i} < 0$，即产品 i 的市场容量增加使替代品 j 的价格、服务水平、需求量和利润都减少。

此结论说明替代品之间有溢出效应。当 $\eta_i > \alpha$ 时，意味着产品的配套服务成本较高，当产品市场份额增加时，产品和替代品都会因此而受益。因为服务成本较高意味着该产品并不能大幅提高服务水平，无法完全占有新的市场份额，所以替代品会相应地占有剩余少量市场，因此替代品会享受少量利润的增加。当 $\eta_i < \alpha$ 时，意味着产品的配套服务成本较低，为争取更多的利润可以采取较高的服务水平，不仅占有了全部新增市场，还会挤占替代品的部分份额，从而使其利润减少。

（二）参数 η_i

命题 3.3：$\frac{\partial s_i^{N*}}{\partial \eta_i} < 0$，$\frac{\partial p_i^{N*}}{\partial \eta_i} < 0$，$\frac{\partial q_i^{N*}}{\partial \eta_i} < 0$，$\frac{\partial \Pi_i^{N*}}{\partial \eta_i} < 0$；即产品 i 的服务成本 η_i 减少，可以使产品本身的价格、服务水平、需求量和利润都增加。

服务成本的降低，使企业可以提高服务水平，在促进需求的同时，可以抬高产品价格，从而获得更多的利润，因此企业也希望这种情况的发生。所以企业通过提高服务效率，改善经营方式等降低服务成本，从而达到提高经济效益的目的。

命题 3.4：$\frac{\partial s_j^{N*}}{\partial \eta_i} > 0$，$\frac{\partial p_j^{N*}}{\partial \eta_i} > 0$，$\frac{\partial q_j^{N*}}{\partial \eta_i} > 0$，$\frac{\partial \Pi_j^{N*}}{\partial \eta_i} > 0$，即产品 i 的服务成本 η_i 减少，会导致替代品的价格、服务水平、需求量和利润减少。

对于企业来说，产品服务成本的降低，会使其在竞争中更加具有优势。与命题 3.2 不同，由于市场容量（a_i）没有变化，所以双方的利益存在此消彼长的关系，替代品会因此遭受损失。只能通过降低服务水平去减少成本，通过降低价格去刺激需求，从而导致利润减少。

通过命题 3.2 和命题 3.4 可以看出，两个企业之间存在较强的竞争关系。就企业本身而言，其产品市场容量增加或者服务成本降低，会使利润升高，所以企业会尽量在这些方面努力提高。对替代品企业，对方市场容量增加，若其服务成本较高（$\eta_i > \alpha$），反而会因此获利，否则会遭受损失，所以双方有可能在一定程度上达成合作关系，例如共同做广告等促销行为；但替代品企业降低服务成本则一定会使企业利润下降，所以双方更多的是竞争而不是合作。

三　算例分析

此部分运用算例分析的形式，运用 Matlab 工具对以上结论做出验证。设定 $a_i = a_j = 400$，$\eta_i = \eta_j = 4$，$\alpha = 5$，$\beta = 2$（$\eta < \alpha$）和 $a_i = a_j = 400$，$\eta_i = \eta_j = 8$，$\alpha = 5$，$\beta = 2$（$\eta > \alpha$）两组数据①，算例分析主要验证利润的变化趋势。

（一）市场容量 a_i

从图 3－1 中可以看出市场容量 a_i 的增加对于产品 i 有利，而替代品 j 利润变化与 η_i，α 的大小有关。

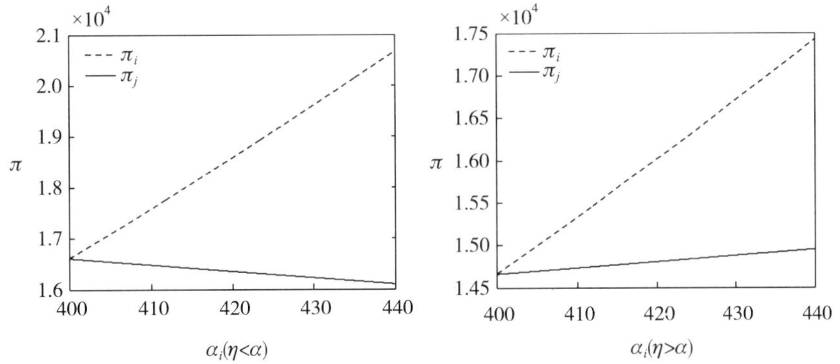

图 3－1　a_i 增加时 Π_i^{N*} 和 Π_j^{N*} 的变化趋势

① 如无特别说明，本书第三章、第四章均采用此两组参数。

（二）服务成本 η_i

从图 3－2 中可以看出，随着产品 i 的服务成本 η_i 增加，Π_i^{N*} 持续减少而 Π_j^{N*} 一直增加。所以降低服务成本对本企业有利但对替代品企业不利。

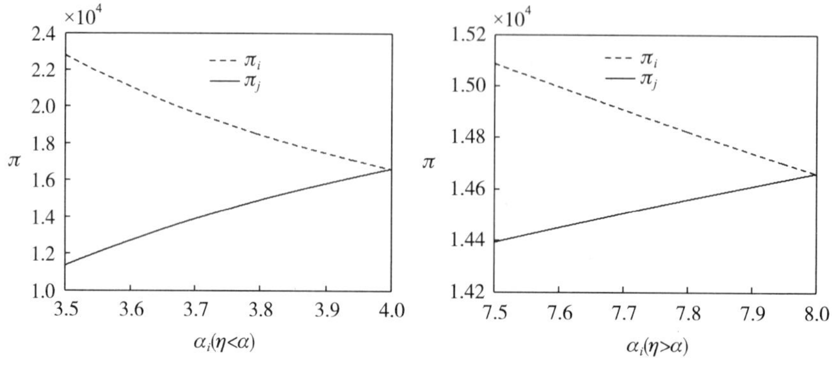

图 3－2　η_i 增加时 Π_i^{N*} 和 Π_j^{N*} 的变化趋势

第四节　一方 Stackelberg 占优

在市场竞争中，企业之间的地位并不都是平等的，此部分研究一方 Stackelberg 占优的情境，即一方处于领导者地位，另一方处于跟随者地位。例如通用汽车公司和国产汽车公司，苹果手机和国产山寨机等都是较为典型的领导者与跟随者的例子。领导者先决策，跟随者根据领导者的结果再做出反应。此处设定企业 j 占据优势地位，企业 i 处于弱势地位。处于强势地位的 j 先做出价格和服务的决策 p_j，s_j，作为跟随者的 i 根据 j 的结果再决定 p_i，s_i。

一　决策过程及结果

（一）i 企业的决策过程

此类问题采取逆向计算的方式。首先假定企业 j 已经做出决策 p_j^{S*}，s_j^{S*}，企业 i 根据结果做出反应 p_i，s_i，追求最大利润。

$$\frac{\partial \prod_i}{\partial p_i} = a_i - 2\alpha p_i + \beta p_j + \alpha s_i - \beta s_j = 0 \tag{3.10}$$

$$\frac{\partial \prod_i}{\partial s_i} = \alpha p_i - \eta_i s_i = 0 \tag{3.11}$$

验证海瑟矩阵，二阶导数为 $\frac{\partial^2 \prod_i}{\partial {p_i}^2} = -2\alpha$，$\frac{\partial^2 \prod_i}{\partial {s_i}^2} = -\eta_i$，$\frac{\partial^2 \prod_i}{\partial p_i \partial s_i} = \alpha$。所以当 $2\eta_i > \alpha$ 存在极值。

根据式（3.10）—式（3.11），可得：

$$s_i^{S*} = \frac{a_i + \beta p_j^{S*} - \beta s_j^{S*}}{2\eta_i - \alpha} \tag{3.12}$$

$$p_i^{S*} = \frac{\eta_i}{\alpha} \frac{a_i + \beta p_j^{S*} - \beta s_j^{S*}}{2\eta_i - \alpha} \tag{3.13}$$

（二）j 企业的决策过程

根据企业 i 的决策结果，反推出企业 j 决策。此时，j 的利润函数为：

$$\prod_j = p_j q_j [p_j, \ p_i(p_j, \ s_j), \ s_j, \ s_i(p_j, \ s_j)] - \frac{1}{2}\eta_j s_j^2 \tag{3.14}$$

企业 j 在此基础上选择最佳的 p_j，s_j 从而获取最大利润。

$$\frac{\partial \prod_j}{\partial p_j} = q_j(p_j, \ s_j) + p_j \frac{\partial q_j(p_j, \ s_j)}{\partial p_j} = 0 \tag{3.15}$$

$$\frac{\partial \prod_j}{\partial s_j} = p_j \frac{\partial q_j(p_j, \ s_j)}{\partial s_j} - \eta_j s_j = 0 \tag{3.16}$$

二阶导数为 $\frac{\partial^2 \prod_j}{\partial {p_j}^2} = -2\frac{\alpha\beta^2 + \alpha^2 \ (2\eta_i - \alpha) \ - \beta^2 \eta_i}{\alpha \ (2\eta_i - \alpha)}$，$\frac{\partial^2 \prod_i}{\partial {s_j}^2} = -\eta_j$，$\frac{\partial^2 \prod_j}{\partial p_j \partial s_j} = \frac{\alpha\beta^2 + \alpha^2 \ (2\eta_i - \alpha) \ - \beta^2 \eta_i}{\alpha \ (2\eta_i - \alpha)}$。

当 $\alpha \ (2\eta_i - \alpha) \ (2\eta_j - \alpha) \ - \beta^2 \alpha + \beta^2 \eta_i > 0$ 时，满足海瑟矩阵条件，存在极值。

根据式（3.15）—式（3.16），可以求出企业 j 的最优决策：

$$s_j^{S*} = \frac{\alpha(2\eta_i - \alpha) a_j + \beta(\eta_i - \alpha) a_i}{\alpha(2\eta_i - \alpha)(2\eta_j - \alpha) - \beta^2 \alpha + \beta^2 \eta_i} \tag{3.17}$$

$$p_j^{S*} = \frac{\alpha\eta_j(2\eta_i - \alpha)}{\alpha^2(2\eta_i - \alpha) + \beta^2\alpha - \beta^2\eta_i} \frac{\alpha(2\eta_i - \alpha)a_j + \beta(\eta_i - \alpha)a_i}{\alpha(2\eta_i - \alpha)(2\eta_j - \alpha) - \beta^2\alpha + \beta^2\eta_i} \tag{3.18}$$

$$q_j^{S*} = \eta_j \frac{\alpha(2\eta_i - \alpha)a_j + \beta(\eta_i - \alpha)a_i}{\alpha(2\eta_i - \alpha)(2\eta_j - \alpha) - \beta^2\alpha + \beta^2\eta_i} \tag{3.19}$$

$$\prod_j^{S*} = \frac{\eta_j}{2[\alpha(2\eta_i - \alpha)(2\eta_j - \alpha) - \beta^2\alpha + \beta^2\eta_i]} \frac{[\alpha(2\eta_i - \alpha)a_j + \beta(\eta_i - \alpha)a_i]^2}{\alpha^2(2\eta_i - \alpha) + \beta^2\alpha - \beta^2\eta_i} \tag{3.20}$$

将结果代入式（3.12）—式（3.13），可以得到企业 i 的最优方案：

$$s_i^{S*} = \alpha \frac{[\alpha^2(2\eta_i - \alpha)(2\eta_j - \alpha) - \beta^2(\eta_i - \alpha)(\eta_j - \alpha)]a_i + \beta[\alpha(2\eta_i - \alpha)(\eta_j - \alpha) - \beta^2\alpha + \beta^2\eta_i]a_j}{[\alpha(2\eta_i - \alpha)(2\eta_j - \alpha) - \beta^2\alpha + \beta^2\eta_i][\alpha^2(2\eta_i - \alpha) + \beta^2\alpha - \beta^2\eta_i]} \tag{3.21}$$

$$p_i^{S*} = \eta_i \frac{[\alpha^2(2\eta_i - \alpha)(2\eta_j - \alpha) - \beta^2(\eta_i - \alpha)(\eta_j - \alpha)]a_i + \beta[\alpha(2\eta_i - \alpha)(\eta_j - \alpha) - \beta^2\alpha + \beta^2\eta_i]a_j}{[\alpha(2\eta_i - \alpha)(2\eta_j - \alpha) - \beta^2\alpha + \beta^2\eta_i][\alpha^2(2\eta_i - \alpha) + \beta^2\alpha - \beta^2\eta_i]} \tag{3.22}$$

$$q_i^{S*} = \alpha\eta_i \frac{[\alpha^2(2\eta_i - \alpha)(2\eta_j - \alpha) - \beta^2(\eta_i - \alpha)(\eta_j - \alpha)]a_i + \beta[\alpha(2\eta_i - \alpha)(\eta_j - \alpha) - \beta^2\alpha + \beta^2\eta_i]a_j}{[\alpha(2\eta_i - \alpha)(2\eta_j - \alpha) - \beta^2\alpha + \beta^2\eta_i][\alpha^2(2\eta_i - \alpha) + \beta^2\alpha - \beta^2\eta_i]} \tag{3.23}$$

$$\prod_i^{S*} = \frac{1}{2}\alpha\eta_i(2\eta_i - \alpha) \left\{\frac{[\alpha^1(2\eta_i - \alpha)(2\eta_j - \alpha) - \beta^2(\eta_i - \alpha)(\eta_j - \alpha)]a_i + \beta[\alpha(2\eta_i - \alpha)(\eta_j - \alpha) - \beta^2\alpha + \beta^2\eta_i]a_j}{[\alpha(2\eta_i - \alpha)(2\eta_j - \alpha) - \beta^2\alpha + \beta^2\eta_i][\alpha^2(2\eta_i - \alpha) + \beta^2\alpha - \beta^2\eta_i]}\right\}^2 \tag{3.24}$$

二 参数分析

（一）市场容量

命题 3.5：$\frac{\partial s_j^{S*}}{\partial a_j} > 0$，$\frac{\partial p_j^{S*}}{\partial a_j} > 0$，$\frac{\partial q_j^{S*}}{\partial a_j} > 0$，$\frac{\partial \prod_j^{S*}}{\partial a_j} > 0$；$\frac{\partial s_i^{S*}}{\partial a_i} > 0$，$\frac{\partial p_i^{S*}}{\partial a_i} > 0$，$\frac{\partial q_i^{S*}}{\partial a_i} > 0$，$\frac{\partial \prod_i^{S*}}{\partial a_i} > 0$；即产品的市场容量增加使产品本身的

价格、服务水平、需求量和利润都增加。

此命题与命题 3.1 相似，市场容量的增加，会促使企业提高产品价格去增加利润，且有资金去提升服务水平进而刺激需求，表现出了强者更强的趋势。

命题 3.6：当 $\eta-\alpha>0$ 时，$\frac{\partial s_i^{S*}}{\partial a_j}>0$，$\frac{\partial p_i^{S*}}{\partial a_j}>0$，$\frac{\partial q_i^{S*}}{\partial a_j}>0$，$\frac{\partial \prod_i^{S*}}{\partial a_j}>0$；$\frac{\partial s_j^{S*}}{\partial a_i}>0$，$\frac{\partial p_j^{S*}}{\partial a_i}>0$，$\frac{\partial q_j^{S*}}{\partial a_i}>0$，$\frac{\partial \prod_j^{S*}}{\partial a_i}>0$；即产品的市场容量增加使替代品的价格、服务水平、需求量和利润都增加。当 $\eta-\alpha<0$ 时，$\frac{\partial s_i^{S*}}{\partial a_j}<0$，$\frac{\partial p_i^{S*}}{\partial a_j}<0$，$\frac{\partial q_i^{S*}}{\partial a_j}<0$，$\frac{\partial \prod_i^{S*}}{\partial a_j}<0$；$\frac{\partial s_j^{S*}}{\partial a_i}<0$，$\frac{\partial p_j^{S*}}{\partial a_i}<0$，$\frac{\partial q_j^{S*}}{\partial a_i}<0$，$\frac{\partial \Pi_j^{S*}}{\partial a_i}<0$；即产品的市场容量 a_j 增加使替代品的价格、服务水平、需求量和利润都减少。

此命题与命题 3.2 相似。即当服务成本较高时（$\eta-\alpha>0$），替代品之间有正的溢出效应，一方市场容量的增加可以使另一方收益增加；但是当服务成本较低时（$\eta-\alpha<0$），替代品之间存在负的溢出效应，一方市场容量的增加会使另一方遭受损失。

（二）服务成本

命题 3.7：$\frac{\partial s_j^{S*}}{\partial \eta_j}<0$，$\frac{\partial p_j^{S*}}{\partial \eta_j}<0$，$\frac{\partial q_j^{S*}}{\partial \eta_j}<0$，$\frac{\partial \prod_j^{S*}}{\partial \eta_j}<0$；$\frac{\partial s_i^{S*}}{\partial \eta_i}<0$，$\frac{\partial p_i^{S*}}{\partial \eta_i}<0$，$\frac{\partial q_i^{S*}}{\partial \eta_i}<0$，$\frac{\partial \prod_i^{S*}}{\partial \eta_i}<0$；即产品的服务成本 η_j 减少使自身产品的价格、服务水平、需求量和利润都增加。

此命题与命题 3.3 相似。产品服务成本降低会给本企业带来利润。

命题 3.8：$\frac{\partial s_i^{S*}}{\partial \eta_j}>0$，$\frac{\partial p_i^{S*}}{\partial \eta_j}>0$，$\frac{\partial q_i^{S*}}{\partial \eta_j}>0$，$\frac{\partial \prod_i^{S*}}{\partial \eta_j}>0$；$\frac{\partial s_j^{S*}}{\partial \eta_i}>0$，$\frac{\partial p_j^{S*}}{\partial \eta_i}>0$，$\frac{\partial q_j^{S*}}{\partial \eta_i}>0$，$\frac{\partial \Pi_j^{S*}}{\partial \eta_i}>0$；即产品的服务成本减少使替代品的价格、服务水平、需求量和利润都减少。

此命题与命题3.4相似。替代品企业服务成本降低会给本企业带来损失。

三 算例分析

（一）市场容量 a

市场容量增加对于产品自身是有利的，而替代品利润变化与 η_i，α 的大小有关，如图3－3所示。

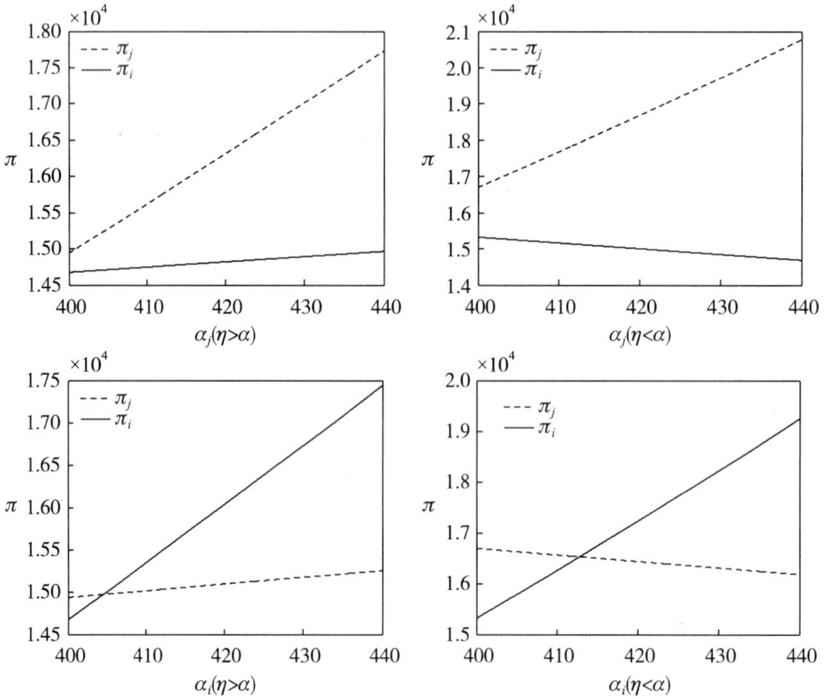

图3－3　a 增加时 Π_i^{S*} 和 Π_j^{S*} 的变化趋势

（二）服务成本 η

当产品的服务成本减少时，产品利润持续增加而替代品利润降低。所以降低服务成本对企业有利但对替代品企业不利，如图3－4所示。

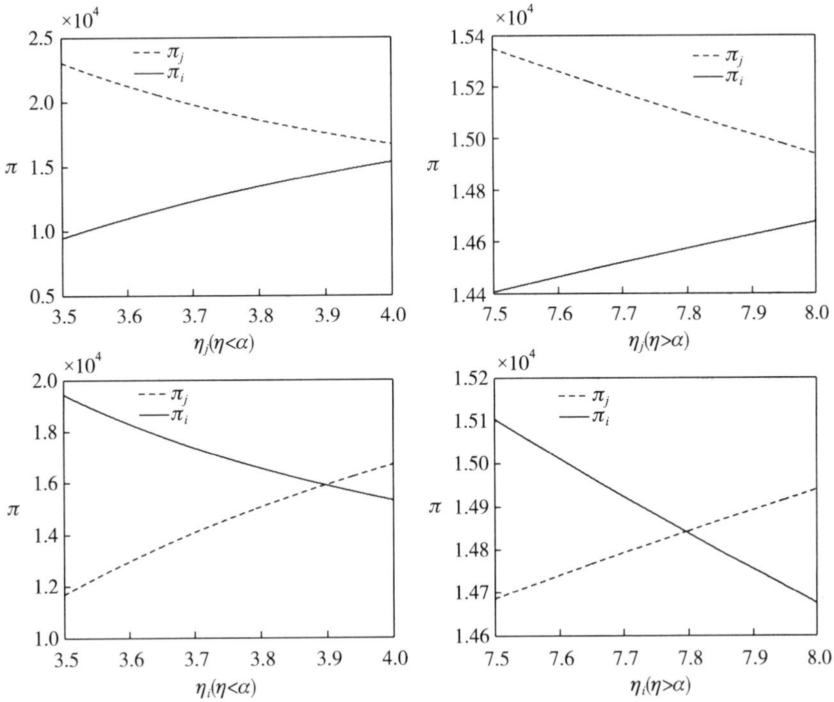

图 3-4　η_j 增加时 Π_i^{S*} 和 Π_j^{S*} 的变化趋势

第五节　企业联盟

企业联盟的概念在前述章节中已经有所介绍。本章假设两个企业形成这种基于价格和服务水平联盟。两个企业采取合作策略，可以视为单一的垄断企业，其目标不是追求某个企业利润最大化，而是追求两个企业利润之和最大。

一　决策过程及结果

在企业联盟情境下，总利润即两个企业的利润之和为：

$$\prod = p_i q_i - \frac{1}{2}\eta_i s_i^2 + p_j q_j - \frac{1}{2}\eta_j s_j^2 \tag{3.25}$$

其决策变量为 p_i，p_j，s_i，s_j，所以一阶导数：

$$\frac{\partial \prod}{\partial s_i} = \alpha p_i - \eta_i s_i - \beta p_j = 0 \tag{3.26}$$

$$\frac{\partial \prod}{\partial p_i} = a_i - 2\alpha p_i + 2\beta p_j + \alpha s_i - \beta s_j = 0 \tag{3.27}$$

式中，$i=1$，2，$j=3-i$。

为证明存在极值，其二阶导数分别为 $\frac{\partial^2 \prod}{\partial {s_i}^2} = -\eta_i$，$\frac{\partial^2 \prod}{\partial s_i \partial s_j} = 0$，$\frac{\partial^2 \prod}{\partial s_i \partial p_i} = \alpha$，$\frac{\partial^2 \prod}{\partial s_i \partial p_j} = -\beta$，$\frac{\partial^2 \prod}{\partial p_i \partial p_j} = 2\beta$，$\frac{\partial^2 \prod}{\partial {p_i}^2} = -2\alpha$。当 $2\alpha\eta_i\eta_j - \alpha^2\eta_i - \beta^2\eta_j > 0$ 且 $(\alpha^2-\beta^2) - 2\alpha(\eta_i+\eta_j) + 4\eta_i\eta_j > 0$，时，海瑟矩阵为负定矩阵，存在极值。

根据式（3.2）—式（3.3），可以求出最优解：

$$ {s_i}^{A*} = \frac{(2\eta_j - \alpha)a_i - \beta a_j}{(\alpha^2-\beta^2) - 2\alpha(\eta_i+\eta_j) + 4\eta_i\eta_j} \tag{3.28}$$

$$ {p_i}^{A*} = \frac{1}{(\alpha^2-\beta^2)} \frac{(2\alpha\eta_i\eta_j - \alpha^2\eta_i - \beta^2\eta_j)a_i - \beta[\alpha(\eta_i+\eta_j) - 2\eta_i\eta_j]a_j}{(\alpha^2-\beta^2) - 2\alpha(\eta_i+\eta_j) + 4\eta_i\eta_j} \tag{3.29}$$

$$ {q_i}^{A*} = \eta_i \frac{(2\eta_j - \alpha)a_i - \beta a_j}{(\alpha^2-\beta^2) - 2\alpha(\eta_i+\eta_j) + 4\eta_i\eta_j} \tag{3.30}$$

$$ \prod_i^{A*} = \frac{\eta_i[\alpha(2\eta_j-\alpha){a_i}^2 - 2\beta(\alpha-\eta_j)a_i a_j - \beta^2 {a_j}^2]}{2(\alpha^2-\beta^2)[(\alpha^2-\beta^2) - 2\alpha(\eta_i+\eta_j) + 4\eta_i\eta_j]} \tag{3.31}$$

二　参数分析

（一）市场容量 a_i

命题 3.9：$\frac{\partial {s_i}^{A*}}{\partial a_i} > 0$，$\frac{\partial {p_i}^{A*}}{\partial a_i} > 0$，$\frac{\partial {q_i}^{A*}}{\partial a_i} > 0$，$\frac{\partial \prod_i^{A*}}{\partial a_i} > 0$，即产品 i 的市场容量 a_i 增加使产品 i 的价格、服务水平、需求量和利润都增加。

此结论与命题 3.1、命题 3.5 相似。市场容量的增加会使产品本身的利润增加，此处不再赘述。

命题 3.10：$\frac{\partial {s_j}^{A*}}{\partial a_i} < 0$，$\frac{\partial {q_j}^{A*}}{\partial a_i} < 0$，即产品 i 的市场份额增加，可以使

替代品 j 的服务水平和销售量减少。当 $\eta-\alpha>0$ 时，$\frac{\partial p_j^{A*}}{\partial a_i}>0$；当 $\eta-\alpha<0$ 时，$\frac{\partial p_j^{A*}}{\partial a_i}<0$。当 $\eta_i-\alpha>\beta$ 时，$\frac{\partial \prod_j^{A*}}{\partial a_i}>0$，当 $\eta_i-\alpha<\beta$ 时，$\frac{\partial \Pi_j^{A*}}{\partial a_i}<0$。

当替代品市场份额增加时，若替代品服务成本较高（$\eta_i-\alpha>\beta$），其对产品的影响力较低。产品可以通过降低服务水平去减少成本，并提高价格，虽然需求减少，但仍然会使利润增加。反之，若替代品服务成本较低（$\eta_i-\alpha<\beta$），替代品可以大幅度提高服务水平去刺激需求，使其对产品的影响力较高。产品一方面只能通过降低价格去影响需求，另一方面由于服务成本较高使产品只能降低服务水平进而减少需求，最终导致产品需求减少进而利润降低。

（二）服务成本 η_i

命题3.11：产品 i 的服务成本 η_i 减少，使产品 i 的价格、服务水平、需求量和利润都增加，即 $\frac{\partial s_i^{A*}}{\partial \eta_i}<0$，$\frac{\partial p_i^{A*}}{\partial \eta_i}<0$，$\frac{\partial q_i^{A*}}{\partial \eta_i}<0$，$\frac{\partial \prod_i^{A*}}{\partial \eta_i}<0$。

此命题与命题3.3和命题3.7相似。当产品的服务成本降低时，企业会增加服务水平来刺激需求，同时增加产品价格进而获取更多利润。

命题3.12：产品 i 的服务成本 η_i 减少，使替代品 j 的价格、服务水平、需求量和利润都降低，即 $\frac{\partial s_j^{A*}}{\partial \eta_i}<0$，$\frac{\partial p_j^{A*}}{\partial \eta_i}<0$，$\frac{\partial q_j^{A*}}{\partial \eta_i}<0$，$\frac{\partial \prod_j^{A*}}{\partial \eta_i}<0$。

此命题与命题3.4和命题3.8相似，替代品单方面降低服务成本，使其实力增强。由于市场容量不变，因此会挤占产品的市场和利润空间。产品只能降低服务水平以减少成本，同时降低价格刺激需求，最终导致需求和利润下降。

从命题3.9至命题3.12可以看出，虽然双方形成了企业联盟，但这种联盟主要是价格和服务水平的联盟，即双方约定某个价格和服务水平，从而各自获取最大利润。在市场扩展方面，只有当服务成本较高时（$\eta-\alpha>\beta$），才会开展一定意义上的合作，否则以竞争为主；在改进成本方面，一方面尽力降低本企业的成本，另一方面不希望对方减少成本，所以双方更多的是竞争关系。

通过三种情境可以发现，无论是纳什均衡、企业联盟或一方占优势，参数变化对双方的影响是类似的。一方市场容量变大一定会给本企业带来收益，另一方可能会受益（服务成本较高时），也可能会遭受损失（服务成本较低时）；若一方服务成本降低，本企业会因此获得更多利润，但另一方一定会遭受损失。因此，替代品之间出现合作关系的机会较少，更多的时候是处于激烈的竞争与对抗。

三 算例分析

（一）市场容量 a_i

市场容量 a_i 的增加对于产品 i 是有利的，替代品 j 收益情况与 η，α，β 相关，如图 3－5 所示。

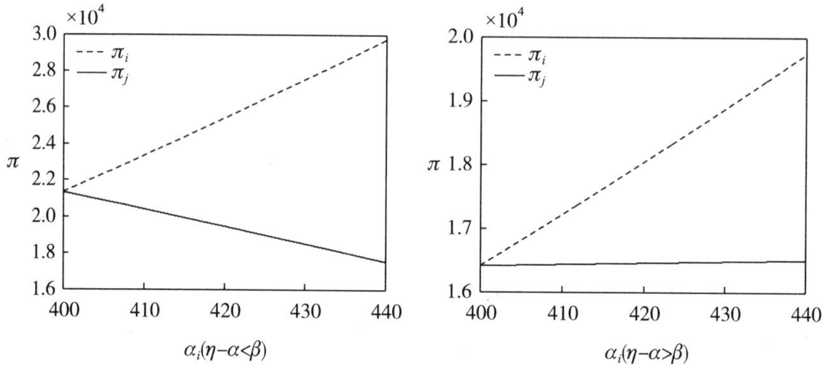

图3－5 a_i 增加时 $\prod_i^{A*}$ 和 $\prod_j^{A*}$ 的变化趋势

（二）服务成本 η_i

随着产品 i 的服务成本 η_i 增加，$\prod_i^{A*}$ 持续减少而 $\prod_j^{A*}$ 一直增加。所以降低服务成本对企业有利但对替代品企业不利，如图 3－6 所示。

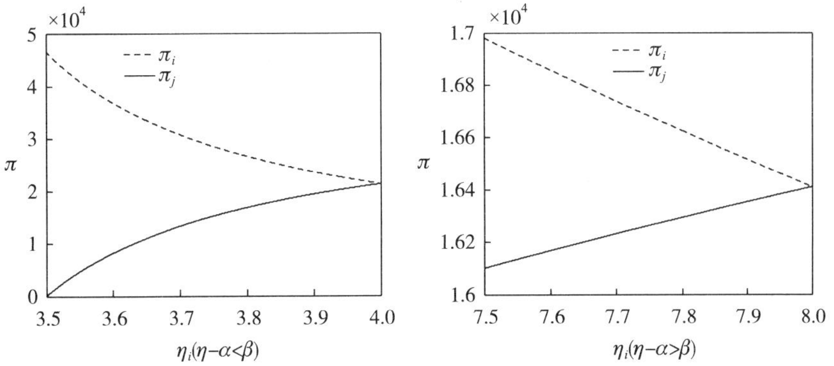

图 3-6　η_i 增加时 $\prod_i^{A*}$ 和 $\prod_j^{A*}$ 的变化趋势

第六节　三种情景下的对比及分析

前述章节分析得出了三种情境下参与双方的最优决策及结果。本节比较每个决策和结果在三种情境下的大小，从而判断在外界参数满足某种要求时，企业应如何选择最优的情境，从而获取最大利润。

一　决策结果的比较

命题 3. 13：当 $\eta>\alpha$ 时，$s_i^{A*}<s_j^{S*}<s_i^{N*}<s_i^{S*}$；$p_i^{N*}<p_i^{S*}<p_j^{S*}<p_i^{A*}$；$q_i^{A*}<q_j^{S*}<q_i^{N*}<q_i^{S*}$。当 $\eta<\alpha$ 时，$s_i^{A*}<s_i^{S*}<s_i^{N*}<s_j^{S*}$；$p_i^{S*}<p_i^{N*}<p_j^{S*}<p_i^{A*}$，$q_i^{A*}<q_i^{S*}<q_i^{N*}<q_j^{S*}$。

命题 3. 14：当 $\eta>\alpha$ 时，$\prod_i^{N*}<\prod_i^{S*}<\prod_j^{S*}<\prod_i^{A*}$；当 $\eta<\alpha$ 时，$\prod_i^{S*}<\prod_i^{N*}<\prod_j^{S*}<\prod_i^{A*}$。

从命题 3. 13 至命题 3. 14 可以看出，当两个企业形成联盟时，双方均会采取最低的服务水平、最高的价格，虽然销售量最低，但是各自却能获得最大利润。

当双方不采取合作，且地位不平等时，领导者会采取较高的价格，并获得较高的利润，而跟随者只能采取较低的价格，并获得较低的利润

（$p_i^{S*} < p_j^{S*}$，$\prod_i^{S*} < \prod_j^{S*}$）。如果服务成本较高（$\eta > \alpha$），占优势的一方会采用较低服务水平，并获得较低的销售量；占劣势的一方只能采取较高的服务水平并获得较高的销售量（$s_j^{S*} < s_i^{S*}$，$q_j^{S*} < q_i^{S*}$）。如果服务成本较低（$\eta < \alpha$），占优势的一方则会采取较高的服务水平，并获得较高的销售量；占劣势的一方只能采取较低的服务水平并获得较低的销售量（$s_j^{S*} > s_i^{S*}$，$q_j^{S*} > q_i^{S*}$）。从中可以看出，相对于跟随者，领导者具有较大的优势，不仅可以根据服务成本确定服务水平，而且能确保获取较多的，仅次于企业联盟时的利润。

当双方不采取合作，且处于纳什均衡状态时，其价格和利润相对于企业联盟或领导者都较低。与跟随者相比，如果服务成本较高（$\eta > \alpha$），跟随者能够以较高的服务水平获取较多的需求量，且以较高的价格获取更多的利润（$s_i^{N*} < s_i^{S*}$，$p_i^{N*} < p_i^{S*}$，$q_i^{N*} < q_i^{S*}$，$\prod_i^{N*} < \prod_i^{S*}$）；如果服务成本较低（$\eta < \alpha$），纳什均衡的双方能够以较高的服务水平获取较多的需求量，且以较高的价格获取更多的利润（$s_i^{N*} > s_i^{S*}$，$p_i^{N*} > p_i^{S*}$，$q_i^{N*} > q_i^{S*}$，$\prod_i^{N*} > \prod_i^{S*}$）。

二 双方采取的策略

当双方地位平等时，其收益矩阵如表 3－1 所示。

表 3－1 双方地位平等时收益矩阵

企业 j ＼ 企业 i	达成联盟	不达成联盟
达成联盟	$\prod_i^{A*}, \prod_i^{A*}$	$\prod_i^{N*}, \prod_i^{N*}$
不达成联盟	$\prod_i^{N*}, \prod_i^{N*}$	$\prod_i^{N*}, \prod_i^{N*}$

由于 $\prod_i^{A*} > \prod_i^{N*}$，所以对于双方来说，达成联盟（合作）是最好的方案，此时双方都可以获得最多的利润。

当双方地位不平等时，其收益矩阵如表 3－2 所示。

表 3－2　　双方地位不平等时收益矩阵 1

企业 j \ 企业 i	达成联盟	不达成联盟
达成联盟	$\prod_i^{A*}, \prod_i^{A*}$	$\prod_j^{S*}, \prod_i^{S*}$
不达成联盟	$\prod_j^{S*}, \prod_i^{S*}$	$\prod_j^{S*}, \prod_i^{S*}$

对于处于弱势的企业 i，由于 $\prod_i^{A*} > \prod_i^{S*}$，所以其希望形成联盟（合作）；对于处于强势地位的企业 j，由于 $\prod_i^{A*} > \prod_j^{S*}$，即保持强势地位反而不如双方形成联盟（合作）获得的利润多，所以企业会放弃强势地位转向合作。

综上所述，形成企业联盟是最佳方案。在现实中，最典型的莫过于卡特尔。卡特尔是指一些生产或销售某一同类商品的企业，为获取更多的利润，在产品的价格、产量和销售等方面制定协定而形成联盟。联盟内的成员在法律上还是独立的企业。前几年国内几家彩电生产企业达成联盟，以同行议价形式共同提高彩电价格。此后又有空调价格联盟、民航机票价格联盟、电脑价格联盟等出现。卡特尔虽然使企业获取了高额利润，但是却对消费者的权益造成了伤害，消费者需要用较高的价格和较低的服务水平获得产品。所以许多国家通过制定反垄断法等法律来制止这种行为。

一旦无法形成企业联盟，双方地位平等时，会采取纳什均衡；当双方地位不平等时，其收益矩阵如表 3－3 所示。

表 3－3　　双方地位不平等时收益矩阵 2

企业 j \ 企业 i	双方地位平等	作为跟随者
双方地位平等	Π_i^{N*}，Π_i^{N*}	Π_j^{S*}，Π_i^{S*}
作为领导者	Π_j^{S*}，Π_i^{S*}	Π_j^{S*}，Π_i^{S*}

由于 $\Pi_j^{S*} > \Pi_i^{N*}$，所以企业 j 存在占优策略即作为领导者，从而利

用优势地位获取更多的利润。尽管 Π_i^{N*} 和 Π_i^{S*} 的大小与 η，α 有关，但是企业 i 也只能获取利润 Π_i^{S*}。

第七节　本章小结

本章分析了两个制造商在提供替代产品的同时提供配套服务，在纳什均衡、一方占优势和企业联盟三种情景下，价格和服务水平的决策及获得的销售量和利润。在参数分析方面，三种情景是一样的。产品自身的市场容量增加或者服务成本减少使产品的价格、服务水平、需求量和利润都增加。而替代品之间存在溢出效应。当服务成本较高时（$\eta>\alpha$），替代品市场容量增加会使产品的价格、服务水平、需求量和利润都增加，但其幅度小于替代品；当服务成本较低时（$\eta<\alpha$），替代品市场容量增加使产品的价格、服务水平、需求量和利润都减少。而替代品服务成本减少，则一定会导致产品的价格、服务水平、需求量和利润都减少。

在三种情境对比方面，两个企业形成联盟时，能够获得最大利润。所以无论双方是否处于平等地位，都有达成价格和服务水平联盟的意愿。当由于各种因素影响，无法形成联盟时，若双方实力相等，则维持纳什均衡，此时双方的利润都较低；如一方占据优势，则领导者凭借优势地位获取较多的利润，跟随者只能获取较低的收益。

第八节　附录 1：本章命题证明

命题 3.3：

$$s_i^{N*}=\alpha\frac{\alpha(2\eta_j-\alpha)a_i-\beta(\alpha-\eta_j)a_j}{[2\alpha^2(2\eta_j-\alpha)-\beta^2(\eta_j-\alpha)]\eta_i-\alpha[\alpha^2(2\eta_j-\alpha)-\beta^2(\eta_j-\alpha)]}$$

$\alpha>\beta$，$2\eta_j-\alpha>\eta_j-\alpha$，所以 $2\alpha^2(2\eta_j-\alpha)-\beta^2(\eta_j-\alpha)>0$，$\dfrac{\partial s_i^{N*}}{\partial\eta_i}<0$

$$p_i^{N*}=\frac{\alpha(2\eta_j-\alpha)a_i-\beta(\alpha-\eta_j)a_j}{[2\alpha^2(2\eta_j-\alpha)-\beta^2(\eta_j-\alpha)]-\dfrac{\alpha[\alpha^2(2\eta_j-\alpha)-\beta^2(\eta_j-\alpha)]}{\eta_i}},$$

$\frac{\partial p_i^{N*}}{\partial \eta_i}<0$，同理$\frac{\partial q_i^{N*}}{\partial \eta_i}<0$。

$$\frac{\partial \prod_i^{N*}}{\partial \eta_i} = [-\alpha^2(2\eta_i-\alpha)(2\eta_j-\alpha)+\beta^2(3\eta_i-\alpha)(\eta_j-\alpha)]\frac{[\alpha(2\eta_j-\alpha)a_i-\beta(\alpha-\eta_j)a_j]^2\alpha^2}{2[\alpha^2(2\eta_i-\alpha)(2\eta_j-\alpha)-\beta^2(\alpha-\eta_i)(\alpha-\eta_j)]^3}$$

$\alpha>\beta$，$(2\eta_i-\alpha)(2\eta_j-\alpha)>(3\eta_i-\alpha)(\eta_j-\alpha)$，所以$\frac{\partial \prod_i^{N*}}{\partial \eta_i}<0$。

命题3.4：

$$s_i^{N*}=\frac{(2\alpha+\beta)\eta_j-\alpha(\alpha+\beta)}{[2\alpha^2(2\eta_i-\alpha)-\beta^2(\eta_i-\alpha)]\eta_j-\alpha[\alpha^2(2\eta_i-\alpha)-\beta^2(\eta_i-\alpha)]}\alpha a$$

$$\frac{\partial s_j^{N*}}{\partial \eta_i}=\frac{\alpha(2\eta_j-\alpha)-\beta(\alpha-\eta_j)}{\{[2\alpha^2(2\eta_j-\alpha)-\beta^2(\eta_j-\alpha)]\eta_i-\alpha[\alpha^2(2\eta_j-\alpha)-\beta^2(\eta_j-\alpha)]\}^2}\alpha^3\beta a$$

因为$s_i^{N*}>0$，所以$\alpha(2\eta_j-\alpha)-\beta(\alpha-\eta_j)>0$，所以$\frac{\partial s_j^{N*}}{\partial \eta_i}>0$。

同理$\frac{\partial p_j^{N*}}{\partial \eta_i}>0$，$\frac{\partial q_j^{N*}}{\partial \eta_i}>0$，$\frac{\partial \Pi_j^{N*}}{\partial \eta_i}>0$。

命题3.5：

$$s_i^{S*}=\alpha\frac{[\alpha^2(2\eta-\alpha)^2-\beta^2(\eta-\alpha)^2]a_i+\beta[\alpha(2\eta-\alpha)+\beta^2](\eta-\alpha)a_j}{[\alpha(2\eta-\alpha)^2-\beta^2\alpha+\beta^2\eta][\alpha^2(2\eta-\alpha)+\beta^2\alpha-\beta^2\eta]}$$

若$\eta-\alpha>0$，因为$\alpha>\beta>0$，$2\eta-\alpha>\eta-\alpha>0$，所以$\alpha^2(2\eta-\alpha)^2-\beta^2(\eta-\alpha)^2>0$。

若$\eta-\alpha<0$，因为$\alpha>\alpha-\eta>0$，$2\eta-\alpha>\beta>0$，所以$\alpha^2(2\eta-\alpha)^2-\beta^2(\eta-\alpha)^2>0$。

因此$\frac{\partial s_i^{S*}}{\partial a_i}>0$，同理$\frac{\partial p_i^{S*}}{\partial a_i}>0$，$\frac{\partial q_i^{S*}}{\partial a_i}>0$，$\frac{\partial \Pi_i^{S*}}{\partial a_i}>0$。

命题3.6：

$$s_i^{S*}=\alpha\frac{[\alpha^2(2\eta-\alpha)^2-\beta^2(\eta-\alpha)^2]a_i+\beta[\alpha(2\eta-\alpha)+\beta^2](\eta-\alpha)a_j}{[\alpha(2\eta-\alpha)^2-\beta^2\alpha+\beta^2\eta][\alpha^2(2\eta-\alpha)+\beta^2\alpha-\beta^2\eta]}$$

因为$2\eta-\alpha>0$，所以$\alpha(2\eta-\alpha)+\beta^2>0$，所以命题成立。同理可证明$p_i^{S*}$，$q_i^{S*}$，$\Pi_i^{S*}$。

命题 3.7：

$$s_j^{S*}=\frac{\alpha(2\eta_i-\alpha)a_j-\beta(\eta_i-\alpha)a_i}{2\alpha(2\eta_i-\alpha)\eta_j-[\alpha^2(2\eta_i-\alpha)-\beta^2(\eta_i-\alpha)]}$$，所以$\frac{\partial s_j^{S*}}{\partial\eta_j}<0$。

$$p_j^{S*}=\frac{\alpha(2\eta_i-\alpha)}{\alpha^2(2\eta_i-\alpha)+\beta^2\alpha-\beta^2\eta_i}\frac{\alpha(2\eta_i-\alpha)a_j-\beta(\eta_i-\alpha)a_i}{2\alpha(2\eta_i-\alpha)-\frac{[\alpha^2(2\eta_i-\alpha)-\beta^2(\eta_i-\alpha)]}{\eta_j}}$$，

所以$\frac{\partial p_j^{S*}}{\partial\eta_j}<0$。

同理$\frac{\partial q_j^{S*}}{\partial\eta_j}<0$，$\frac{\partial \Pi_j^{S*}}{\partial\eta_j}<0$。

$$s_i^{S*}\approx\frac{\alpha(2\eta_j-\alpha)a_i-\beta(\eta_j-\alpha)a_j}{\alpha(2\eta_i-\alpha)(2\eta_j-\alpha)}$$，$\frac{\partial s_i^{S*}}{\partial\eta_i}<0$；

$$p_i^{S*}\approx\frac{\alpha(2\eta_j-\alpha)a_i-\beta(\eta_j-\alpha)a_j}{\alpha^2\left(2-\frac{\alpha}{\eta_i}\right)(2\eta_j-\alpha)}$$，$\frac{\partial p_i^{S*}}{\partial\eta_i}<0$；

$$q_i^{S*}\approx\frac{\alpha(2\eta_j-\alpha)a_i-\beta(\eta_j-\alpha)a_j}{\alpha\left(2-\frac{\alpha}{\eta_i}\right)(2\eta_j-\alpha)}$$，$\frac{\partial q_i^{S*}}{\partial\eta_i}<0$；$\prod_i^{S*}\approx\frac{1}{2\alpha}\frac{1}{\left(2-\frac{\alpha}{\eta_i}\right)}$

$\left[\frac{\alpha(2\eta_j-\alpha)a_i-\beta(\eta_j-\alpha)a_j}{2\eta_j-\alpha}\right]^2$，$\frac{\partial\prod_i^{S*}}{\partial\eta_i}<0$。

命题 3.8：

$$\frac{\partial s_i^{S*}}{\partial\eta_j}=-\frac{\alpha\beta[\alpha(2\eta_i-\alpha)-\beta(\eta_i-\alpha)][\alpha^2(2\eta_i-\alpha)-\beta^2(\eta_i-\alpha)]}{[\alpha^2(2\eta_i-\alpha)+\beta^2\alpha-\beta^2\eta_i][\alpha(2\eta_i-\alpha)(2\eta_j-\alpha)-\beta^2\alpha+\beta^2\eta_i]^2}a<0$$

同理$\frac{\partial p_i^{S*}}{\partial\eta_j}<0$，$\frac{\partial q_i^{S*}}{\partial\eta_j}<0$，$\frac{\partial \Pi_i^{S*}}{\partial\eta_j}<0$。

$$\frac{\partial s_j^{S*}}{\partial\eta_i}=-\frac{\alpha^2\beta(2\eta_i-\alpha+\beta)a}{[\alpha(2\eta_i-\alpha)(2\eta_j-\alpha)-\beta^2\alpha+\beta^2\eta_i]^2}<0$$，同理$\frac{\partial q_j^{S*}}{\partial\eta_i}<0$。

$$p_j^{S*}=\frac{\eta_j}{\alpha^2}\frac{\alpha(2\eta_i-\alpha)a_j-\beta(\eta_i-\alpha)a_i}{(2\eta_i-\alpha)(2\eta_j-\alpha)}=\frac{\eta_j}{\alpha^2}\left[\frac{\alpha a_j}{2\eta_j-\alpha}-\frac{\beta a_i}{2\eta_j-\alpha}\frac{\eta_i-\alpha}{2\eta_i-\alpha}\right]$$

$$\prod_j^{S*}\approx\frac{\eta_j}{2\alpha(2\eta_j-\alpha)}\left[\frac{\alpha(2\eta_i-\alpha)a_j\beta(\eta_i-\alpha)a_i}{\alpha^2(2\eta_i-\alpha)}\right]^2=\frac{\eta_j}{2\alpha(2\eta_j-\alpha)}$$

$$\left[\frac{a_j}{\alpha}-\frac{\eta_i-\alpha}{2\eta_i-\alpha}\frac{\beta a_i}{\alpha^2}\right]^2$$

因为$\frac{\partial \frac{\eta_i-\alpha}{2\eta_i-\alpha}}{\partial \eta_i}=\frac{\alpha}{(2\eta_i-\alpha)^2}>0$，所以$\frac{\partial p_j^{S*}}{\partial \eta_i}<0$，$\frac{\partial \Pi_j^{S*}}{\partial \eta_i}<0$。

命题3.9：

$\frac{\partial s_j^{S*}}{\partial \eta_i}=-\frac{\alpha^2\beta(2\eta_i-\alpha+\beta)a}{[\alpha(2\eta_i-\alpha)(2\eta_j-\alpha)-\beta^2\alpha+\beta^2\eta_i]^2}<0$，同理$\frac{\partial q_j^{S*}}{\partial \eta_i}<0$。

$$p_j^{S*}=\frac{\eta_j}{\alpha^2}\frac{\alpha(2\eta_i-\alpha)a_j-\beta(\eta_i-\alpha)a_i}{(2\eta_i-\alpha)(2\eta_j-\alpha)}=\frac{\eta_j}{\alpha^2}\left[\frac{\alpha a_j}{2\eta_j-\alpha}-\frac{\beta a_i}{2\eta_j-\alpha}\frac{\eta_i-\alpha}{2\eta_i-\alpha}\right]$$

$$\prod_j^{S*}\approx\frac{\eta_j}{2\alpha(2\eta_j-\alpha)}\left[\frac{\alpha(2\eta_i-\alpha)a_j\beta(\eta_i-\alpha)a_i}{\alpha^2(2\eta_i-\alpha)}\right]^2=$$

$$\frac{\eta_j}{2\alpha(2\eta_j-\alpha)}\left[\frac{a_j}{\alpha}-\frac{\eta_i-\alpha}{2\eta_i-\alpha}\frac{\beta a_i}{\alpha^2}\right]^2$$

因为$\frac{\partial \frac{\eta_i-\alpha}{2\eta_i-\alpha}}{\partial \eta_i}=\frac{\alpha}{(2\eta_i-\alpha)^2}>0$，所以$\frac{\partial p_j^{S*}}{\partial \eta_i}<0$，$\frac{\partial \Pi_j^{S*}}{\partial \eta_i}<0$。

命题3.11：

$s_i^{A*}=\frac{(2\eta_j-\alpha)a_i-\beta a_j}{2(2\eta_j-\alpha)\eta_i-[\alpha(2\eta_j-\alpha)+\beta^2]}$，所以$\frac{\partial s_i^{A*}}{\partial \eta_i}<0$，同理$\frac{\partial \Pi_i^{A*}}{\partial \eta_i}<0$。

$q_i^{A*}=\frac{(2\eta_j-\alpha)a_i-\beta a_j}{2(2\eta_j-\alpha)-\frac{[\alpha(2\eta_j-\alpha)+\beta^2]}{\eta_i}}$，所以$\frac{\partial q_i^{A*}}{\partial \eta_i}<0$。

因为$s_i^{A*}=\frac{2\eta_j-\alpha-\beta}{(\alpha^2-\beta^2)-2\alpha(\eta_i+\eta_j)+4\eta_i\eta_j}a>0$，所以$2\eta_j-\alpha-\beta>0$。

$\frac{\partial p_i^{A*}}{\partial \eta_i}=\frac{-(2\eta_j-\alpha-\beta)(2\eta_j-\alpha)}{[(\alpha^2-\beta^2)-2\alpha(\eta_i+\eta_j)+4\eta_i\eta_j]^2}a<0$。

命题3.12：

$\frac{\partial s_j^{A*}}{\partial \eta_i}=\frac{2\beta(2\eta_i-\alpha-\beta)}{[(\alpha^2-\beta^2)-2\alpha(\eta_i+\eta_j)+4\eta_i\eta_j]^2}a>0$，同理$\frac{\partial q_j^{A*}}{\partial \eta_i}>0$。

$\frac{\partial p_j^{A*}}{\partial \eta_i}=\frac{2\eta_j-\alpha-\beta}{[(\alpha^2-\beta^2)-2\alpha(\eta_i+\eta_j)+4\eta_i\eta_j]^2}\beta a>0$

$$\frac{\partial \Pi_j^{A*}}{\partial \eta_i}=\frac{2\eta_j-\alpha-\beta}{[(\alpha^2-\beta^2)-2\alpha(\eta_i+\eta_j)+4\eta_i\eta_j]^2}\frac{\beta\eta_j}{\alpha-\beta}a^2>0$$

命题3.13：

$$s_i^{N*}=\frac{1}{2\eta-\alpha+\beta-\frac{\eta}{\alpha}}a>\frac{1}{2\eta-\alpha+\beta}a=s_i^{A*}$$

$s_j^{S*}-s_i^{A*}=\dfrac{\beta\eta(2\eta-\alpha)}{[\alpha(2\eta-\alpha)^2+\beta^2(\eta-\alpha)](2\eta-\alpha+\beta)}a>0$，所以 $s_j^{S*}>s_i^{A*}$。

$$s_i^{S*}-s_j^{A*}=\frac{\beta\eta\{\alpha^2(2\eta-\alpha)^2-\beta(\eta-\alpha)[\alpha(2\eta-\alpha)-\alpha\beta-\beta^2]\}}{(2\eta-\alpha+\beta)[\alpha(2\eta-\alpha)^2+\beta^2(\eta-\alpha)][\alpha^2(2\eta-\alpha)-\beta^2(\eta-\alpha)]}a$$

根据假设 α，η 相对 β 较大，所以 $\alpha(2\eta-\alpha)>\alpha(2\eta-\alpha)-\alpha\beta-\beta^2>0$。

当 $\eta-\alpha<0$ 时，$s_i^{S*}-s_j^{A*}>0$；当 $\eta-\alpha>0$ 时，

$\alpha^2(2\eta-\alpha)^2-\beta(\eta-\alpha)[\alpha(2\eta-\alpha)-\alpha\beta-\beta^2]>\alpha(2\eta-\alpha)[\alpha(2\eta-\alpha)-\beta(\eta-\alpha)]>0$

所以 $s_i^{S*}-s_j^{A*}>0$。

$$s_i^{S*}-s_j^{S*}=\frac{(\alpha+\beta)\beta^2\eta(\eta-\alpha)}{[\alpha(2\eta-\alpha)^2+\beta^2(\eta-\alpha)][\alpha^2(2\eta-\alpha)-\beta^2(\eta-\alpha)]}a$$

$$s_i^{S*}-s_i^{N*}=\frac{\alpha[\alpha(2\eta-\alpha)+\beta^2(\eta-\alpha)^2](\eta-\alpha)}{[\alpha(2\eta-\alpha)^2+\beta^2(\eta-\alpha)][\alpha^2(2\eta-\alpha)-\beta^2(\eta-\alpha)]}a$$

$$s_i^{N*}-s_j^{S*}=\frac{\beta^2(\eta-\alpha)\eta}{[\alpha(2\eta-\alpha)^2+\beta^2(\eta-\alpha)][\alpha(2\eta-\alpha)-\beta(\eta-\alpha)]}a$$

所以命题成立。

$$p_j^{S*}-p_i^{S*}=\frac{\eta\beta^2(\eta-\alpha)(\eta-\alpha-\beta)}{[\alpha(2\eta-\alpha)^2+\beta^2(\eta-\alpha)][\alpha^2(2\eta-\alpha)-\beta^2(\eta-\alpha)]}a,$$

根据假设 α，η 相对 β 较大，$(\eta-\alpha)(\eta-\alpha-\beta)\approx(\eta-\alpha)^2>0$，所以 $p_j^{S*}>p_i^{S*}$。

$$p_i^{A*}-p_i^{N*}==\frac{\beta\eta}{\alpha(2\eta-\alpha)-\beta(\eta-\alpha)}\frac{\eta+\alpha-\beta}{(\alpha-\beta)(2\eta-\alpha-\beta)}a>0$$

$$p_i^{A*}-p_j^{S*}=\frac{\eta\alpha^2\beta(2\eta-\alpha)}{(\alpha-\beta)(2\eta-\alpha-\beta)}$$

$$\frac{\alpha(2\eta-\alpha-\beta)+\eta(2\eta-\alpha)}{[\alpha(2\eta-\alpha)^2+\beta^2(\eta-\alpha)][\alpha^2(2\eta-\alpha)-\beta^2(\eta-\alpha)]}a>0$$

$$p_j^{S*}-p_i^{N*}=\frac{\eta}{\alpha(2\eta-\alpha)-\beta(\eta-\alpha)}\frac{\beta^2(\eta-\alpha)^2}{\alpha^2(2\eta-\alpha)-\beta^2(\eta-\alpha)}\frac{\alpha(2\eta-\alpha)+\beta^2}{\alpha(2\eta-\alpha)^2+\beta^2(\eta-\alpha)}>0$$

$$p_i^{S*}-p_i^{N*}=\frac{\eta[\alpha(2\eta-\alpha)+\beta^2(\eta-\alpha)^2](\eta-\alpha)}{[\alpha(2\eta-\alpha)^2+\beta^2(\eta-\alpha)][\alpha^2(2\eta-\alpha)-\beta^2(\eta-\alpha)]}a$$

命题 3. 14：

$$\prod\nolimits_i^{A*}-\prod\nolimits_i^{N*}=\frac{\eta}{2}\frac{\beta^2[(\eta-\alpha)^2+\alpha(2\eta-\alpha)]}{(\alpha-\beta)(2\eta-\alpha+\beta)[\alpha(2\eta-\alpha)-\beta(\eta-\alpha)]^2}a^2>0$$

$$\prod\nolimits_j^{S*}-\prod\nolimits_i^{S*}=\frac{\eta}{2}\frac{[3\alpha(2\eta-\alpha)+\beta^2]\beta^4(\eta-\alpha)^2\eta^2}{[\alpha(2\eta-\alpha)^2+\beta^2(\eta-\alpha)]^2[\alpha^2(2\eta-\alpha)-\beta^2(\eta-\alpha)]^2}a^2>0$$

$$\prod\nolimits_i^{A*}-\prod\nolimits_j^{S*}=\frac{\eta\beta^2}{2}\frac{\alpha\eta^2(2\eta-\alpha)+2\beta\eta^2(\eta-\alpha)+\beta^2(\eta-\alpha)^2}{(\alpha-\beta)(2\eta-\alpha+\beta)[\alpha(2\eta-\alpha)^2+\beta^2(\eta-\alpha)][\alpha^2(2\eta-\alpha)-\beta^2(\eta-\alpha)]}a^2>0$$

$$\prod\nolimits_j^{S*}-\prod\nolimits_i^{N*}=\frac{\eta}{2}\frac{\beta^4(\eta-\alpha)^2[\alpha(2\eta-\alpha)+(\eta-\alpha)^2]}{[\alpha(2\eta-\alpha)-\beta(\eta-\alpha)]^2[\alpha(2\eta-\alpha)^2+\beta^2(\eta-\alpha)][\alpha^2(2\eta-\alpha)-\beta^2(\eta-\alpha)]}a^2>0$$

$$\prod\nolimits_i^{S*}-\prod\nolimits_i^{N*}=\frac{\eta\alpha(2\eta-\alpha)a^2}{2}\left(\left\{\frac{\alpha^2(2\eta-\alpha)^2-\beta^2(\eta-\alpha)^2+\beta[\alpha(2\eta-\alpha)(\eta-\alpha)+\beta^2(\eta-\alpha)]}{[\alpha(2\eta-\alpha)^2+\beta^2(\eta-\alpha)][\alpha^2(2\eta-\alpha)-\beta^2(\eta-\alpha)]}\right\}^2-\left[\frac{1}{\alpha(2\eta-\alpha)-\beta(\eta-\alpha)}\right]^2\right)$$

因为

$$\frac{\alpha^2(2\eta-\alpha)^2-\beta^2(\eta-\alpha)^2+\beta[\alpha(2\eta-\alpha)(\eta-\alpha)+\beta^2(\eta-\alpha)]}{[\alpha(2\eta-\alpha)^2+\beta^2(\eta-\alpha)][\alpha^2(2\eta-\alpha)-\beta^2(\eta-\alpha)]}-\frac{1}{\alpha(2\eta-\alpha)-\beta(\eta-\alpha)}=$$

$$\frac{\beta^3[\alpha(2\eta-\alpha)+(\eta-\alpha)^2](\eta-\alpha)}{[\alpha(2\eta-\alpha)^2+\beta^2(\eta-\alpha)][\alpha^2(2\eta-\alpha)-\beta^2(\eta-\alpha)][\alpha(2\eta-\alpha)-\beta(\eta-\alpha)]}$$

所以命题成立。

第四章　互补品基于价格和服务的竞争策略

第一节　理论综述

在激烈的市场竞争中，企业为了获取更多的利润，不仅仅要注意到供应商、替代品生产商、销售商和消费者等直接相关者，还要关注互补品对企业的影响。互补品是指消费者同时使用两种商品时获得的效用大于单独使用这两种产品获得的效用之和的产品。当两种产品价格交叉弹性系数为负值时，即一种产品价格的降低会引起另一种产品需求量的增加，这两种产品互为互补品。互补品之间的竞争也会在一定程度上影响企业收益。

企业在运作中有许多互补品经营模式，如捆绑销售：以单一价格将一组具有互补关系的产品捆绑在一起出售，例如微软将操作系统与 IE 浏览器捆绑销售。交叉补贴：以优惠甚至亏本的价格出售一种产品，但是可以促进销售赢利更多的互补产品，例如 HP 打印机和墨盒。“套餐”销售：将一组互补性的产品组合起来，为顾客提供产品“套餐”，从而吸引顾客、增加利润，例如移动电话包含话费、短信、上网流量等包月“套餐”业务。

目前有许多学者研究互补品的问题。国外学者中，Sengupta 运用实证研究的方法，分析了企业的互补品战略以及互补品对产品销售量的影响。Gabszewicz 等研究了当市场上存在两个生产互补品的垄断企业时，互补品间的互补程度对均衡价格、需求量和利润的影响。Bhaskaran 通过研究发现，当企业的产品与互补品间的互补程度较高时，企业会由出租产品转向出售产品。Yue 等构建了互补品企业的 Stackelberg 博弈模型，研究了在需求信息不对称、共享需求信息、企业联盟三种情境下，互补品企业的定价问题。Norman G. 发现当企业采取促销手段，不仅增加本企业的销量，同时使互补品的销量增加，即互补品的促销存在溢出效应。Choi 研究了互补品的合并和捆绑定价的问题。发现当两个企业合并后，采用捆绑定价进行销售，产品价格比合并前的非捆绑定价的价格要低。

国内学者中，别传武研究了互补品对企业销售的影响，发现企业制定销售策略时必须考虑互补品的因素。周俊研究了互补品企业实施互补品战略时应注意的问题。李善民研究了产品互补企业兼并问题，分析了如何提高互补产品的组合质量，从而增加市场需求，提高企业利润。项保华以海尔集团为例，研究了互补品如何影响企业竞争优势。蒋传海以电信市场为例，分析了捆绑销售对定价、市场竞争和社会福利的影响。与单独竞争相比，捆绑产品的价格较低但需求和利润增加。但斌研究了互补品企业投放广告的溢出效应，分析了企业的最优广告决策和收益，并讨论了企业的广告策略选择。买生研究了当零售渠道和电子渠道存在冲突时，制造商可以通过引入互补品协调策略减缓冲突。

通过文献分析可以发现，现有的研究中较多地侧重互补度分析互补品生产企业的销售策略，很少涉及产品的配套服务。本章研究互补品基于价格和服务的企业销售策略。

第二节　模型及假设

在本章中，假定市场上只有两个企业 i，j 处于双寡头垄断地位，且生产互补商品。企业在销售产品的同时，提供与产品配套的服务。市场上没有其他竞争者，所有决策活动发生在单一周期，企业产能不发生变化，每种产品的需求都受两个产品价格和服务水平的影响。

一　需求函数

假设 4.1：两种产品的需求结构是对称的。产品自身价格增加或互补产品价格增加会导致产品的需求减少，产品自身服务水平增加或互补产品的服务水平增加会使产品的需求增加。

假设 4.2：每种产品存在一个基本的市场规模 a，它等于两种产品的价格是零且没有提供任何服务时的需求。此处假设与假设 3.2 类似。

根据假设 4.1 和假设 4.2，可以得出产品 i 的需求函数：

$$q_i = a_i - \alpha_p p_i - \beta_p p_j + \alpha_s s_i' + \beta_s s_j' \quad (4.1)$$

此处 $a_i > 0$，$\alpha_p > \beta_p > 0$，$\alpha_s > \beta_s > 0$，$i = 1, 2$，$j = 3 - i$。

各参数定义如下：

a_i 为正的常数，正如假设 4.2 描述，表示基本的市场规模。此处定义 a_i 足够大，所以 q_i 一直为正数。

α_p 用来衡量用于产品需求对价格的敏感程度。当价格每增加一个单位，则需求量减少 α_p 个单位。

β_p 用来衡量互补品价格对其市场需求的影响能力，如果产品 j 降低一个单位的价格，则产品 i 的需求增加 β_p 个单位，$\alpha_p > \beta_p$。α_s 和 β_s 的意义与其相似。

假设 4.3：对于产品来说，该产品和互补品的服务和价格对于需求的影响程度是大致相等的，即$\frac{\alpha_p}{\beta_p} = \frac{\alpha_s}{\beta_s}$。

这与假设 3.3 类似，不再赘述。因此，产品的需求函数变为：

$$q_i = a_i - \alpha p_i - \beta p_j + \alpha s_i + \beta s_j \quad (4.2)$$

$i = 1, 2, j = 3 - i$

二　成本和利润函数

产品有两种不同类型的成本：生产成本和服务成本。与第三章类似，假设生产成本为 0。参考假设 3.4，服务成本具有边际成本递增效应。即提供 s_i 水平的服务，需要花费的成本为$\frac{1}{2}\eta_i s_i^2$，因此企业的利润函数为：

$$\prod_i = p_i q_i - \frac{1}{2}\eta_i s_i^2 \quad (4.3)$$

三　竞争策略

在本书中，竞争在三种情境中展开：

（1）纳什均衡：两个企业拥有相同的实力，目标是使本企业的利益最大化。

（2）Stackelberg：一个企业占据优势地位，处于 Stackelberg 领导者地位；另一个企业处于弱势地位，为跟随者。两个企业目标是使各自企业的利润最大。

（3）企业联盟：两个企业采取合作模式，目标是两个企业的总利润最大。

第三节　纳什均衡

在此情境中，两个企业拥有平等的地位，并且同时做出决策。企业的目标是自身利益最大化，计算和分析过程如下。

一　决策过程和结果

双方的决策变量分别为 p_i，s_i 和 $p_j s_j$，一阶导数如下：

$$\frac{\partial \prod_i}{\partial p_i} = a_i - 2\alpha p_i - \beta p_j + \alpha s_i + \beta s_j = 0 \tag{4.4}$$

$$\frac{\partial \prod_i}{\partial s_i} = \alpha p_i - \eta_i s_i = 0 \tag{4.5}$$

此处 $i=1, 2, j=3-i$。

二阶导数如下：

$$\frac{\partial^2 \prod_i}{\partial {p_i}^2} = -2\alpha, \frac{\partial^2 \prod_i}{\partial {s_i}^2} = -\eta_i, \frac{\partial^2 \prod_i}{\partial p_i \partial s_i} = \alpha$$

当 $2\eta_i > \alpha$，海瑟矩阵为负定矩阵，二阶导数条件满足，存在最优值。

根据式（4.4）和式（4.5），得出企业的决策变量如下：

$$s_i^{N*} = \alpha \frac{\alpha(2\eta_j - \alpha)a_i + \beta(\alpha - \eta_j)a_j}{\alpha^2(\alpha^2 - \beta^2) - \alpha(2\alpha^2 - \beta^2)(\eta_i + \eta_j) + (4\alpha^2 - \beta^2)\eta_i\eta_j} \tag{4.6}$$

$$p_i^{N*} = \eta_i \frac{\alpha(2\eta_j - \alpha)a_i + \beta(\alpha - \eta_j)a_j}{\alpha^2(\alpha^2 - \beta^2) - \alpha(2\alpha^2 - \beta^2)(\eta_i + \eta_j) + (4\alpha^2 - \beta^2)\eta_i\eta_j} \tag{4.7}$$

$$q_i^{N*} = \alpha\eta_i \frac{\alpha(2\eta_j - \alpha)a_i + \beta(\alpha - \eta_j)a_j}{\alpha^2(\alpha^2 - \beta^2) - \alpha(2\alpha^2 - \beta^2)(\eta_i + \eta_j) + (4\alpha^2 - \beta^2)\eta_i\eta_j} \tag{4.8}$$

$$\prod_i^{N*} = \frac{\alpha(2\eta_i - \alpha)\eta_i[\alpha(2\eta_j - \alpha)a_i + \beta(\alpha - \eta_j)a_j]^2}{2[\alpha^2(\alpha^2 - \beta^2) - \alpha(2\alpha^2 - \beta^2)(\eta_i + \eta_j) + (4\alpha^2 - \beta^2)\eta_i\eta_j]^2} \tag{4.9}$$

此处 $i=1$，2，$j=3-i$。

二 参数分析

此处运用参数分析的方法研究当企业的经营参数发生改变时，企业的决策和结果的变化。参数分析的作用在上一章中已经作了介绍，此处不再赘述。与第三章类似，此处同样假设双方企业的经营规模相似，即 $a_i = a_j = a$，$\eta_i = \eta_j = \eta$。各命题证明见本章附录。

（一）市场容量 a

命题4.1：$\frac{\partial s_i^{N*}}{\partial a_i} > 0$，$\frac{\partial p_i^{N*}}{\partial a_i} > 0$，$\frac{\partial q_i^{N*}}{\partial a_i} > 0$，$\frac{\partial \prod_i^{N*}}{\partial a_i} > 0$，即产品 i 的市场份额增加，可以使自身产品的价格、服务水平、销售量和利润都增加。

此命题说明，当市场容量增加时，企业可以提高服务水平从而增加需求，且通过提高价格获取更多的利润。因此企业希望这种情况的发生，所以很多企业通过提升产品的技术水平或投放广告等方式提高产品的吸引力，从而增加市场容量，进而获取更多的利润。

命题4.2：$\frac{\partial s_j^{N*}}{\partial a_i} > 0$，$\frac{\partial p_j^{N*}}{\partial a_i} > 0$，$\frac{\partial q_j^{N*}}{\partial a_i} > 0$，$\frac{\partial \prod_j^{N*}}{\partial a_i} > 0$，即当 $\eta_i < \alpha$ 时，产品 i 的市场份额增加，可以使互补产品 j 的价格、服务水平、销售量和利润都增加。当 $\eta_i > \alpha$ 时，$\frac{\partial s_j^{N*}}{\partial a_i} < 0$，$\frac{\partial p_j^{N*}}{\partial a_i} < 0$，$\frac{\partial q_j^{N*}}{\partial a_i} < 0$，$\frac{\partial \prod_j^{N*}}{\partial a_i} < 0$，即产品 i 的市场份额增加，可以使互补产品 j 的价格、服务水平、销售量和利润都减少。

此命题说明互补产品之间存在溢出效应。当产品 i 的市场份额增加时，i 的价格和服务水平均会提高。若服务成本较低（$\eta_i<\alpha$），则会大幅度增加服务水平 s_i，从而抵消价格 p_i 增加对互补品 j 的不利影响，所以互补品 j 可以提高服务水平刺激需求，并提高价格获取更多的利润，收益因此增加。若服务成本较高（$\eta_i>\alpha$），产品 i 只会小幅度增加服务水平 s_i，导致价格 p_i 增加对互补品 j 的不利影响起主导作用，所以产品 j 只能降低价格去刺激需求，并降低服务水平降低成本，结果是需求量和收益都减少。

推论 4.2：当 $\eta_i<\alpha$ 时，若 $\beta>\frac{\alpha\ (2\eta_j-\alpha)}{\alpha-\eta_i}>0$，则 a_i 的增加给互补产品 j 带来的利润反而大于给产品 i 带来的利润。反之，则给互补产品 j 带来的利润小于给自身产品 i 带来的利润。

此推论说明，互补品之间的溢出效应与相互之间的影响程度（β）存在密切的关系。β 值越大，其相互影响的程度越大。甚至在满足一定条件时，其程度要大于对自身的影响。

（二）服务成本 η

命题 4.3：服务成本 η_i 的降低使产品 i 的价格、服务水平、销售量和利润都增加，即有 $\frac{\partial s_i^{N*}}{\partial\eta_i}<0$，$\frac{\partial p_i^{N*}}{\partial\eta_i}<0$，$\frac{\partial q_i^{N*}}{\partial\eta_i}<0$，$\frac{\partial\prod_i^{N*}}{\partial\eta_i}<0$。

服务成本的降低，意味着企业可以用更低的成本去提高服务水平，刺激需求，并提高产品价格获得更多的利润，因此企业会努力通过提高员工意识，实施科学管理，改善经营等多种方式降低服务成本，从而达到提高经济效益的目的。

命题 4.4：$\frac{\partial s_j^{N*}}{\partial\eta_i}<0$，$\frac{\partial p_j^{N*}}{\partial\eta_i}<0$，$\frac{\partial q_j^{N*}}{\partial\eta_i}<0$，$\frac{\partial\prod_j^{N*}}{\partial\eta_i}<0$；即互补品服务成本的降低使产品的价格、服务水平、销售量和利润都增加。

此命题同样说明，互补产品之间有正的溢出效应，一方服务成本降低不仅对本企业有利，而且使互补品企业获得更多的利润。所以企业不仅愿意降低自身产品的服务成本，而且也倾向于帮助互补品企业去降低服务成本。

从命题 4.1 至命题 4.4 可以看出，互补品之间有较强的合作关系，与上一章替代品关系相比，其合作大于竞争。就企业本身而言，其产品市场容量增加或者服务成本降低，会使利润升高，所以企业会在这些方面做出努力。对互补品企业，对方市场容量增加，若其服务成本较低（$\eta<\alpha$），会因此而获利，否则会遭受损失；但互补品企业降低服务成本则一定会使企业利润上升。所以双方在很大程度上可以达成合作关系，例如互补品之间共同促销，相互帮助降低服务成本等。总体来看，双方更多的是合作而不是竞争。

三　算例分析

在这一部分，本书运用数据算例分析的方法去验证命题4.1至命题4.4，所有的结果都是由Matlab软件绘制。与第三章类似，设定 $a_i=a_j=400$，$\eta_i=\eta_j=4$，$\alpha=5$，$\beta=2$（$\eta<\alpha$）和 $a_i=a_j=400$，$\eta_i=\eta_j=8$，$\alpha=5$，$\beta=2$（$\eta>\alpha$）两组数据，算例分析主要验证利润的变化趋势。

（一）市场容量 a_i

当市场容量 a_i 增长时，产品 i 的利润增加，而互补品 j 利润变化与 η_i，α 的大小有关，如图4-1所示。

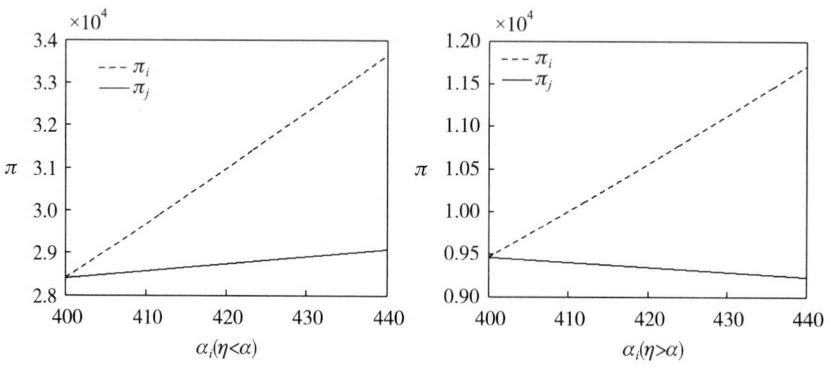

图4-1　当 a_i 变化时 Π_i^{N*} 和 Π_j^{N*} 的变化

（二）服务成本 η_i

当 i 产品的服务成本增加时，双方的利润都在降低，如图4-2所示。

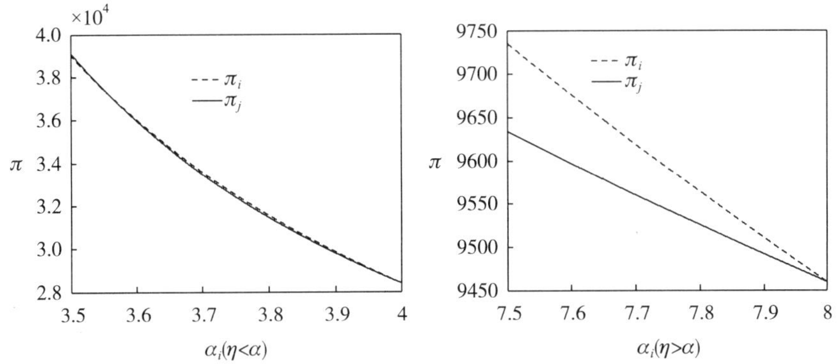

图 4-2 η_i 的变化对 Π_i^{N*} 和 Π_j^{N*} 的影响

从中可以看出，η_i 的减少不仅有利于产品 i，而且互补品 j 的利润同样也在增长。

第四节 一方 Stackelberg 占优

一 决策过程及结果

(一) i 企业的决策过程及结果

此类问题采取逆向计算的方式。首先假定企业 j 已经做出决策 p_j^{S*}、s_j^{S*}，企业 i 根据结果做出反应 p_i，s_i，追求最大利润。

$$\frac{\partial \prod_i}{\partial p_i} = a_i - 2\alpha p_i - \beta p_j + \alpha s_i + \beta s_j = 0 \tag{4.10}$$

$$\frac{\partial \prod_i}{\partial s_i} = \alpha p_i - \eta_i s_i = 0 \tag{4.11}$$

验证海瑟矩阵，二阶导数为 $\frac{\partial^2 \prod_i}{\partial p_i^2} = -2\alpha$，$\frac{\partial^2 \prod_i}{\partial s_i^2} = -\eta_i$，$\frac{\partial^2 \prod_i}{\partial p_i \partial s_i} = \alpha$。所以当 $2\eta_i > \alpha$ 存在极值。

根据式（4.10）—式（4.11），可得：

$$s_i^{S*} = \frac{a_i - \beta p_j^{S*} + \beta s_j^{S*}}{2\eta_i - \alpha} \tag{4.12}$$

$$p_i^{S*}=\frac{\eta_i a_i-\beta p_j^{S*}+\beta s_j^{S*}}{\alpha\quad 2\eta_i-\alpha}\tag{4.13}$$

（二）j 企业的决策过程及结果

根据企业 i 的决策结果，反推出企业 j 决策。此时 j 的利润函数为：

$$\prod_j=p_jq_j[p_j,\ p_i(p_j,\ s_j),\ s_j,\ s_i(p_j,\ s_j)]-\frac{1}{2}\eta_j s_j^2\tag{4.14}$$

企业 j 在此基础上选择最佳的 p_j，s_j 从而获取最大利润。

$$\frac{\partial\prod_j}{\partial p_j}=q_j(p_j,\ s_j)+p_j\frac{\partial q_j(p_j,\ s_j)}{\partial p_j}=0\tag{4.15}$$

$$\frac{\partial\prod_j}{\partial s_j}=p_j\frac{\partial q_j(p_j,\ s_j)}{\partial s_j}-\eta_j s_j=0\tag{4.16}$$

二阶导数为 $\frac{\partial^2\prod_j}{\partial p_j^2}=-2\frac{\alpha\beta^2+\alpha^2\ (2\eta_i-\alpha)\ -\beta^2\eta_i}{\alpha\ (2\eta_i-\alpha)}$，$\frac{\partial^2\prod_i}{\partial s_j^2}=-\eta_j$，$\frac{\partial^2\prod_j}{\partial p_j\partial s_j}=\frac{\alpha\beta^2+\alpha^2\ (2\eta_i-\alpha)\ -\beta^2\eta_i}{\alpha\ (2\eta_i-\alpha)}$。

当 $\alpha\ (2\eta_i-\alpha)\ (2\eta_j-\alpha)\ -\beta^2\alpha+\beta^2\eta_i>0$ 时，满足海瑟矩阵条件，存在极值。

根据式（4.6）—式（4.7），可以求出企业 j 的最优决策：

$$s_j^{S*}=\frac{\alpha(2\eta_i-\alpha)a_j-\beta(\eta_i-\alpha)a_i}{\alpha(2\eta_i-\alpha)(2\eta_j-\alpha)-\beta^2\alpha+\beta^2\eta_i}\tag{4.17}$$

$$p_j^{S*}=\frac{\alpha\eta_j(2\eta_i-\alpha)}{\alpha^2(2\eta_i-\alpha)+\beta^2\alpha-\beta^2\eta_i}\frac{\alpha(2\eta_i-\alpha)a_j-\beta(\eta_i-\alpha)a_i}{\alpha(2\eta_i-\alpha)(2\eta_j-\alpha)-\beta^2\alpha+\beta^2\eta_i}\tag{4.18}$$

$$q_j^{S*}=\eta_j\frac{\alpha(2\eta_i-\alpha)a_j-\beta(\eta_i-\alpha)a_i}{\alpha(2\eta_i-\alpha)(2\eta_j-\alpha)-\beta^2\alpha+\beta^2\eta_i}\tag{4.19}$$

$$\prod_j^{S*}=\frac{\eta_j}{2[\alpha(2\eta_i-\alpha)(2\eta_j-\alpha)-\beta^2\alpha+\beta^2\eta_i]}\frac{[\alpha(2\eta_i-\alpha)a_j-\beta(\eta_i-\alpha)a_i]^2}{\alpha^2(2\eta_i-\alpha)+\beta^2\alpha-\beta^2\eta_i}\tag{4.20}$$

将结果代入，可以得到企业 i 的最优方案：

$$s_i^{S*}=\alpha\frac{[\alpha^2(2\eta_i-\alpha)(2\eta_j-\alpha)-\beta^2(\eta_i-\alpha)(\eta_j-\alpha)]a_i-\beta[\alpha(2\eta_i-\alpha)(\eta_j-\alpha)-\beta^2\alpha+\beta^2\eta_i]a_j}{[\alpha(2\eta_i-\alpha)(2\eta_j-\alpha)-\beta^2\alpha+\beta^2\eta_i][\alpha^2(2\eta_i-\alpha)+\beta^2\alpha-\beta^2\eta_i]}\tag{4.21}$$

$$p_i^{S*}=\eta_i\frac{[\alpha^2(2\eta_i-\alpha)(2\eta_j-\alpha)-\beta^2(\eta_i-\alpha)(\eta_j-\alpha)]a_i-\beta[\alpha(2\eta_i-\alpha)(\eta_j-\alpha)-\beta^2\alpha+\beta^2\eta_i]a_j}{[\alpha(2\eta_i-\alpha)(2\eta_j-\alpha)-\beta^2\alpha+\beta^2\eta_i][\alpha^2(2\eta_i-\alpha)+\beta^2\alpha-\beta^2\eta_i]}\tag{4.22}$$

$$q_i^{S*}=\alpha\eta_i\frac{[\alpha^2(2\eta_i-\alpha)(2\eta_j-\alpha)-\beta^2(\eta_i-\alpha)(\eta_j-\alpha)]a_i-\beta[\alpha(2\eta_i-\alpha)(\eta_j-\alpha)-\beta^2\alpha+\beta^2\eta_i]a_j}{[\alpha(2\eta_i-\alpha)(2\eta_j-\alpha)-\beta^2\alpha+\beta^2\eta_i][\alpha^2(2\eta_i-\alpha)+\beta^2\alpha-\beta^2\eta_i]}\tag{4.23}$$

$$\prod_i^{S*}=\frac{1}{2}\alpha\eta_i(2\eta_i-\alpha)\left\{\frac{[\alpha^2(2\eta_i-\alpha)(2\eta_j-\alpha)-\beta^2(\eta_i-\alpha)(\eta_j-\alpha)]\alpha_i-\beta[\alpha(2\eta_i-\alpha)(\eta_j-\alpha)-\beta^2\alpha+\beta^2\eta_i]\alpha_j}{[\alpha(2\eta_i-\alpha)(2\eta_j-\alpha)-\beta^2\alpha+\beta^2\eta_i][\alpha^2(2\eta_i-\alpha)+\beta^2\alpha-\beta^2\eta_i]}\right\}^2\tag{4.24}$$

二　参数分析

（一）市场容量 a_j

命题4.5：$\frac{\partial s_j}{\partial a_j}>0$，$\frac{\partial p_j}{\partial a_j}>0$，$\frac{\partial q_j}{\partial a_j}>0$，$\frac{\partial\prod_j}{\partial a_j}>0$；$\frac{\partial s_i}{\partial a_i}>0$，$\frac{\partial p_i}{\partial a_i}>0$，$\frac{\partial q_i}{\partial a_i}>0$，$\frac{\partial\prod_i}{\partial a_i}>0$。即产品的市场容量增加使产品自身的价格、服务水平、需求量和利润都增加。

此命题与命题4.1相似，市场容量的增加会使产品本身的利润增加，此处不再赘述。

命题4.6：当 $\eta-\alpha<0$ 时，$\frac{\partial s_i}{\partial a_j}>0$，$\frac{\partial p_i}{\partial a_j}>0$，$\frac{\partial q_i}{\partial a_j}>0$，$\frac{\partial\prod_i}{\partial a_j}>0$；$\frac{\partial s_j}{\partial a_i}>0$，$\frac{\partial p_j}{\partial a_i}>0$，$\frac{\partial q_j}{\partial a_i}>0$，$\frac{\partial\prod_j}{\partial a_i}>0$；即互补品的市场容量增加使产品的价格、服务水平、需求量和利润都增加。当 $\eta-\alpha>0$ 时，$\frac{\partial s_i}{\partial a_j}<0$，$\frac{\partial p_i}{\partial a_j}<0$，$\frac{\partial q_i}{\partial a_j}<0$，$\frac{\partial\prod_i}{\partial a_j}<0$；$\frac{\partial s_j}{\partial a_i}<0$，$\frac{\partial p_j}{\partial a_i}<0$，$\frac{\partial q_j}{\partial a_i}<0$，$\frac{\partial\prod_j}{\partial a_i}<0$；即互补品的市场容量增加使产品的价格、服务水平、需求量和利润都减少。

此命题与命题4.2相似。若服务成本较低，则互补品的市场容量增加会给产品带来收益，否则会带来损失。

（二）服务成本

命题 4.7：$\frac{\partial s_j}{\partial \eta_j}<0$，$\frac{\partial p_j}{\partial \eta_j}<0$，$\frac{\partial q_j}{\partial \eta_j}<0$，$\frac{\partial \prod_j}{\partial \eta_j}<0$；$\frac{\partial s_i}{\partial \eta_i}<0$，$\frac{\partial p_i}{\partial \eta_i}<0$，$\frac{\partial q_i}{\partial \eta_i}<0$，$\frac{\partial \prod_i}{\partial \eta_i}<0$；即产品服务成本减少使产品的价格、服务水平、需求量和利润都增加。

此命题与命题 4.3 相似。产品服务成本降低会给本企业带来利润。

命题 4.8：$\frac{\partial s_i}{\partial \eta_j}<0$，$\frac{\partial p_i}{\partial \eta_j}<0$，$\frac{\partial q_i}{\partial \eta_j}<0$，$\frac{\partial \Pi_i}{\partial \eta_j}<0$；$\frac{\partial s_j}{\partial \eta_i}<0$，$\frac{\partial p_j}{\partial \eta_i}<0$，$\frac{\partial q_j}{\partial \eta_i}<0$，$\frac{\partial \Pi_j}{\partial \eta_i}<0$；即产品的服务成本减少使互补品的价格、服务水平、需求量和利润都增加。

此命题与命题 4.4 相似。替代品企业服务成本降低会给本企业带来收益。

三 算例分析

（一）市场容量 a

当市场容量增加时，产品的利润增加，互补品利润变化与 η，α 的大小有关，如图 4-3 所示。

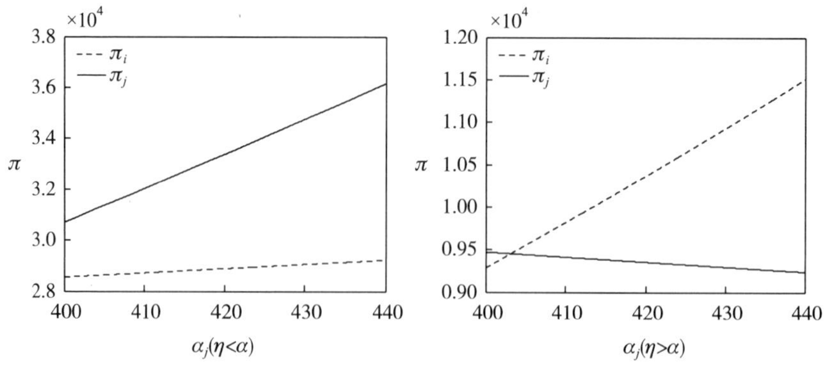

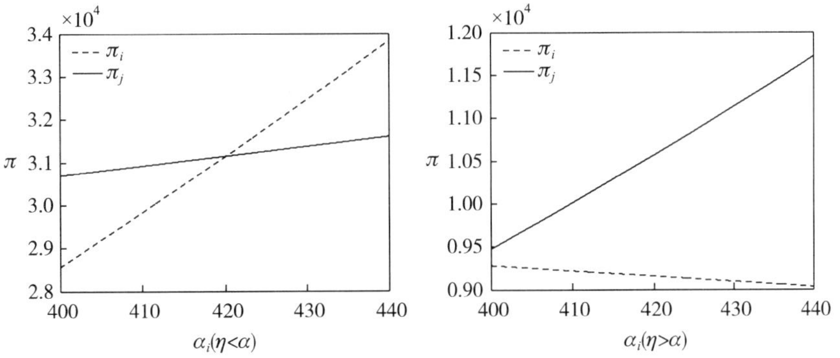

图 4－3　a 增加时 Π_i^{S*} 和 Π_j^{S*} 的变化趋势

（二）服务成本 η

当产品的服务成本增加时，从图 4－4 中可以看出，Π_j^{S*} 和 Π_i^{S*} 均持续减少，所以降低服务成本对两个企业都有利。

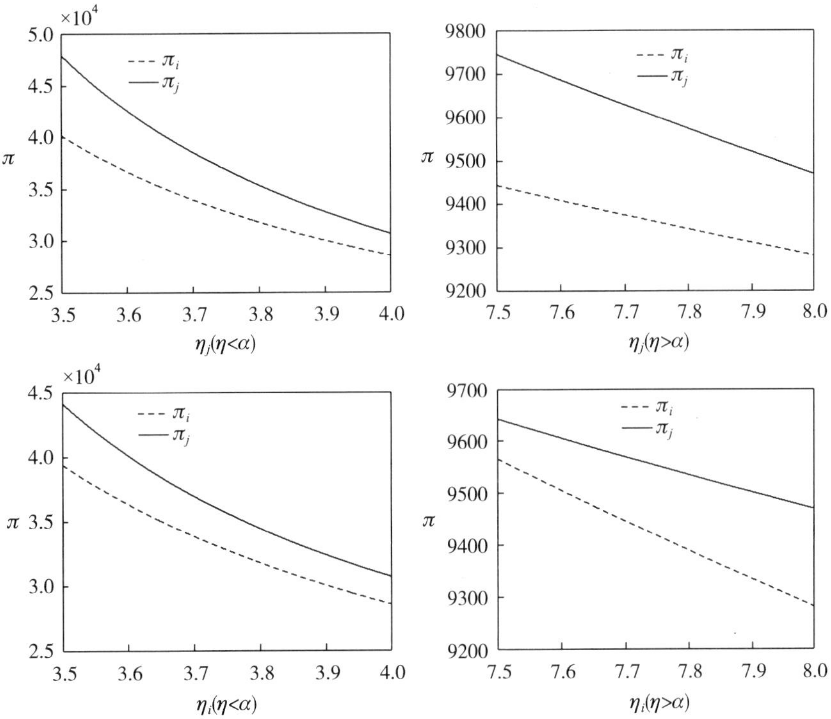

图 4－4　η 增加时 Π_i^{S*} 和 Π_j^{S*} 的变化趋势

第五节　企业联盟

企业联盟的性质在前述章中已经有所介绍。在本章中，两个互补品企业组成联盟，采取合作策略，其目的是两个企业的利润总和最大。分析过程如下。

一　决策过程和结果

在此情境中，双方的利润总和为：

$$\prod = p_i q_i - \frac{1}{2}\eta_i s_i^2 + p_j q_j - \frac{1}{2}\eta_j s_j^2 \tag{4.25}$$

其决策变量为 p_i，p_j，s_i，s_j，所以一阶导数：

$$\frac{\partial \prod}{\partial s_i} = \alpha p_i - \eta_i s_i + \beta p_j = 0 \tag{4.26}$$

$$\frac{\partial \prod}{\partial p_i} = a_i - 2\alpha p_i - 2\beta p_j + \alpha s_i + \beta s_j = 0 \tag{4.27}$$

此处 $i=1$，2，$j=3-i$。

二阶导数为 $\frac{\partial^2 \prod}{\partial s_i^{\ 2}} = -\eta_i$，$\frac{\partial^2 \prod}{\partial s_i \partial s_j} = 0$，$\frac{\partial^2 \prod}{\partial p_i \partial p_j} = -2\beta$，$\frac{\partial^2 \prod}{\partial s_i \partial p_j} = \beta$，$\frac{\partial^2 \prod}{\partial s_i \partial p_i} = \alpha$，$\frac{\partial^2 \prod}{\partial p_i^{\ 2}} = -2\alpha$。所以当 $2\eta_i - \alpha > 0$，$2\alpha\eta_i\eta_j - \alpha^2\eta_i - \beta^2\eta_j > 0$ 且 $(\alpha^2 - \beta^2) - 2\alpha(\eta_i + \eta_j) + 4\eta_i\eta_j > 0$ 时，海瑟矩阵为负定矩阵，存在极值。

根据式（4.26）—式（4.27），可以求出两个企业的最优决策及结果：

$$s_i^{\ A*} = \frac{(2\eta_j - \alpha)a_i + \beta a_j}{(\alpha^2 - \beta^2) - 2\alpha(\eta_i + \eta_j) + 4\eta_i\eta_j} \tag{4.28}$$

$$p_i^{\ A*} = \frac{(2\alpha\eta_i\eta_j - \alpha^2\eta_i - \beta^2\eta_j)a_i + \beta[\alpha(\eta_i + \eta_j) - 2\eta_i\eta_j]a_j}{(\alpha^2 - \beta^2)[(\alpha^2 - \beta^2) - 2\alpha(\eta_i + \eta_j) + 4\eta_i\eta_j]} \tag{4.29}$$

$$q_i^{\ A*} = \eta_i \frac{(2\eta_j - \alpha)a_i + \beta a_j}{(\alpha^2 - \beta^2) - 2\alpha(\eta_i + \eta_j) + 4\eta_i\eta_j} \tag{4.30}$$

$$\prod_i^{A*} = \eta_i \frac{\alpha(2\eta_j-\alpha)a_i^{\ 2}+2\beta(\alpha-\eta_j)a_ia_j-\beta^2a_j^{\ 2}}{2(\alpha^2-\beta^2)[(\alpha^2-\beta^2)-2\alpha(\eta_i+\eta_j)+4\eta_i\eta_j]} \tag{4.31}$$

二　参数分析

（一）市场容量 a

命题4.9：$\frac{\partial s_i^{A*}}{\partial a_i}>0$，$\frac{\partial p_i^{A*}}{\partial a_i}>0$，$\frac{\partial q_i^{A*}}{\partial a_i}>0$，$\frac{\partial \prod_i^{A*}}{\partial a_i}>0$，即产品的市场份额增加，可以使自身的价格、服务水平、销售量和利润都增加。

此命题与命题4.1和命题4.5类似，市场份额的增加会对产品本身带来利润。

命题4.10：$\frac{\partial s_j^{A*}}{\partial a_i}>0$，$\frac{\partial q_j^{A*}}{\partial a_i}>0$，产品的市场份额增加，可以使互补品的服务水平和销售量增加。当 $\eta<\alpha-\beta$ 时，$\frac{\partial p_j^{A*}}{\partial a_i}>0$，$\frac{\partial \prod_j^{A*}}{\partial a_i}>0$，互补品的价格和利润都增加；当 $\alpha-\beta<\eta<\alpha$ 时，$\frac{\partial p_j^{A*}}{\partial a_i}>0$，$\frac{\partial \prod_j^{A*}}{\partial a_i}<0$，互补品价格增加，利润减少；当 $\eta>\alpha$ 时，$\frac{\partial p_j^{A*}}{\partial a_i}<0$，$\frac{\partial \prod_j^{A*}}{\partial a_i}<0$，即互补品价格和利润都减少。

推论4.10：当 $\eta<\alpha-\beta$ 时，产品 i 的市场份额增加，虽然可以使互补品 j 的利润增长，但是其幅度小于产品 i，即 $\frac{\partial \prod_i^{A*}}{\partial a_i}>\frac{\partial \prod_j^{A*}}{\partial a_i}>0$。

如命题4.9所述，当产品市场份额增加时，产品会提高价格和服务水平。如果服务成本较低（$\eta<\alpha-\beta$），互补品会大幅度增加服务水平，促使互补品的市场需求也增加，互补品可以提高产品价格，获得更多的利润。如果服务成本中等（$\alpha-\beta<\eta<\alpha$），产品只能适当增加服务水平，但在产品价格增加的抑制下，互补品的需求只能略有增长，虽然互补价格稍有上涨，但是无法弥补服务成本的增加，导致利润下降。如果服务成本较高（$\eta>\alpha$），产品只能微量增加服务水平，但由于产品价格的增加，导致互补品只能降低价格去刺激需求，最终利润减少。

（二）服务成本 η_i

命题4.11：$\frac{\partial s_i^{A*}}{\partial \eta_i}<0$，$\frac{\partial p_i^{A*}}{\partial \eta_i}<0$，$\frac{\partial q_i^{A*}}{\partial \eta_i}<0$，$\frac{\partial \prod_i^{A*}}{\partial \eta_i}<0$；即产品的服务成本减少，使产品自身的服务水平、价格、需求和利润都增加。

此命题与命题4.3和命题4.7类似，当产品的服务成本降低时，可以使其提高服务水平增加需求，提高价格获取更多的利润。所以企业会尽可能地降低服务成本，增加企业效益。

命题4.12：$\frac{\partial s_j^{A*}}{\partial \eta_i}<0$，$\frac{\partial p_j^{A*}}{\partial \eta_i}<0$，$\frac{\partial q_j^{A*}}{\partial \eta_i}<0$，$\frac{\partial \prod_j^{A*}}{\partial \eta_i}<0$；即互补品的服务成本的减少，使产品的服务水平、价格、需求和利润都增加。

此命题与命题4.4和命题4.8类似，同样可以看出，互补品之间有较强的正溢出效应。一方服务成本降低对互补品两个企业都有利。

通过三种情境可以发现，无论是纳什均衡、企业联盟或一方占优势，参数变化对双方的影响都是类似的。一方市场容量变大一定会给本企业带来收益，另一方可能会受益（服务成本较低时），也可能会遭受损失（服务成本较高时）；若一方服务成本降低，本企业会因此获得更多利润，另一方也一定会因此受益。因此，互补品之间出现竞争的机会较少，更多的时候是相互合作。

从命题4.9至命题4.12可以看出，双方形成的企业联盟不仅仅只是价格和服务水平的联盟，还有更深层次的合作意向。在价格和服务水平联盟上，双方约定某个价格和服务水平，从而各自获取最大利润。在市场扩展上，只有当服务成本较高时（$\eta>\alpha-\beta$），才会相互抵制，否则一定会展开合作；在改进成本方面，双方不仅尽力降低本企业的成本，同时也会帮助对方减少成本，所以双方更多的是合作关系。这与上一章中替代品之间的企业联盟是完全不同的。

互补品企业之间除可以考虑企业联盟之外，还可以在其他方面展开合作。为了扩大市场容量，互补品企业联合共同做广告，宝洁洗衣粉和小天鹅洗衣机、手机厂商和移动通信公司等都是较典型的例子。为了促进彼此销售量，产品在销售本产品的同时还捆绑销售互补品，例如计算机的软件和硬件往往以捆绑定价的方式卖给消费者。在提供服务方面，双方相互提供帮助以降低服务成本，例如计算机硬件生产商往往代替软件商，对计算机软件和硬件都提供相关售后服务，一方面是为了赚取售后服务费用，但同时也让软件商降低服务成本，从而使自己受益。

当然，由于互补品之间存在较强的正的溢出效应，使很多企业采取了“搭便车”的方式间接地受益。特别是一些相对实力比较弱的小企业，有时会利用溢出效应从其互补品企业的经营改进中获得额外的成果，从而一定程度上抑制了企业经营改进的积极性。关于这方面的内容，可以在以后做进一步的深入研究。

三　算例分析

设定 $a_i = a_j = 400$，$\eta_i = \eta_j = 8$，$\alpha = 5$，$\beta = 2$（$\alpha - \eta < \beta$）和 $a_i = a_j = 400$，$\eta_i = \eta_j = 8$，$\alpha = 12$，$\beta = 2$（$\alpha - \eta > \beta$）两组数据。验证利润的变化趋势。

（一）市场容量 a_i

当市场容量 a_i 增长时，产品 i 的利润增加，互补品 j 收益情况与 η，α，β 相关，如图 4 - 5 所示。

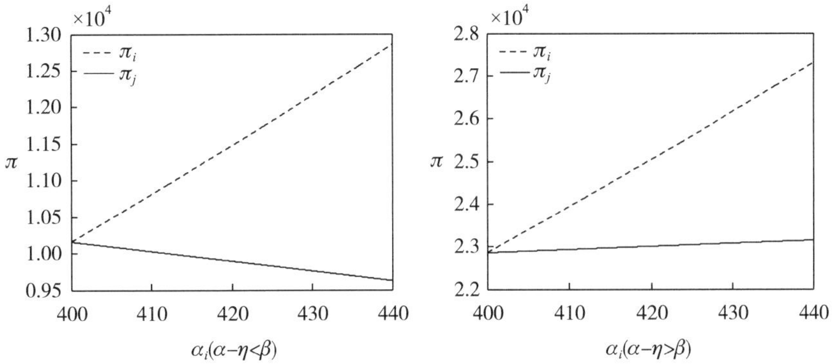

图 4 - 5　a_i 增加时 Π_i^{A*} 和 Π_j^{A*} 的变化趋势

（二）服务成本 η_i

产品 i 的服务成本增加使双方的利润都在降低。如图 4 - 6 所示。从中可以看出，η_i 的减少不仅有利于产品 i，而且互补品 j 的利润同样也增长，但受益的程度相对较小。

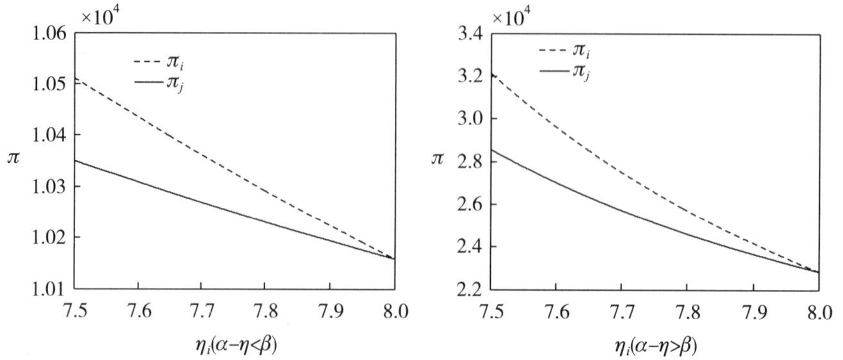

图 4-6　η_i 增加时 Π_i^{A*} 和 Π_j^{A*} 的变化趋势

第六节　三种情景下的对比及分析

此部分比较双方在三种不同情境下的价格、服务水平、需求量和利润，并指导企业作出决策。

一　决策结果的比较

命题 4.13：当 $\eta>\alpha$ 时，$s_j^{S*}<s_i^{S*}<s_i^{N*}<s_i^{A*}$；$p_i^{A*}<p_i^{S*}<p_i^{N*}<p_j^{S*}$；$q_j^{S*}<q_i^{S*}<q_i^{N*}<q_i^{A*}$。当 $\eta<\alpha$ 时，$s_i^{N*}<s_i^{S*}<s_j^{S*}<s_i^{A*}$，$p_i^{N*}<p_i^{S*}<p_j^{S*}<p_i^{A*}$，$q_i^{N*}<q_i^{S*}<q_j^{S*}<q_i^{A*}$。

命题 4.14：$\prod_i^{S*}<\prod_i^{N*}<\prod_j^{S*}<\prod_i^{A*}$。

此命题说明了当企业形成联盟时，企业的利润是最大的，因此很多互补型企业也有形成联盟的意愿，例如手机厂商和移动通信公司捆绑销售手机和话费。

当双方不采取合作策略，且地位不平等时，如果服务成本较高（$\eta>\alpha$），占优势的一方会采用较低服务水平，较高的价格，虽然销售量较低，但是利润较多；占劣势的一方只能采用较高的服务水平，较低的价格，虽然销售量较高，但是利润较低（$s_i^{S*} > s_j^{S*}$，$q_i^{S*} > q_j^{S*}$，$p_i^{S*} < p_j^{S*}$，$\Pi_i^{S*} < \Pi_j^{S*}$）。如果服务成本较低（$\eta < \alpha$），占优势的一方会采用较高服务水平促进销售量，用较高的价格获取更多利润；占劣势的一方只能采用较低的服务水平和较低的价格，导致销售量和利润较低（$s_i^{S*} < s_j^{S*}$，$q_i^{S*} < q_j^{S*}$，$p_i^{S*} < p_j^{S*}$，$\Pi_i^{S*} < \Pi_j^{S*}$）。因此，相对跟随者，领导者具有较大的优势，不仅可以根据服务成本确定服务水平，而且能确保获取较多的，仅次于企业联盟时的利润。

当双方不采取合作，且处于纳什均衡状态时。与跟随者相比，如果服务成本较高（$\eta > \alpha$），纳什均衡的双方以较高的服务水平获取较多的需求量，且以较高的价格获取更多的利润（$s_i^{S*} < s_i^{N*}$，$p_i^{S*} < p_i^{N*}$，$q_i^{S*} < q_i^{N*}$，$\Pi_i^{S*} < \Pi_i^{N*}$）；如果服务成本较低（$\eta < \alpha$），能够以较低的服务水平减少成本，虽然价格较低但仍然保证获取更多利润（$s_i^{N*} < s_i^{S*}$，$p_i^{N*} < p_i^{S*}$，$q_i^{N*} < q_i^{S*}$，$\Pi_i^{S*} < \Pi_i^{N*}$）。所以，纳什均衡的利润比跟随者的利润要多。

二　双方采取的策略

当双方地位平等时，其收益矩阵如表 4－1 所示。

表 4－1　　双方地位平等时收益矩阵

企业 j \ 企业 i	达成联盟	不达成联盟
达成联盟	Π_i^{A*}，Π_i^{A*}	Π_i^{N*}，Π_i^{N*}
不达成联盟	Π_i^{N*}，Π_i^{N*}	Π_i^{N*}，Π_i^{N*}

由于 $\Pi_i^{A*} > \Pi_i^{N*}$，所以对于双方来说，达成联盟（合作）是最好的方案，此时双方都可以获得最多的利润。

当双方地位不平等时，其收益矩阵如表 4－2 所示。

对于处于弱势的企业 i，由于 $\Pi_i^{A*} > \Pi_i^{S*}$，所以希望形成联盟（合作）；对于处于强势地位的企业 j，由于 $\Pi_i^{A*} > \Pi_j^{S*}$，即保持强势地位反而不如双方形成联盟（合作）获得的利润多，所以企业会放弃强势地位转向合作。

表 4－2　　双方地位不平等时收益矩阵 1

企业 i ╲ 企业 j	达成联盟	不达成联盟
达成联盟	Π_i^{A*}，Π_i^{A*}	Π_j^{S*}，Π_i^{S*}
不达成联盟	Π_j^{S*}，Π_i^{S*}	Π_j^{S*}，Π_i^{S*}

综上所述，形成企业联盟是最佳方案。而且此联盟与上一章替代品企业联盟在策略上有所不同。替代品通过压低服务水平，降低需求，提高价格，来获取利润，是企业方单赢的结果，消费者的利益受到了损失。对于互补品企业联盟，当服务成本较高时（$\eta>\alpha$），采取低服务水平和低价策略，用薄利多销的方式获取利润；当服务成本较低时（$\eta<\alpha$），采取高服务水平和高价策略，走高端路线获得收益。消费者能够享受更好的服务，因此会有更多的顾客去购买产品，属于一种“双赢”的策略，这是值得鼓励和提倡的。

但是有时互补产品不一定会达成战略联盟。例如两个企业实力差距较大，强势企业为了声誉考虑不愿与弱势的企业合作，或者弱势企业担心会受到强势企业不公正的对待等，所以非合作状态也是可能出现的。

一旦无法形成企业联盟，双方地位平等时，只能采取纳什均衡；当双方地位不平等时，其收益矩阵如表 4－3 所示。

表 4－3　　双方地位不平等时收益矩阵 2

企业 i ╲ 企业 j	双方地位平等	作为跟随者
双方地位平等	Π_i^{N*}，Π_i^{N*}	Π_j^{S*}，Π_i^{S*}
作为领导者	Π_j^{S*}，Π_i^{S*}	Π_j^{S*}，Π_i^{S*}

由于 $\Pi_j^{S*}>\Pi_i^{N*}$，所以企业 j 存在单方占优策略作为领导者，尽管企业 i 也存在占优策略，但最终的结果是企业 j 利用优势地位获取较多的利润 Π_j^{S*}，企业 i 只能获取较少的利润 Π_i^{S*}。

第七节　本章小结

本章分析了两个互补品企业在提供产品的同时提供配套服务，在纳什均衡和企业联盟两种情境下，价格和服务水平的决策及获得的销售量和利润。在参数分析方面，三种情景是一样的。产品自身的市场容量增加或者服务成本减少使产品的价格、服务水平、需求量和利润都增加。而互补品之间存在较强的正溢出效应。当服务成本较低时（$\eta<\alpha$），互补品市场容量增加会使产品的价格、服务水平、需求量和利润都增加；当服务成本较高时（$\eta>\alpha$），互补品市场容量增加使产品的价格、服务水平、需求量和利润都减少。而互补品的服务成本减少，则一定会导致产品的价格、服务水平、需求量和利润都增加。

在两种情境对比方面，两个企业形成联盟时，能够获得最大利润，且消费者同样从中受益，所以双方有达成价格和服务水平联盟的意愿。在现实中，很多互补品企业除了达成企业联盟外，还可以在其他方面展开深入合作。当由于各种因素影响，无法形成联盟时，若双方实力相当，则维持纳什均衡，此时双方获得中等水平的利润；如一方占据优势，则领导者凭借优势地位获取较多的利润，跟随者只能获取较低的收益。

第八节　附录2：本章命题证明

推论4.2：

当$\beta>\frac{\alpha(2\eta_j-\alpha)}{\alpha-\eta_i}>0$，即有$\alpha(2\eta_j-\alpha)<\beta(\alpha-\eta_i)$，所以$\frac{\partial\prod_i^{N*}}{\partial a_i}>\frac{\partial\prod_j^{N*}}{\partial a_i}>0$。

命题4.3：

$$s_i^{N*}=\frac{\alpha[\alpha(2\eta_j-\alpha)a_i+\beta(\alpha-\eta_j)a_j]}{[(4\alpha^2-\beta^2)\eta_j-\alpha(2\alpha^2-\beta^2)]\eta_i+\alpha^2(\alpha^2-\beta^2)-\alpha(2\alpha^2-\beta^2)\eta_j}$$

因为$2\eta_j>\alpha$，所以$(4\alpha^2-\beta^2)\eta_j-\alpha(2\alpha^2-\beta^2)>\frac{1}{2}\alpha\beta^2>0$，所

以$\frac{\partial s_i^{N*}}{\partial \eta_i}<0$。

$$p_i^{N*}=\frac{\alpha(2\eta_j-\alpha)a_i+\beta(\alpha-\eta_j)a_j}{\alpha\frac{\alpha(\alpha^2-\beta^2)-(2\alpha^2-\beta^2)\eta_j}{\eta_i}-\alpha(2\alpha^2-\beta^2)+(4\alpha^2-\beta^2)\eta_j},$$

所以$\frac{\partial p_i^{N*}}{\partial \eta_i}<0$。

q_i^{N*}，Π_i^{N*}类似，不再证明。

命题4.4：

$$\frac{\partial s_j^{N*}}{\partial \eta_i}=\alpha^2\beta\frac{(-2\alpha+\beta)\eta_j+\alpha(\alpha-\beta)}{[\alpha^2(\alpha^2-\beta^2)-\alpha(2\alpha^2-\beta^2)(\eta_i+\eta_j)+(4\alpha^2-\beta^2)\eta_i\eta_j]^2}a$$

因为$2\eta_j>\alpha$，$-2\alpha+\beta<0$。

所以$(-2\alpha+\beta)\eta_j+\alpha(\alpha-\beta)<(-2\alpha+\beta)\frac{\alpha}{2}+\alpha(\alpha-\beta)<-\frac{1}{2}\alpha\beta<0$，所以$\frac{\partial s_i^{N*}}{\partial \eta_j}<0$。

同理，$\frac{\partial p_j^{N*}}{\partial \eta_i}<0$，$\frac{\partial q_j^{N*}}{\partial \eta_i}<0$，$\frac{\partial \prod_j^{N*}}{\partial \eta_i}<0$。

命题4.5：

$$s_i^{S*}=\alpha\frac{[\alpha^2(2\eta-\alpha)^2-\beta^2(\eta-\alpha)^2]a_i-\beta[\alpha(2\eta-\alpha)+\beta^2](\eta-\alpha)a_j}{[\alpha(2\eta-\alpha)^2-\beta^2\alpha+\beta^2\eta][\alpha^2(2\eta-\alpha)+\beta^2\alpha-\beta^2\eta]}$$

若$\eta-\alpha>0$，因为$\alpha>\beta>0$，$2\eta-\alpha>\eta-\alpha>0$，所以$\alpha^2(2\eta-\alpha)^2-\beta^2(\eta-\alpha)^2>0$。

若$\eta-\alpha<0$，因为$\alpha>\alpha-\eta>0$，$2\eta-\alpha>\beta>0$，所以$\alpha^2(2\eta-\alpha)^2-\beta^2(\eta-\alpha)^2>0$。

因此$\frac{\partial s_i^{S*}}{\partial a_i}>0$，同理$\frac{\partial p_i^{S*}}{\partial a_i}>0$，$\frac{\partial q_i^{S*}}{\partial a_i}>0$，$\frac{\partial \Pi_i^{S*}}{\partial a_i}>0$。

命题4.6：

$$s_i^{S*}=\alpha\frac{[\alpha^2(2\eta-\alpha)^2-\beta^2(\eta-\alpha)^2]a_i-\beta[\alpha(2\eta-\alpha)+\beta^2](\eta-\alpha)a_j}{[\alpha(2\eta-\alpha)^2-\beta^2\alpha+\beta^2\eta][\alpha^2(2\eta-\alpha)+\beta^2\alpha-\beta^2\eta]}$$

因为$2\eta-\alpha>0$，所以$\alpha(2\eta-\alpha)+\beta^2>0$，所以命题成立。同理可证明$p_i^{S*}$，$q_i^{S*}$，$\Pi_i^{S*}$。

命题 4.7：

因为 $s_j^{S*}=\frac{\alpha(2\eta_i-\alpha)a_j-\beta(\eta_i-\alpha)a_i}{2\alpha(2\eta_i-\alpha)\eta_j-[\alpha^2(2\eta_i-\alpha)-\beta^2(\eta_i-\alpha)]}$，所以 $\frac{\partial s_j^{S*}}{\partial\eta_j}<0$。

因为 $p_j^{S*}=\frac{\alpha(2\eta_i-\alpha)}{\alpha^2(2\eta_i-\alpha)+\beta^2\alpha-\beta^2\eta_i}\frac{\alpha(2\eta_i-\alpha)a_j-\beta(\eta_i-\alpha)a_i}{2\alpha(2\eta_i-\alpha)-\frac{[\alpha^2(2\eta_i-\alpha)-\beta^2(\eta_i-\alpha)]}{\eta_j}}$，

所以 $\frac{\partial p_j^{S*}}{\partial\eta_j}<0$。

同理 $\frac{\partial q_j^{S*}}{\partial\eta_j}<0$，$\frac{\partial\Pi_j^{S*}}{\partial\eta_j}<0$。

$$s_i^{S*}\approx\frac{\alpha(2\eta_j-\alpha)a_i-\beta(\eta_j-\alpha)a_j}{\alpha(2\eta_i-\alpha)(2\eta_j-\alpha)},\quad \frac{\partial s_i^{S*}}{\partial\eta_i}<0$$

$$p_i^{S*}\approx\frac{\alpha(2\eta_j-\alpha)a_i-\beta(\eta_j-\alpha)a_j}{\alpha^2(2-\frac{\alpha}{\eta_i})(2\eta_j-\alpha)},\quad \frac{\partial p_i^{S*}}{\partial\eta_i}<0$$

$$q_i^{S*}\approx\frac{\alpha(2\eta_j-\alpha)a_i-\beta(\eta_j-\alpha)a_j}{\alpha(2-\frac{\alpha}{\eta_i})(2\eta_j-\alpha)},\quad \frac{\partial q_i^{S*}}{\partial\eta_i}<0$$

$$\prod\nolimits_i^{S*}\approx\frac{1}{2\alpha}\frac{1}{(2-\frac{\alpha}{\eta_i})}\left[\frac{\alpha(2\eta_j-\alpha)a_i-\beta(\eta_j-\alpha)a_j}{2\eta_j-\alpha}\right]^2,\quad \frac{\partial\prod_i^{S*}}{\partial\eta_i}<0$$

命题 4.8：

$$\frac{\partial s_i^{S*}}{\partial\eta_j}=-\frac{\alpha\beta[\alpha(2\eta_i-\alpha)-\beta(\eta_i-\alpha)][\alpha^2(2\eta_i-\alpha)-\beta^2(\eta_i-\alpha)]}{[\alpha^2(2\eta_i-\alpha)+\beta^2\alpha-\beta^2\eta_i][\alpha(2\eta_i-\alpha)(2\eta_j-\alpha)-\beta^2\alpha+\beta^2\eta_i]^2}$$

$a<0$

同理 $\frac{\partial p_i^{S*}}{\partial\eta_j}<0$，$\frac{\partial q_i^{S*}}{\partial\eta_j}<0$，$\frac{\partial\Pi_i^{S*}}{\partial\eta_j}<0$。

$\frac{\partial s_j^{S*}}{\partial\eta_i}=-\frac{\alpha^2\beta(2\eta_i-\alpha+\beta)a}{[\alpha(2\eta_i-\alpha)(2\eta_j-\alpha)-\beta^2\alpha+\beta^2\eta_i]^2}<0$，同理 $\frac{\partial q_j^{S*}}{\partial\eta_i}<0$

$$p_j^{S*}=\frac{\eta_j}{\alpha^2}\frac{\alpha(2\eta_i-\alpha)a_j-\beta(\eta_i-\alpha)a_i}{(2\eta_i-\alpha)(2\eta_j-\alpha)}=\frac{\eta_j}{\alpha^2}\left[\frac{\alpha a_j}{2\eta_j-\alpha}-\frac{\beta a_i}{2\eta_j-\alpha}\frac{\eta_i-\alpha}{2\eta_i-\alpha}\right]$$

$$\prod_j^{S*} \approx \frac{\eta_j}{2\alpha(2\eta_j-\alpha)}\left[\frac{\alpha(2\eta_i-\alpha)a_j\beta(\eta_i-\alpha)a_i}{\alpha^2(2\eta_i-\alpha)}\right]^2 =$$

$$\frac{\eta_j}{2\alpha(2\eta_j-\alpha)}\left[\frac{a_j}{\alpha}-\frac{\eta_i-\alpha}{2\eta_i-\alpha}\frac{\beta a_i}{\alpha^2}\right]^2$$

因为$\frac{\partial\frac{\eta_i-\alpha}{2\eta_i-\alpha}}{\partial\eta_i}=\frac{\alpha}{(2\eta_i-\alpha)^2}>0$，所以$\frac{\partial p_j^{S*}}{\partial\eta_i}<0$，$\frac{\partial\Pi_j^{S*}}{\partial\eta_i}<0$。

命题4.10：

因为$\beta>0$，所以$\frac{\partial s_j^{A*}}{\partial a_i}>0$，$\frac{\partial q_j^{A*}}{\partial a_i}>0$。

$$\frac{\partial p_j^{A*}}{\partial a_i}=\frac{2(\alpha-\eta)\beta\eta}{(\alpha^2-\beta^2)[(\alpha^2-\beta^2)-4\alpha\eta+4\eta^2]}a,\ \frac{\partial\prod_j^{A*}}{\partial a_i}=$$

$$\frac{\beta(\alpha-\eta-\beta)\eta a^2}{(\alpha^2-\beta^2)[(\alpha^2-\beta^2)-4\alpha\eta+4\eta^2]}$$

所以命题成立。

推论4.10：

$$\frac{\partial\prod_j^{A*}}{\partial a_i}-\frac{\partial\prod_j^{A*}}{\partial a_i}=\frac{\alpha(2\eta-\alpha)+\beta^2}{(\alpha^2-\beta^2)[(\alpha^2-\beta^2)-4\alpha\eta+4\eta^2]}a^2>0$$

命题4.11：

$s_i^{A*}=\frac{(2\eta_j-\alpha)a_i+\beta a_j}{2(2\eta_j-\alpha)\eta_i+(\alpha^2-\beta^2)-2\alpha\eta_j}$，因为$2\eta_j-\alpha>0$，所以$\frac{\partial s_i^{A*}}{\partial\eta_i}<0$。

$$\frac{\partial p_i^{A*}}{\partial\eta_i}=\frac{(2\eta-\alpha)[-(2\eta-\alpha)\alpha-\beta^2-2\beta]}{[(\alpha^2-\beta^2)-2\alpha(\eta_i+\eta_j)+4\eta_i\eta_j]^2}\frac{a}{(\alpha+\beta)}<0$$

$q_i^{A*}=\frac{(2\eta_j-\alpha)a_i+\beta a_j}{(\alpha^2-\beta^2)\left[-\frac{(2\eta_j-\alpha)\alpha+\beta^2}{\eta_i}-2\alpha+4\eta_j\right]}$，所以$\frac{\partial q_i^{A*}}{\partial\eta_i}<0$，同理$\frac{\partial\prod_i^{A*}}{\partial\eta_i}<0$。

命题4.12：

$\frac{\partial s_i^{A*}}{\partial\eta_j}=\frac{-\beta(2\eta_j-\alpha)-\beta^2}{[(\alpha^2-\beta^2)-2\alpha(\eta_i+\eta_j)+4\eta_i\eta_j]^2}a<0$，同理$\frac{\partial q_j^{A*}}{\partial\eta_i}<0$。

$$\frac{\partial p_i^{A*}}{\partial \eta_j}=\frac{1}{(\alpha+\beta)}\frac{\alpha\beta(2\eta_i-\alpha)-\beta^2(2\eta_i+\beta)}{[(\alpha^2-\beta^2)-2\alpha(\eta_i+\eta_j)+4\eta_i\eta_j]^2}a<0$$

$$\frac{\partial \prod_i^{A*}}{\partial \eta_j}=\frac{\eta_i}{\alpha+\beta}\frac{-\beta(2\eta_i-\alpha)-\beta^2}{[(\alpha^2-\beta^2)-2\alpha(\eta_i+\eta_j)+4\eta_i\eta_j]^2}a^2<0$$

命题4. 13：

$$s_i^{N*}=\frac{1}{2\eta-\alpha-\beta+\frac{\beta\eta}{\alpha}}a<\frac{1}{2\eta-\alpha-\beta}a=s_i^{A*}$$

$$s_i^{A*}-s_j^{S*}=\frac{\beta\eta(2\eta-\alpha)}{[\alpha(2\eta-\alpha)^2+\beta^2(\eta-\alpha)](2\eta-\alpha+\beta)}a>0$$

$$s_i^{A*}-s_i^{S*}=\frac{\beta\eta\{\alpha^2(2\eta-\alpha)^2-\beta(\eta-\alpha)[\alpha(2\eta-\alpha)-\alpha\beta+\beta^2]\}}{(2\eta-\alpha+\beta)[\alpha(2\eta-\alpha)^2+\beta^2(\eta-\alpha)][\alpha^2(2\eta-\alpha)-\beta^2(\eta-\alpha)]}$$

$$a>0$$

$$s_i^{S*}-s_j^{S*}=\frac{\beta^2\eta(\eta-\alpha)(\alpha-\beta)}{[\alpha(2\eta-\alpha)^2+\beta^2(\eta-\alpha)][\alpha^2(2\eta-\alpha)-\beta^2(\eta-\alpha)]}a$$

$$s_i^{N*}-s_j^{S*}=\frac{\beta^2(\eta-\alpha)\eta}{[\alpha(2\eta-\alpha)^2+\beta^2(\eta-\alpha)][\alpha(2\eta-\alpha)-\beta(\eta-\alpha)]}a$$

$$s_i^{N*}-s_i^{S*}=\frac{[\alpha\beta^2(2\eta-\alpha)^2+\alpha^2\beta(2\eta-\alpha)^2+\beta^3(\eta-\alpha)^2+\alpha\beta^3(2\eta-\alpha)](\eta-\alpha)}{[\alpha(2\eta-\alpha)^2+\beta^2(\eta-\alpha)][\alpha^2(2\eta-\alpha)-\beta^2(\eta-\alpha)]}a$$

$$p_j^{S*}-p_i^{N*}=\frac{\beta^2\eta(\eta-\alpha)^2[\alpha(2\eta-\alpha)+\beta^2]}{[\alpha(2\eta-\alpha)^2+\beta^2(\eta-\alpha)][\alpha(2\eta-\alpha)+\beta(\eta-\alpha)][\alpha(2\eta-\alpha)+\beta(\eta-\alpha)]}$$

$$a>0$$

$$p_j^{S*}-p_i^{A*}=\frac{\eta[\alpha^2(2\eta-\alpha)^2+\beta^2(\eta-\alpha)](\eta-\alpha)}{[\alpha^2(2\eta-\alpha)-\beta^2(\eta-\alpha)][\alpha(2\eta-\alpha)^2+\beta^2(\eta-\alpha)][(\alpha+\beta)(2\eta-\alpha-\beta)]}a$$

$$p_i^{N*}-p_i^{S*}=\eta\frac{\beta^3[\alpha(2\eta-\alpha)+\beta(\eta-\alpha)+(\eta-\alpha)^2](\eta-\alpha)}{[\alpha(2\eta-\alpha)^2+\beta^2(\eta-\alpha)][\alpha^2(2\eta-\alpha)-\beta^2(\eta-\alpha)][\alpha(2\eta-\alpha)+\beta(\eta-\alpha)]}a$$

$$p_i^{S*}-p_i^{A*}=\eta\frac{\alpha^2\beta(2\eta-\alpha)^2(\eta-\alpha)-\alpha\beta^2\eta^2(2\eta-\alpha)-2\beta^3(\eta-\alpha)^3+\beta^5(\eta-\alpha)}{[\alpha(2\eta-\alpha)^2+\beta^2(\eta-\alpha)][\alpha^2(2\eta-\alpha)-\beta^2(\eta-\alpha)](\alpha+\beta)(2\eta-\alpha-\beta)}a$$

$$\approx\eta\frac{\alpha^2\beta(2\eta-\alpha)^2(\eta-\alpha)}{[\alpha(2\eta-\alpha)^2+\beta^2(\eta-\alpha)][\alpha^2(2\eta-\alpha)-\beta^2(\eta-\alpha)](\alpha+\beta)(2\eta-\alpha-\beta)}a$$

所以原命题成立，销量的证明与服务水平证明过程类似。

命题4. 14：

$$\prod_i^{A*}-\prod_j^{S*}=\frac{\alpha\beta^2(2\eta-\alpha)\eta^2-2\beta^3(\eta-\alpha)\eta^2+\beta^4(\eta-\alpha)^2}{(\alpha+\beta)(2\eta-\alpha-\beta)[\alpha(2\eta-\alpha)^2+\beta^2(\eta-\alpha)][\alpha^2(2\eta_i-\alpha)-\beta^2(\eta-\alpha)]}a^2$$

当 $\eta-\alpha>0\alpha\beta^2(2\eta-\alpha)\eta^2-2\beta^3(\eta-\alpha)\eta^2>\beta^2\eta^2[\alpha(2\eta-\alpha)-2\alpha(\eta-\alpha)]=\beta^2\eta^2\alpha^2>0$,

当 $\eta-\alpha<0$，$-2\beta^3(\eta-\alpha)\eta^2>0$,

所以 $\prod_i^{A*}>\prod_j^{S*}$。

$$\prod_j^{S*}-\prod_i^{N*}=\frac{\eta}{2}\frac{\beta^4(\eta-\alpha)^2[\alpha(2\eta-\alpha)+(\eta-\alpha)^2]}{[\alpha(2\eta-\alpha)^2+\beta^2(\eta-\alpha)][\alpha^2(2\eta_i-\alpha)-\beta^2(\eta-\alpha)][\alpha(2\eta-\alpha)+\beta(\eta-\alpha)]^2}$$

$$a^2>0$$

所以 $\prod_j^{S*}>\prod_i^{N*}$。

$$\prod_i^{N*}-\prod_i^{S*}=\frac{1}{\alpha(2\eta-\alpha)+\beta(\eta-\alpha)}-$$

$$\frac{[\alpha^2(2\eta-\alpha)^2-\beta^2(\eta-\alpha)^2]-\beta[\alpha(2\eta-\alpha)(\eta-\alpha)+\beta^2(\eta-\alpha)]}{[\alpha(2\eta-\alpha)^2+\beta^2(\eta-\alpha)][\alpha^2(2\eta-\alpha)-\beta^2(\eta-\alpha)]}=$$

$$\frac{\beta^3\eta(\eta-\alpha)^2}{[\alpha(2\eta-\alpha)+\beta(\eta-\alpha)][\alpha(2\eta-\alpha)^2+\beta^2(\eta-\alpha)][\alpha^2(2\eta-\alpha)-\beta^2(\eta-\alpha)]}>0$$

所以 $\prod_i^{N*}>\prod_i^{S*}$。

原命题成立。

第五章　制造商和零售商基于价格和服务的竞争策略

第一节　理论综述

零售商是指处于产品流通阶段的末端，面对最终消费者的中间商。在现实经济中，处于供应链上游的制造商面对零售商制定批发价格，处于供应链下游的零售商面对消费者确定零售价格。双方需要根据自身在市场中的地位，选择合适的市场竞争策略。

针对供应链上各企业的订货量、交货期和定价问题，国内外学者从多个方面进行了深入研究。国外方面，Agrawal 研究了在单周期库存模型内，风险厌恶型零售商的定价和订货策略。Liu 提出了一个基于博弈的分散供应链的定价和交货期联合决策模型，分析了制造商与零售商的最优决策。Hsieh 等研究了生产外包问题。制造商接到来自分销商的订单后，因为产能约束而将订单外包给生产商时，生产商、制造商和分销商三者之间应如何协调。Martos 等研究了零售商在销售制造商的产品同时销售自有产品，消费者对自有产品的忠诚度和对零售商的忠诚度之间的关系。Ahmadi 研究了制造商为 Stackelberg 领导者和制造商、零售商 Nash 均衡时，参与双方的最优广告策略。

国内方面，钱宇以医药产品为例，研究了在集中和分散两种模式下，制造商和零售商的定价和订货策略，并对两种模式作了对比。柳键在制造商为 Stackelberg 领导者的条件下，研究了风险厌恶型的零售商的最优订货策略和制造商的最优定价策略，并证明了零售商的最优订货量与风险厌恶因子负相关。罗春林等设定市场上存在风险中性的制造商和风险厌恶型的零售商，研究了制造商的最佳定价策略和零售商的最佳订货策略。石岿然研究了制造商分摊零售商的销售成本问题，分析了双方的销售努力决策、定价决策以及成本分摊比例。孙浩探讨了价格敏感随机需求下具有损失厌恶零售商参与的闭环供应链定价与协调问题。研究了在分散式和集中式两种决策方式下，制造商和零售商的最优决策，以及损失厌恶程度对双方定价和订货决策的影响。刘玉霜研究了由一个制造商与两个零售商组成的供应链系统。分析了当随机需求分布具有递增失败率时，制造商和零售商的最优的定价和订购决策，并分析了需求价格弹性对最优决策的影响。

现有的文献研究主要侧重于零售商和制造商之间的合作关系，包括订货量和价格的确定及如何保持供应链的稳定性。本章是在第三章的基础上做了进一步研究，考虑有零售商参与的供应链，研究制造商和零售商基于价格和服务的销售策略。

第二节　模型及假设

设定市场上存在两个制造商 i，j 和一个零售商 s，两个制造商生产具有竞争关系的同类产品，将产品以批发价格卖给同一零售商，零售商再将产品以零售价格对外销售。制造商在提供产品的同时，还提供和产品相关的配套服务。假设市场上没有其他竞争者，所有决策活动发生在单一周期内，企业产能不发生变化，每种产品的需求都受两个产品价格和服务水平的影响，如图 5－1 所示。

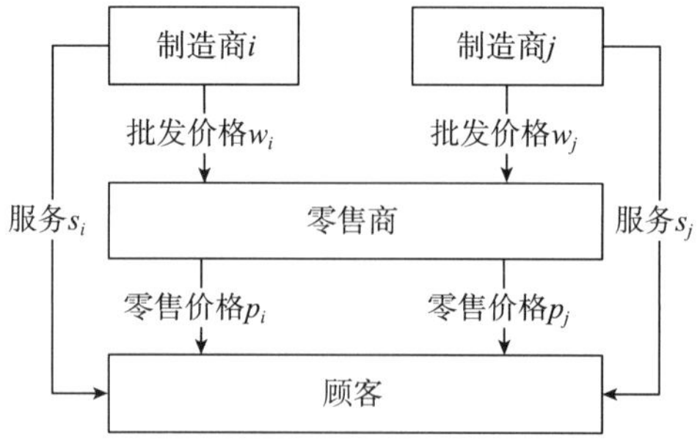

图 5－1　销售模型

一　需求函数

本章参考第三章的相关假设，设定两种产品的服务水平分别为 s_i，s_j，零售价格为 p_i，p_j，则两种产品的需求量为：

$$q_i = a_i - \alpha p_i + \beta p_j + \alpha s_i - \beta s_j \tag{5.1}$$

$$q_j = a_j - \alpha p_j + \beta p_i + \alpha s_j - \beta s_i \tag{5.2}$$

二　成本和利润函数

设定两种产品的批发价格为 w_i，w_j，则生产商 i 的利润为：

$$\Pi_i = w_i q_i - \frac{1}{2}\eta_i s_i^2 \tag{5.3}$$

生产商 j 的利润为：

$$\Pi_j = w_j q_j - \frac{1}{2}\eta_j s_j^2 \tag{5.4}$$

零售商的利润为：

$$\Pi_s = (p_i - w_i) q_i + (p_j - w_j) q_j \tag{5.5}$$

此处假设三个企业拥有完全信息，充分了解参与方的成本和需求函数，并可以独立地对产品的价格和服务水平做出决策，均追求各自的利润最大。

三　情境设定

1. 零售商占优势

零售商占据优势地位，两个生产商处于劣势地位且彼此平等，目标是使各自企业的利润最大。

2. 生产商占优势

两个生产商占据优势地位且彼此平等，零售商处于劣势地位，目标是使各自企业的利润最大。

3. 纳什均衡

三个企业拥有平等的地位，目标是使各自企业的利润最大。

本课题讨论在此三种情境下，三方的价格和服务水平的决策，以及获得销售量和利润，并且对这三种情境下的结果作比较。在此基础上，

分析市场容量 a 和服务成本 η 的变化，对三方的决策和结果的影响。

第三节　生产商占优势

一　三方决策过程及结果

在此情境下，根据 Stackelberg 模型，生产商占据优势地位，零售商处于劣势地位，且两个生产商之间是平等的纳什均衡关系。决策过程为首先两个生产商相互独立的决定各自产品的批发价格和服务水平 $w_n s_n$、$w_r s_r$，零售商在此基础上决定两种产品的零售价格 p_n，p_r。计算过程采取逆向运算的方法，过程及结果如下。

（一）零售商的决策过程及结果

零售商决策变量为两种产品的价格 p_i，p_j。令一阶导数为零，则有：

$$\frac{\partial \Pi_s}{\partial p_i}=0 \tag{5.6}$$

$$\frac{\partial \Pi_s}{\partial p_j}=0 \tag{5.7}$$

二阶导数为 $\frac{\partial^2 \Pi_s}{\partial {p_i}^2}=-2\alpha<0$，$\frac{\partial^2 \Pi_s}{\partial {p_j}^2}=-2\alpha<0$，$\frac{\partial^2 \Pi_s}{\partial p_i \partial p_j}=2\beta$。因为 $(-2\alpha)(-2\alpha)-(2\beta)^2=4(\alpha^2-\beta^2)>0$，所以海瑟矩阵始终为负定矩阵，极值始终存在。

根据式（5.6）—式（5.7），可得

$$p_i=\frac{\alpha a_i+\beta a_j}{2(\alpha^2-\beta^2)}+\frac{s_i+w_i}{2} \tag{5.8}$$

$$q_i=\frac{a_i}{2}+\alpha\frac{s_i-w_i}{2}-\beta\frac{s_j-w_j}{2} \tag{5.9}$$

式中，$i=1, 2$，$j=3-i$。

（二）生产商的决策过程及结果

将式（5.8）—式（5.9）代入式（5.3）—式（5.4），则有：

$$\Pi_i=w_i\left(\frac{a_i}{2}+\alpha\frac{s_i-w_i}{2}-\beta\frac{s_j-w_j}{2}\right)-\frac{1}{2}\eta_i s_i^2 \tag{5.10}$$

式中，$i=1$，2，$j=3-i$。

两个生产商的决策变量分别为 w_i，s_i 和 w_j，s_j。一阶导数为：

$$\frac{\partial \Pi_i}{\partial w_i}=0 \tag{5.11}$$

$$\frac{\partial \Pi_i}{\partial s_i}=0 \tag{5.12}$$

二阶导数为 $\frac{\partial^2 \Pi_i}{\partial {w_i}^2}=-\frac{\alpha}{2}$，$\frac{\partial^2 \Pi_i}{\partial {s_i}^2}=-\eta_i$，$\frac{\partial^2 \Pi_i}{\partial w_i \partial s_i}=\frac{\alpha}{2}$，所以当 $2\eta_i-\alpha>0$ 时，海瑟矩阵为负定矩阵，存在极值。

根据式（5.11）—式（5.12），式（5.8）—式（5.10），可得三方最优决策及结果：

$$ {s_i}^{M*}=\alpha\frac{\alpha(4\eta_j-\alpha)a_i+\beta(2\eta_j-\alpha)a_j}{\alpha^2(4\eta_i-\alpha)(4\eta_j-\alpha)-\beta^2(2\eta_i-\alpha)(2\eta_j-\alpha)} \tag{5.13}$$

$$ {w_i}^{M*}=2\eta_i\frac{\alpha(4\eta_j-\alpha)a_i+\beta(2\eta_j-\alpha)a_j}{\alpha^2(4\eta_i-\alpha)(4\eta_j-\alpha)-\beta^2(2\eta_i-\alpha)(2\eta_j-\alpha)} \tag{5.14}$$

$$ {q_i}^{M*}=\alpha\eta_i\frac{\alpha(4\eta_j-\alpha)a_i+\beta(2\eta_j-\alpha)a_j}{\alpha^2(4\eta_i-\alpha)(4\eta_j-\alpha)-\beta^2(2\eta_i-\alpha)(2\eta_j-\alpha)} \tag{5.15}$$

$$ {p_i}^{M*}=\frac{\alpha[3\eta_i\alpha^2(4\eta_j-\alpha)-\beta^2(6\eta_i\eta_j+\eta_j\alpha-2\eta_i\alpha)]a_i}{(\alpha^2-\beta^2)[\alpha^2(4\eta_i-\alpha)(4\eta_j-\alpha)-\beta^2(2\eta_i-\alpha)(2\eta_j-\alpha)]}+\frac{\beta[\alpha^2(10\eta_i\eta_j-\eta_j\alpha-3\eta_i\alpha)-2\beta^2\eta_i(2\eta_j-\alpha)]a_j}{(\alpha^2-\beta^2)[\alpha^2(4\eta_i-\alpha)(4\eta_j-\alpha)-\beta^2(2\eta_i-\alpha)(2\eta_j-\alpha)]} \tag{5.16}$$

$$ {\Pi_i}^{M*}=\frac{4\eta_i-\alpha}{2}\alpha\eta_i\left[\frac{\alpha(4\eta_j-\alpha)a_i+\beta(2\eta_j-\alpha)a_j}{\alpha^2(4\eta_i-\alpha)(4\eta_j-\alpha)-\beta^2(2\eta_i-\alpha)(2\eta_j-\alpha)}\right]^2 \tag{5.17}$$

$$ {\Pi_s}^{M*}=\alpha^2\sum_{i=1}^{2}\eta_i\frac{\alpha(4\eta_j-\alpha)a_i+\beta(2\eta_j-\alpha)a_j}{\alpha^2-\beta^2}\frac{[\alpha^2\eta_i(4\eta_j-\alpha)-\beta^2\eta_j(2\eta_i-\alpha)]a_i+\alpha\beta(6\eta_i\eta_j-\eta_j\alpha-\eta_i\alpha)a_j}{[\alpha^2(4\eta_i-\alpha)(4\eta_j-\alpha)-\beta^2(2\eta_i-\alpha)(2\eta_j-\alpha)]^2} \tag{5.18}$$

二　参数分析

此处运用参数分析的方法研究当市场容量和服务成本发生改变时，

企业的决策和结果的变化。与第三章类似，为便于分析，此处做出以下假设：

假设 5.1：两个生产商的经营规模和实力相似，即 $a_i = a_j = a$，$\eta_i = \eta_j = \eta$。

假设 5.2：α 相对 β 较大，且 $\alpha^2 \gg \beta^2$。

此两处假设与第三章类似，不再赘述。

（一）市场容量 a_i

命题 5.1：$\frac{\partial s_i^{M*}}{\partial a_i} > \frac{\partial s_j^{M*}}{\partial a_i} > 0$，$\frac{\partial w_i^{M*}}{\partial a_i} > \frac{\partial w_j^{M*}}{\partial a_i} > 0$，$\frac{\partial q_i^{M*}}{\partial a_i} > \frac{\partial q_j^{M*}}{\partial a_i} > 0$，$\frac{\partial \Pi_i^{M*}}{\partial a_i} > \frac{\partial \Pi_j^{M*}}{\partial a_i} > 0$，即随着产品市场容量增加，产品和替代品的服务水平、批发价格、需求量和利润都是增加的，但替代品增加幅度较小。

对于企业 i 本身来说，其产品市场容量增加，意味着有更多的顾客需求，所以企业可以提高产品价格，同时为了保证需求还适当增加服务水平，最终需求和利润都会增加。因此企业非常希望这种情况的发生。在现实中，很多企业通过加强宣传、投放广告等方式增加产品的市场容量。

对于替代品企业 j 来说，i 产品市场容量增加，企业 j 反而因此获利，即存在正的溢出效应。这似乎与常理相悖。这是因为一方面 i 产品价格大幅上涨会使部分顾客转而选择 j 产品，另一方面 i 产品有时很难全部占据所有的新增市场，企业 j 会占有剩余少部分市场。因此企业 j 也会小幅地增加价格和服务水平，其需求和利润也略有增加，但是其幅度小于企业 i。当然在理论上增加替代品的市场容量会对企业本身有利，但是竞争对手会因此受益更多，企业的竞争力也会因此相对下降，所以现实中没有企业会帮助替代品扩大市场容量。

命题 5.2：$\frac{\partial p_i^{M*}}{\partial a_i} > \frac{\partial p_j^{M*}}{\partial a_i} > 0$，$\frac{\partial \Pi_s^{M*}}{\partial a_i} > 0$，即随着产品市场容量增加，产品和替代品的零售价格都有所增加，零售商的利润也会随之增加。

对于零售商来说，虽然批发价格增加，但是零售价格也随之增加，所以零售商在价格上没有损失。服务水平提升又导致需求量增加，所以零售商的利润也在增加。

在现实中，零售商和生产商合作扩大市场容量的情形是经常出现的。如国美电器和一些知名家电制造商如海尔、格力等联合做广告，沃尔玛与某些百货类产品生产商共同合作促销，麦德龙帮助供货商分析市场、降低成本。这些做法不仅增加了产品的市场容量使双方受益，也提升了零售商的知名度和信誉。因此，零售商和生产商的合作是有很大的空间的。

（二）服务成本 η_i

命题 5.3：$\frac{\partial s_i^{M*}}{\partial \eta_i}<0$，$\frac{\partial w_i^{M*}}{\partial \eta_i}<0$，$\frac{\partial q_i^{M*}}{\partial \eta_i}<0$，$\frac{\partial \Pi_i^{M*}}{\partial \eta_i}<0$；$\frac{\partial s_j^{M*}}{\partial \eta_i}>0$，$\frac{\partial w_j^{M*}}{\partial \eta_i}>0$，$\frac{\partial q_j^{M*}}{\partial \eta_i}>0$，$\frac{\partial \Pi_j^{M*}}{\partial \eta_i}>0$；即随着产品服务成本降低，产品的服务水平、批发价格、需求量和利润都提高，而替代品的服务水平、批发价格、需求量和利润都降低。

该命题说明，服务成本降低对企业经营有促进作用。因为低服务成本意味着企业可以提供更高水平的服务，因而可以提高价格，并使需求量和利润增加。在现实中，许多企业会采用优化流程、改进技术、采用先进设备等方式提高服务效率，降低服务成本，从而为企业带来更多的效益。

替代产品服务成本降低对企业有负的溢出效应。替代品因为成本降低而变得更具有竞争力，但由于总的市场容量没有改变，导致产品被替代品抢走部分市场份额，挤压利润空间。在这种情境下，企业只能采取保守策略，降低服务水平以节省成本，降低价格刺激需求，即产品走低端路线，最终利润减少。

由此可以看出，该命题与命题 5.1 有所不同。拓展市场是“双赢”的策略，等同于把“蛋糕”做大，对双方都有好处，所以存在一定的合作可能。但是企业内部效率提升是单赢的策略，等同于蛋糕的重新分配，优秀的企业可以借此获取更多的利润，而水平较低的企业则只能遭受损失，体现了优胜劣汰。所以企业一方面会尽可能地降低本企业的服务成本，另一方面不会与替代品企业在此方面展开合作。

命题 5.4：$\frac{\partial p_i^{M*}}{\partial \eta_i}<0$，$\frac{\partial p_j^{M*}}{\partial \eta_i}>0$，$\frac{\partial \Pi_s^{M*}}{\partial \eta_i}<0$，即某一种产品服务成本降低，零售商会提高该产品的价格，而降低替代品价格，但总利润会增加。

该命题说明，零售商同样可以享受产品服务成本降低带来的收益。对于产品本身，虽然批发价格提高，但是由于服务水平提高，所以零售商可以提高零售价格，且需求增加，所以会带来更多的利润。对于替代品，虽然零售价格降低，但批发价格也降低，即零售商把价格损失转移给了制造商。综合来看，产品带来的收益大于替代品带来的损失，所以其总利润增加。

在现实中，广泛存在零售商协助制造商的案例，其中较为典型的是沃尔玛公司。沃尔玛于 2009 年实施了“沃尔玛能效提升项目”，帮助其制造商减少能源成本，同时升级沃尔玛零售链系统，协助制造商降低物流、库存成本。苏宁电器与海尔公司达成战略合作伙伴关系，帮助海尔提高售后服务水平。这些措施都是“双赢”的策略，制造商降低了成本提高了效益，沃尔玛也实现了“天天平价”“高品质服务”的效果，获得了更多的利润。

三　算例分析

在这一部分，本书运用数据算例分析的方法去验证命题 5.1 至命题 5.4，所有的结果都是由 Matlab 软件绘制。设定 $a_i=a_j=400$，$\eta_i=\eta_j=8$，$\alpha=5$，$\beta=2$①。算例分析主要针对利润部分。

（一）市场容量 a_i

产品 i 市场容量增加会使企业 i、企业 j 以及零售商都获得收益，但企业 j 增加的幅度较小，如图 5－2 所示。

（二）服务成本 η_i

随着产品 i 的服务成本增加，Π_i^{M*} 和 Π_s^{M*} 持续减少而 Π_j^{M*} 一直增加，如图 5－3 所示。所以降低服务成本对本企业和零售商有利，但对替代品企业不利。

---

① 本章均采用此组数据。

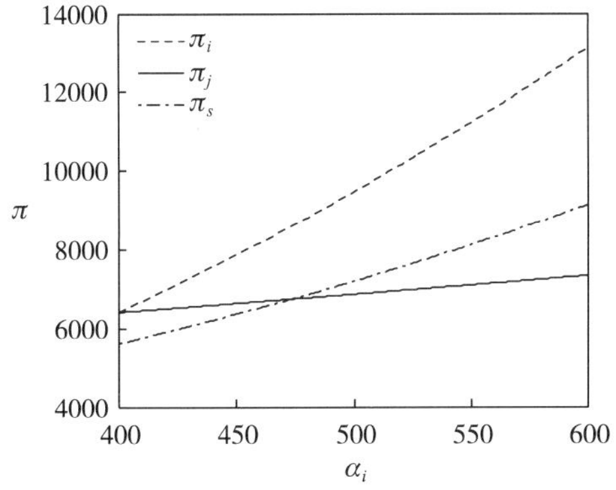

图 5-2　a_i 增加时 Π_i^{M*}、Π_j^{M*} 和 Π_s^{M*} 的变化趋势

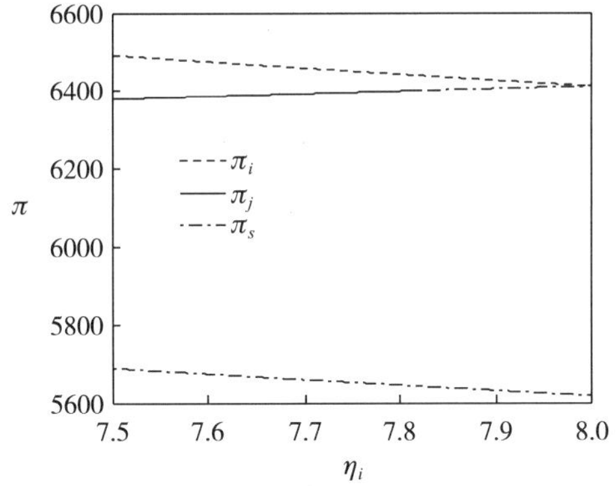

图 5-3　η_i 增加时 Π_i^{M*}，Π_j^{M*} 和 Π_s^{M*} 的变化趋势

第四节　零售商占优势

一　三方决策过程及结果

在此情境中，零售商处于领导者地位，生产商处于跟随者地位。零售商先决定两种产品的零售价格 p_i，p_j，生产商根据零售商的结果再做出价格和服务的决策 w_i，s_i 和 w_j，s_j。计算过程采取逆向计算的方式。

(一) 生产商的决策过程

首先假定零售商已经做出决策 p_i，p_j，在此基础上两个生产商的决策变量分别为 w_i，s_i 和 w_j，s_j。则有：

$$\frac{\partial \Pi_i}{\partial w_i}=0 \tag{5.19}$$

$$\frac{\partial \Pi_i}{\partial s_i}=0 \tag{5.20}$$

$$\frac{\partial \Pi_j}{\partial w_j}=0 \tag{5.21}$$

$$\frac{\partial \Pi_j}{\partial s_j}=0 \tag{5.22}$$

验证海瑟矩阵，二阶导数为 $\frac{\partial^2 \Pi_i}{\partial {w_i}^2}=-2\alpha$，$\frac{\partial^2 \Pi_i}{\partial {s_i}^2}=-\eta_i$，$\frac{\partial^2 \Pi_i}{\partial w_i \partial s_i}=\alpha$，当 $2\eta_i-\alpha>0$ 时，存在极值。

根据式（5.19）—式（5.22）可得：

$$ {s_i}^{S*}=\frac{(\eta_j-\alpha)a_i-\beta a_j-[\alpha(\eta_j-\alpha)+\beta^2]p_i+\beta\eta_j p_j}{(\eta_i-\alpha)(\eta_j-\alpha)-\beta^2} \tag{5.23}$$

$$ {w_i}^{S*}=\frac{\eta_i}{\alpha}\frac{(\eta_j-\alpha)a_i-\beta a_j-[\alpha(\eta_j-\alpha)+\beta^2]p_i+\beta\eta_j p_j}{(\eta_i-\alpha)(\eta_j-\alpha)-\beta^2} \tag{5.24}$$

$$ {q_i}^{S*}=\eta_i\frac{(\eta_j-\alpha)a_i-\beta a_j-[\alpha(\eta_j-\alpha)+\beta^2]p_i+\beta\eta_j p_j}{(\eta_i-\alpha)(\eta_j-\alpha)-\beta^2} \tag{5.25}$$

(二) 零售商的决策

根据生产商的决策结果，反推出零售商的决策。此时 j 的利润函数为 $\Pi_s=\Pi_s$（p_n，$p_r|w_n$，w_r,s_n，s_r）。零售商的决策变量为 p_n，p_r，则有：

$$\frac{\partial \Pi_s}{\partial p_i}=0 \tag{5.26}$$

$$\frac{\partial \Pi_s}{\partial p_j}=0 \tag{5.27}$$

二阶导数为 $\frac{\partial^2 \Pi_s}{\partial {p_i}^2}\approx-\eta_i 2\alpha^2(\eta_j-\alpha)^2(2\eta_i-\alpha)$，$\frac{\partial^2 \Pi_s}{\partial {p_j}^2}\approx-\eta_j 2\alpha^2(\eta_i-\alpha)^2(2\eta_j-\alpha)$，$\frac{\partial^2 \Pi_s}{\partial p_i \partial p_j}\approx\alpha\beta\eta_i\eta_j[(3\eta_j-\alpha)(\eta_i-\alpha)+(3\eta_i-\alpha)(\eta_j-$

$\alpha)]$。

因为 $\alpha^2 \gg \beta^2$，所以 $4\eta^2\alpha^2(\eta-\alpha)^2[\alpha^2(2\eta-\alpha)^2(\eta-\alpha)^2-\beta^2\eta^2(3\eta-\alpha)^2]>0$，极值始终存在。

根据式（5.26）—式（5.27），可得：

$$p_i^{S*}=\frac{L_iC_j+L_jD}{C_iC_j-D^2}$$

式中，$T=(\eta_i-\alpha)(\eta_j-\alpha)-\beta^2$，$B_i=\alpha(\eta_j-\alpha)+\beta^2$，$A_i=(\eta_j-\alpha)a_i-\beta a_j$，

$L_i=\eta_i[(\alpha T+2\beta_i\eta_i)A_i-2\beta\eta_j^2A_j]$，$C_i=2\eta_i(\alpha TB_i+2B_i^2\eta_i+\beta^2\eta_j^2\eta_i)$

$D=\beta[(\eta_j+\eta_i)\alpha T+2\eta_j\eta_i(B_i+B_j)]$

根据假设 5.2，$\alpha^2\gg\beta^2$。为简化分析，令 $\beta^2\approx0$。则有：

$$p_i^{S*}=\frac{(3\eta_i-\alpha)}{2\alpha(2\eta_i-\alpha)}a_i-\beta N_ja_j \tag{5.28}$$

式中，$N_j=\frac{[\alpha(3\eta_i-\alpha)(\eta_j-\alpha)+2\eta_j^2(\eta_i-\alpha)]}{2\alpha^2(\eta_j-\alpha)^2(2\eta_i-\alpha)}+\frac{\eta_j(3\eta_j-\alpha)[(3\eta_i-\alpha)(\eta_j-\alpha)+(3\eta_j-\alpha)(\eta_i-\alpha)]}{4\alpha^2(\eta_j-\alpha)^2(2\eta_i-\alpha)(2\eta_j-\alpha)}$

代入式（5.23）—式（5.25），可得生产商的最优决策及结果：

$$s_i^{S*}=\frac{a_i}{2(2\eta_i-\alpha)}+\beta M_ja_j \tag{5.29}$$

式中，$M_j=\frac{(3\eta_j-2\alpha)}{2\alpha(2\eta_i-\alpha)(2\eta_j-\alpha)}+\frac{\alpha}{\eta_i-\alpha}N_j$

$$w_i^{S*}=\frac{\eta_i}{\alpha}\left[\frac{a_i}{2(2\eta_i-\alpha)}+\beta M_ja_j\right] \tag{5.30}$$

$$q_i^{S*}=\eta_i\left[\frac{a_i}{2(2\eta_i-\alpha)}+\beta M_ja_j\right] \tag{5.31}$$

$$\Pi_i^{S*}=\frac{2\eta_i-\alpha}{2\alpha}\eta_i\left[\frac{a_i}{2(2\eta_i-\alpha)}+\beta M_ja_j\right]^2 \tag{5.32}$$

$$\Pi_s^{S*}=\sum_{i=1}^{2}\eta_i\left\{\frac{a_i}{2\alpha}-\beta\left[\frac{\eta_i(2\eta_j-\alpha)}{2\alpha^2(2\eta_i-\alpha)(3\eta_j-2\alpha)}+\frac{2\eta_i-\alpha}{\eta_i-\alpha}N_j\right]a_j\right\}$$

$$\left[\frac{a_i}{2(2\eta_i - \alpha)} + \beta M_j a_j\right] \tag{5.33}$$

二　参数分析

（一）市场容量 a_i

命题 5.5：$\frac{\partial s_i^{S*}}{\partial a_i} > \frac{\partial s_j^{S*}}{\partial a_i} > 0$，$\frac{\partial w_i^{S*}}{\partial a_i} > \frac{\partial w_j^{S*}}{\partial a_i} > 0$，$\frac{\partial q_i^{S*}}{\partial a_i} > \frac{\partial q_j^{S*}}{\partial a_i} > 0$，$\frac{\partial \Pi_i^{S*}}{\partial a_i} > \frac{\partial \Pi_j^{S*}}{\partial a_i} > 0$，即随着产品市场容量增加，产品和替代品的服务水平、批发价格、需求量和利润都是增加的。

该命题与命题 5.1 类似，产品市场容量的增加，会使企业提高服务水平，增加价格，且销售量和利润都变大，企业希望这种情况的发生。同时替代品企业也会因为正的溢出效应获得收益。

命题 5.6：$\frac{\partial p_i^{S*}}{\partial a_i} > 0$，$\frac{\partial \Pi_s^{S*}}{\partial a_i} > 0$。当 $\eta < \alpha$ 时，$\frac{\partial p_i^{S*}}{\partial a_i} > \frac{\partial p_j^{S*}}{\partial a_i} > 0$；当 $\eta > \alpha$ 时，$\frac{\partial p_j^{S*}}{\partial a_i} < 0$。

该命题与命题 5.2 略有不同。产品市场容量增加可以使零售商提高零售价格。当服务成本较低时（$\eta < \alpha$），替代品可以适当增加服务水平，所以使零售价格略有上涨；当服务成本较高时（$\eta > \alpha$），替代品只能少量增加服务水平，加之受到产品影响，反而要少量降低价格。但总体来看，零售商还是会因此而受益。

（二）服务成本 η_i

命题 5.7：$\frac{\partial s_i^{S*}}{\partial \eta_i} < 0$，$\frac{\partial w_i^{S*}}{\partial \eta_i} < 0$，$\frac{\partial q_i^{S*}}{\partial \eta_i} < 0$，$\frac{\partial \Pi_i^{S*}}{\partial \eta_i} < 0$；$\frac{\partial s_j^{S*}}{\partial \eta_i} > 0$，$\frac{\partial w_j^{S*}}{\partial \eta_i} > 0$，$\frac{\partial q_j^{S*}}{\partial \eta_i} > 0$，$\frac{\partial \Pi_j^{S*}}{\partial \eta_i} > 0$；即随着服务成本降低，企业的服务水平、批发价格、需求量和利润提高，替代品的服务水平、批发价格、需求量和利润降低。

该命题与命题 5.3 类似，产品服务成本降低，说明企业的效率提高，企业因此会提高服务水平和价格，获得更多的需求和利润，即产品走高端路线。由于市场容量没有改变，所以产品服务成本单方面降低对替代品有负的溢出效应。

命题5.8：$\frac{\partial p_i^{S*}}{\partial \eta_i}<0$，$\frac{\partial p_j^{S*}}{\partial \eta_i}>0$，$\frac{\partial \Pi_s^{S*}}{\partial \eta_i}<0$，即产品服务成本降低，零售商会提高该产品的价格，而降低替代品价格，但总利润会增加。

该命题与命题5.4类似，说明零售商同样可以享受产品服务成本降低带来的收益，此处不再赘述。

三　算例分析

（一）市场容量 a_i

产品 i 市场容量增加会使企业 i，企业 j 以及零售商都获得收益，但企业 j 增加的幅度较小，如图5－4所示。

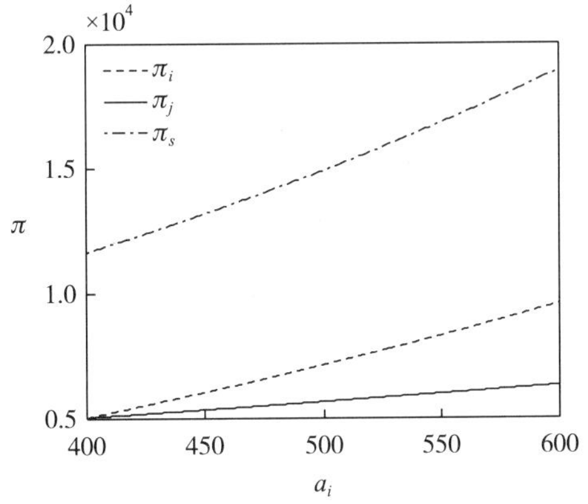

图5－4　a_i 增加时 Π_i^{S*}、Π_j^{S*} 和 Π_s^{S*} 的变化趋势

（二）服务成本 η_i

产品 i 的服务成本增加，从图5－5中可以看出，Π_i^{M*} 和 Π_s^{M*} 持续减少而 Π_j^{M*} 一直增加。所以降低服务成本对本企业和零售商有利，但对替代品企业不利。

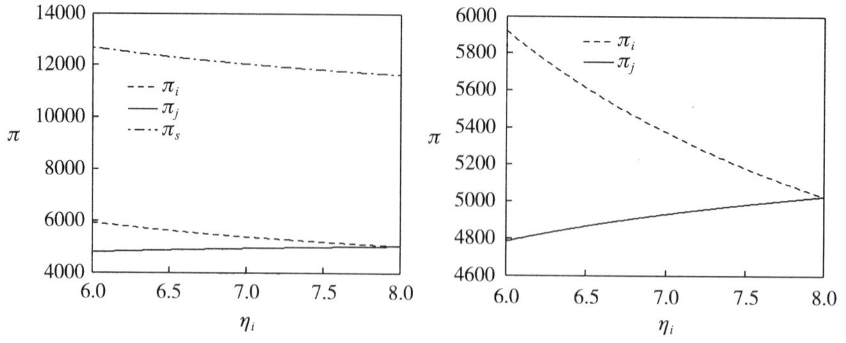

图 5－5　η_i 增加时 Π_i^{S*}、Π_j^{S*} 和 Π_s^{S*} 的变化趋势①

第五节　纳什均衡

一　三方决策过程及结果

在纳什均衡状态下，没有一方占据领导地位，三方拥有相同的实力，同时做决策。三方的决策变量分别为 w_i，s_i，w_j，s_j 和 p_i，p_j，计算过程如下：

生产商的决策变量为 w_i，s_i，w_j，s_j，所以一阶导数为：

$$\frac{\partial \Pi_i}{\partial w_i}=0 \tag{5.34}$$

$$\frac{\partial \Pi_i}{\partial s_i}=0 \tag{5.35}$$

式中，$i=1$，2，$j=3-i$。

二阶导数为 $\frac{\partial^2 \Pi_i}{\partial {w_i}^2}=-2\alpha$，$\frac{\partial^2 \Pi_i}{\partial {s_i}^2}=-\eta_i$，$\frac{\partial^2 \Pi_i}{\partial w_i \partial s_i}=\alpha$，所以当 $2\eta_i-\alpha>0$ 时存在极值。

零售商的决策变量为 p_i，p_j，一阶导数为：

① 为便于观察，右图只有 Π_i^{S*}、Π_j^{S*} 两个变量的变化趋势，两个图的参数设定和取值范围一致，下同。

$$\frac{\partial \Pi_s}{\partial p_i}=0 \tag{5.36}$$

$$\frac{\partial \Pi_s}{\partial p_j}=0 \tag{5.37}$$

二阶导数为$\frac{\partial^2 \Pi_s}{\partial p_i^{\,2}}=-2\alpha<0$，$\frac{\partial^2 \Pi_s}{\partial p_j^{\,2}}=-2\alpha<0$，$\frac{\partial^2 \Pi_s}{\partial p_i \partial p_j}=2\beta$，因为$(-2\alpha)(-2\alpha)-(2\beta)^2=4(\alpha^2-\beta^2)>0$，所以极值始终存在。

综上所述，当 $2\eta_i-\alpha>0$ 时存在极值。根据式（5.34）—式（5.37），可得：

$$s_i^{N*}=\alpha\frac{\alpha(3\eta_j-\alpha)a_i+\beta(\eta_j-\alpha)a_j}{\alpha^2(3\eta_i-\alpha)(3\eta_j-\alpha)-\beta^2(\eta_i-\alpha)(\eta_j-\alpha)} \tag{5.38}$$

$$w_i^{N*}=\eta_i\frac{\alpha(3\eta_j-\alpha)a_i+\beta(\eta_j-\alpha)a_j}{\alpha^2(3\eta_i-\alpha)(3\eta_j-\alpha)-\beta^2(\eta_i-\alpha)(\eta_j-\alpha)} \tag{5.39}$$

$$q_i^{N*}=\alpha\eta_i\frac{\alpha(3\eta_j-\alpha)a_i+\beta(\eta_j-\alpha)a_j}{\alpha^2(3\eta_i-\alpha)(3\eta_j-\alpha)-\beta^2(\eta_i-\alpha)(\eta_j-\alpha)} \tag{5.40}$$

$$p_i^{N*}=\frac{\alpha[2\eta_i\alpha^2(3\eta_j-\alpha)-\beta^2(2\eta_i\eta_j+\eta_j\alpha-\eta_i\alpha)]a_i+\beta[\alpha^2(5\eta_i\eta_j-\eta_j\alpha-2\eta_i\alpha)-\beta^2\eta_i(\eta_j-\alpha)]a_j}{(\alpha^2-\beta^2)[\alpha^2(3\eta_i-\alpha)(3\eta_j-\alpha)-\beta^2(\eta_i-\alpha)(\eta_j-\alpha)]} \tag{5.41}$$

$$\Pi_i^{N*}=\frac{2\eta_i-\alpha}{2}\alpha\eta_i\left[\frac{\alpha(3\eta_j-\alpha)a_i+\beta(\eta_j-\alpha)a_j}{\alpha^2(3\eta_i-\alpha)(3\eta_j-\alpha)-\beta^2(\eta_i-\alpha)(\eta_j-\alpha)}\right]^2 \tag{5.42}$$

$$\Pi_s^{N*}=\alpha^2\sum_{i=1}^{2}\eta_i\frac{[\alpha^2\eta_i(3\eta_j-\alpha)-\beta^2\eta_j(\eta_i-\alpha)]a_i+\alpha\beta(4\eta_i\eta_j-\eta_j\alpha-\eta_i\alpha)]a_j}{[\alpha^2(3\eta_i-\alpha)(3\eta_j-\alpha)-\beta^2(\eta_i-\alpha)(\eta_j-\alpha)]^2}\frac{\alpha(3\eta_j-\alpha)a_i+\beta(\eta_j-\alpha)a_j}{(\alpha^2-\beta^2)} \tag{5.43}$$

二 参数分析

（一）市场容量 a_i

命题5.9：$\frac{\partial s_i^{N*}}{\partial a_i}>0$，$\frac{\partial w_i^{N*}}{\partial a_i}>0$，$\frac{\partial q_i^{N*}}{\partial a_i}>0$，$\frac{\partial \Pi_i^{N*}}{\partial a_i}>0$，即随着产品市场容量增加，产品的服务水平、批发价格、需求量和利润都是增加

的。当 $\eta_i-\alpha>0$，$\frac{\partial s_i^{N*}}{\partial a_i}>\frac{\partial s_j^{N*}}{\partial a_i}>0$，$\frac{\partial w_i^{N*}}{\partial a_i}>\frac{\partial w_j^{N*}}{\partial a_i}>0$，$\frac{\partial q_i^{N*}}{\partial a_i}>\frac{\partial q_j^{N*}}{\partial a_i}>0$，$\frac{\partial \Pi_i^{N*}}{\partial a_i}>\frac{\partial \Pi_j^{N*}}{\partial a_i}>0$；当 $\eta_i-\alpha<0$，$\frac{\partial s_j^{N*}}{\partial a_i}<0$，$\frac{\partial w_j^{N*}}{\partial a_i}<0$，$\frac{\partial q_j^{N*}}{\partial a_i}<0$，$\frac{\partial \Pi_j^{N*}}{\partial a_i}<0$，即服务成本较高时，替代品的服务水平、批发价格、需求量和利润也会增加的，但服务成本较低时，则会减少。

产品的变化趋势与命题5.1和命题5.5类似。市场容量增加，可以使企业提高服务水平从而增加需求，通过提高价格获取更多的利润。因此，企业希望这种情况的发生。

此命题结论同样说明替代品之间存在溢出效应，但替代品的变化趋势与命题5.1和命题5.5略有不同。若产品服务成本较高（$\eta_i>\alpha$），该产品市场份额的增加不仅使产品本身的利润增加，而且能够为替代品带来利润。因为高服务成本意味着产品不能较大幅度地提高服务水平，无法完全占有新增的市场份额，替代品能够占有剩余的少量市场，因而利润会少量地增加。若产品服务成本较低（$\eta_i<\alpha$），则会对替代品产生抑制作用。因为低服务成本可以使企业采取较高的服务水平，不仅占有了全部新增市场，还会挤占替代品原有的市场，从而使其利润减少。

命题5.1和命题5.4中生产商处于优势或劣势地位，所以两个生产商倾向于合作，共同开发市场共同受益。但是此时参与三方实力均衡，所以彼此间的竞争开始加剧，出现了双方相互制约的情况。

命题5.10：$\frac{\partial p_i^{N*}}{\partial a_i}>0$，$\frac{\partial \Pi_s^{N*}}{\partial a_i}>0$。当 $5\eta-3\alpha>0$ 时，$\frac{\partial p_i^{N*}}{\partial a_i}>\frac{\partial p_j^{N*}}{\partial a_i}>0$；当 $5\eta-3\alpha<0$ 时，$\frac{\partial p_j^{N*}}{\partial a_i}<0$。

对于零售商来说，产品市场容量增加，虽然批发价格会增长，但是零售价也会随着增加。而且由于服务水平提高，所以使需求增加从而利润增长。根据命题5.9可知，当服务成本较高时，替代品会增加批发价格，所以零售价格也随着提升；反之，若服务成本较低，替代品批发价格下降使零售价格也下降。

从总利润来看，该命题与命题5.2和命题5.6相同。零售商与生产商存在较大的合作空间，双方愿意共同把蛋糕做大，从而获取收益。

（二）服务成本 η_i

命题5.11：$\frac{\partial s_i^{N*}}{\partial \eta_i}<0$，$\frac{\partial w_i^{N*}}{\partial \eta_i}<0$，$\frac{\partial q_i^{N*}}{\partial \eta_i}<0$，$\frac{\partial \Pi_i^{N*}}{\partial \eta_i}<0$；$\frac{\partial s_j^{N*}}{\partial \eta_i}>0$，$\frac{\partial w_j^{N*}}{\partial \eta_i}>0$，$\frac{\partial q_j^{N*}}{\partial \eta_i}>0$，$\frac{\partial \Pi_j^{N*}}{\partial \eta_i}>0$；即随着服务成本降低，企业的服务水平、批发价格、需求量和利润都提高，替代品的服务水平、批发价格、需求量和利润都降低。

该命题与命题5.3和命题5.7类似，说明产品服务成本降低对企业经营有促进作用，而替代产品服务成本降低对企业有负的溢出效应，此处不再赘述。

命题5.12：$\frac{\partial p_i^{N*}}{\partial \eta_i}<0$，$\frac{\partial p_j^{N*}}{\partial \eta_i}>0$，$\frac{\partial \Pi_s^{N*}}{\partial \eta_i}<0$，即当产品服务成本降低时，零售商会提高该产品的价格，而降低替代品价格，但总利润会增加。

该命题与命题5.4和命题5.8类似，说明零售商同样可以享受产品服务成本降低带来的收益，此处不再赘述。

三　算例分析

（一）市场容量 a_i

当产品 i 市场容量增长时，从图5－6可以看出，a_i 的增加会使企业 i、企业 j 和零售商都获得收益（此时 $\eta-\alpha>0$）。

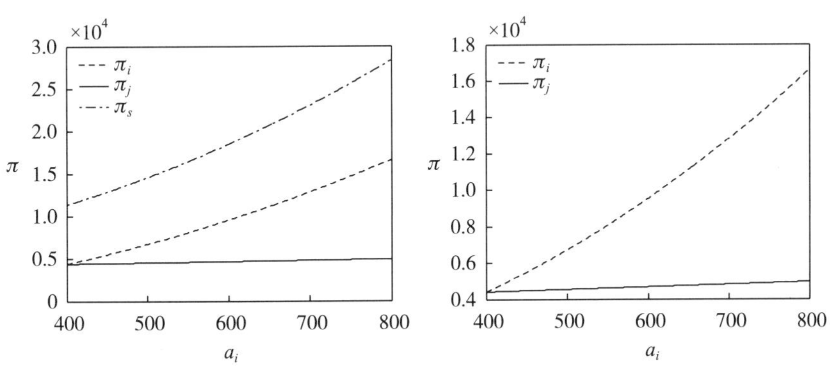

图5－6　a_i 增加时 Π_i^{N*}、Π_j^{N*} 和 Π_s^{N*} 的变化趋势

（二）服务成本 η_i

当产品 i 的服务成本 η_i 增加时，从图 5－7 中可以看出，Π_i^{M*} 和 Π_s^{M*} 持续减少而 Π_j^{M*} 增加。所以降低服务成本对本企业和零售商有利，但对替代品企业不利。

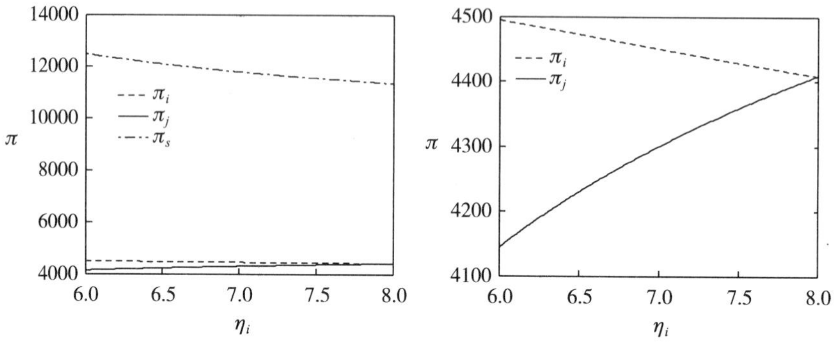

图 5－7　η_i 增加时 Π_i^{N*}、Π_j^{N*} 和 Π_s^{N*} 的变化趋势

第六节　三种情景下的比较

一　生产商各项指标比较

命题 5.13：当 $\eta_i < \alpha$，$s_i^{N*} < s_i^{M*} < s_i^{S*}$，$w_i^{S*} < w_i^{N*} < w_i^{M*}$，$q_i^{M*} < q_i^{N*} < q_i^{S*}$，$\Pi_i^{S*} < \Pi_i^{N*} < \Pi_i^{M*}$；当 $\alpha < \eta_i$，$s_i^{M*} < s_i^{S*} < s_i^{N*}$，$w_i^{N*} < w_i^{S*} < w_i^{M*}$，$q_i^{M*} < q_i^{S*} < q_i^{N*}$，$\Pi_i^{N*} < \Pi_i^{S*} < \Pi_i^{M*}$。

当生产商处于优势地位时，会采取最低的服务水平，最高的批发价格，虽然需求量最低，但是可以获得最多的利润。一般说来，处于优势地位的一方都会采取此类措施。但这种措施是损害消费者利益的，消费者只能以较高的价格享受到较低的服务。

零售商占优和纳什均衡两种状态下的决策变量比较则与服务成本有关。因为生产商和零售商实力对比除了情境外，还受到两个因素的影响。首先市场上存在两个生产商但只有一个零售商，生产商之间不可避免地会相互竞争，零售商因此而得利，所以零售商先天处于博弈的优势地位。其次服务成本是由生产商承担的，而服务水平直接影响产品需求。当服务成本较低时（$\eta_i < \alpha$），生产商可以花费较少的资金取得较多的成果，因此在决定服务水平时有一定的优势，可以作为与零售商谈判的工具；当服务成本较高时（$\eta > \alpha$），生产商需要花费较多的投资在服务上，所以在与零售商的博弈中会处于不利的地位。

当服务成本较低时（$\eta_i < \alpha$），两个因素大致抵消。所以纳什均衡状态下，生产商会采取较低的服务水平，较高的批发价格，虽然需求量较低，但是利润却较高。这个结果体现了地位相对较高的参与方的决策方案，符合一般的经济规律。

但是当服务成本较高时（$\eta > \alpha$），两个因素都对零售商有利，零售商处于绝对的优势地位。生产商更加趋向于保守，由于服务成本较高，所以更加倾向于提供低水平的服务。生产商会放弃平等地位，选择成为跟随者，反而能够获取更多的利润（$\Pi_i^{N*} < \Pi_i^{S*}$）。

二　零售商各项指标比较

命题 5.14：当 $\eta_i < \alpha$，$p_i^{M*} < p_i^{N*} < p_i^{S*}$，当 $\alpha < \eta_i$，$p_i^{N*} < p_i^{S*} < p_i^{M*}$；$\Pi_s^{M*} < \Pi_s^{N*} < \Pi_s^{S*}$。

对于零售价格，当服务成本较低时（$\eta_i < \alpha$），如前所述，双方实力相对均衡。在生产商占优势情境下，虽然批发价最高，但是零售价最低，零售商的利润被压缩；在零售商占优势情境下，虽然批发价格最低，但是零售价最高，零售商的利润得到了保障。因此在零售价格决策上，符合双方地位和实力对比。

当服务成本较高时（$\eta > \alpha$），如上所述，零售商处于相对有利地位。零售商会根据批发价格再加上相应的利润来确定零售价格，因此零售价格与批发价格的比较顺序是一致的（$w_i^{N*} < w_i^{S*} < w_i^{M*}$，$p_i^{N*} < p_i^{S*} < p_i^{M*}$）。

在利润方面，零售商在处于优势地位时，能够获得最多的利润；零售商在处于劣势地位时，获得最少的利润。所以，利润大小和其实力是相符的。

三　参与方采取的决策

当生产商占优势时，由于 Π_i^{M*} 最大，所以生产商存在严格占优策略，一定会利用优势地位，采取低服务水平和高批发价格获得最多的利润。而零售商只能以最低的零售价格，获取最少的利润。

当零售商占优势时，由于 Π_s^{S*} 最大，所以零售商存在严格占优策略，同样会利用优势地位，采取最高的零售价格获取最多的利润。而生产商只能以高服务水平和低批发价格，获得最少的利润。

当处于纳什均衡状态时，双方的决策与服务成本相关。当服务成本较低时（$\eta_i < \alpha$），由于 $\Pi_i^{S*} < \Pi_i^{N*} < \Pi_i^{M*}$ 且 $\Pi_s^{M*} < \Pi_s^{N*} < \Pi_s^{S*}$，所以双方都不可能做出让步，结果只能是保持平等状态。生产商采取中等水平的服务水平和批发价格，获得中等水平的利润；零售商同样也是采取中等水平的零售价格，获得中等水平的利润。

当服务成本较高时（$\eta_i > \alpha$），生产商有两种方案，保持平等状态或放弃平等转为跟随者。双方的收益矩阵如表 5－1 所示。

表 5－1　　双方纳什均衡状态下收益矩阵（$\eta_i > \alpha$）

零售商＼生产商	双方地位平等	作为跟随者
双方地位平等	Π_s^{N*}，Π_i^{N*}	Π_s^{N*}，Π_i^{N*}
作为领导者	Π_s^{N*}，Π_i^{N*}	Π_s^{S*}，Π_i^{S*}

由于 $\Pi_s^{N*} < \Pi_s^{S*}$，$\Pi_i^{N*} < \Pi_i^{S*}$，所以生产商存在占优策略即跟随者，零售商也存在占优策略即领导者，所以最终的结果是（领导者，跟随者），即生产商放弃平等地位转为跟随者，零售商因此成为领导者。零售商采取最高的零售价格获取最多的利润，生产商采取中等水平的服务水平和批发价格，获得中等水平的利润。

第七节　本章小结

本章讨论了市场上存在两个生产商和一个零售商的模型。生产商将产品以批发价格卖给零售商，零售商以零售价格卖给顾客，生产商还直接向顾客提供产品配套服务。本章讨论了在生产商占优势、零售商占优势和纳什均衡三种情境下，三方的价格和服务水平的决策，以及获得销售量和利润，并且对这三种情境下的结果作比较。在此基础上，分析市场容量 a 和服务成本 η 的变化，对三方的决策和结果的影响。

随着产品市场容量增加，生产商产品的服务水平、批发价格、需求量和利润都是增加的，替代品同样也会小幅度增加（在纳什均衡状态下，当服务成本较低时则有小幅减少）。零售商的产品零售价格和总利润也会增加，而替代品的零售价格与服务成本相关，这体现了较强的正溢出效应。

随着产品服务成本降低，生产商的服务水平、批发价格、需求量和利润都提高，替代品的服务水平、批发价格、需求量和利润都降低。零售商会提高该产品的零售价格，而降低替代品零售价格，但总利润会增加，这体现了产品与替代品竞争而与零售商合作的关系。

在三种情境对比方面，当生产商占优势时，生产商采取低服务水平和高批发价格获得最多的利润；而零售商只能以低的零售价格，获取最少的利润。当零售商占优势时，零售商采取高零售价格获取最多的利润；而生产商只能以高服务水平和低批发价格，获得最少的利润。

当处于纳什均衡状态，双方的决策与服务成本相关。当服务成本较低时，双方保持平等状态，会采取中等水平的服务水平、批发价格和零售价格，且都获得中等水平的利润。当服务成本较高时，生产商放弃平等地位转为跟随者获取中等水平的利润，零售商也乐意成为领导者，从而获取较多的利润。

第八节　附录3：本章命题证明

命题5.1至命题5.2：

因为 $\alpha>\beta$，$4\eta-\alpha>2\eta-\alpha>0$，

所以 $\frac{\partial s_i^{M*}}{\partial a_i}>\frac{\partial s_j^{M*}}{\partial a_i}>0$，$\frac{\partial w_i^{M*}}{\partial a_i}>\frac{\partial w_j^{M*}}{\partial a_i}>0$，$\frac{\partial \Pi_i^{M*}}{\partial a_i}>\frac{\partial \Pi_j^{M*}}{\partial a_i}>0$。

由于 $\alpha^2 \gg \beta^2$，$p_i^{M*} \approx \dfrac{\alpha 3\eta_i(4\eta_j-\alpha)a_i+\beta(10\eta_i\eta_j-\eta_j\alpha-3\eta_i\alpha)a_j}{\alpha^2(4\eta_i-\alpha)(4\eta_j-\alpha)}$。

因为 $\alpha>\beta$，$3\eta(4\eta-\alpha)=12\eta^2-3\eta\alpha>10\eta^2-4\eta\alpha=2\eta^2+2\eta(2\eta-\alpha)>0$，

所以$\dfrac{\partial p_i^{M*}}{\partial a_i}>\dfrac{\partial p_j^{M*}}{\partial a_i}>0$。

$$\Pi_s^{M*} \approx \eta_i \frac{[\alpha\eta_i(4\eta_j-\alpha)a_i+\beta(6\eta_i\eta_j-\eta_j\alpha-\eta_i\alpha)a_j][\alpha(4\eta_j-\alpha)a_i+\beta(2\eta_j-\alpha)a_j]}{\alpha^3[(4\eta_i-\alpha)(4\eta_j-\alpha)]^2}+$$
$$\eta_j \frac{[\alpha\eta_j(4\eta_i-\alpha)a_j+\beta(6\eta_i\eta_j-\eta_j\alpha-\eta_i\alpha)a_i][\alpha(4\eta_i-\alpha)a_j+\beta(2\eta_i-\alpha)a_i]}{\alpha^3[(4\eta_i-\alpha)(4\eta_j-\alpha)]^2}$$

因为 $6\eta_i\eta_j-\eta_j\alpha-\eta_i\alpha=6\eta^2-2\eta\alpha=2\eta^2+2\eta(2\eta-\alpha)>0$，

所以$\dfrac{\partial \Pi_s^{M*}}{\partial a_i}>0$，$\dfrac{\partial \Pi_s^{M*}}{\partial a_j}>0$。

命题 5.3 至命题 5.4：

因为 $s_i^{M*} \approx \dfrac{a_i}{4\eta_i-\alpha}+\dfrac{\beta a_j}{\alpha(4\eta_i-\alpha)}\left(\dfrac{1}{2}-\dfrac{1}{2}\dfrac{1}{4\eta_j-\alpha}\right)$，所以$\dfrac{\partial s_i^{M*}}{\partial \eta_i}<0$，$\dfrac{\partial s_j^{M*}}{\partial \eta_i}>0$。

同理$\dfrac{\partial q_i^{M*}}{\partial \eta_i}<0$，$\dfrac{\partial q_j^{M*}}{\partial \eta_i}>0$。

$w_i^{M*} \approx 2\dfrac{\alpha(4\eta_j-\alpha)a_i+\beta(2\eta_j-\alpha)a_j}{\alpha^2\left(4-\dfrac{\alpha}{\eta_i}\right)(4\eta_j-\alpha)}$，所以$\dfrac{\partial w_i^{M*}}{\partial \eta_i}<0$，$\dfrac{\partial w_j^{M*}}{\partial \eta_i}>0$。

$p_i^{M*} \approx \dfrac{3a_i}{\alpha\left(4-\dfrac{\alpha}{\eta_i}\right)}+\dfrac{\beta}{\alpha^2}\left[\dfrac{1}{\left(4-\dfrac{\alpha}{\eta_j}\right)}+\dfrac{3}{\left(4-\dfrac{\alpha}{\eta_i}\right)}\dfrac{(2\eta_j-\alpha)}{(4\eta_j-\alpha)}\right]a_j$，所以$\dfrac{\partial p_i^{M*}}{\partial \eta_i}<0$。

$p_i^{M*} \approx \dfrac{3a_i}{\alpha\left(4-\dfrac{\alpha}{\eta_i}\right)}+\dfrac{\beta}{\alpha^2(4\eta_i-\alpha)}\left[3\eta_i-\dfrac{2\eta_i+\alpha}{4-\dfrac{\alpha}{\eta_j}}\right]a_j$，所以$\dfrac{\partial p_j^{M*}}{\partial \eta_i}>0$。

$\Pi_i^{M*} \approx \dfrac{[\alpha(4\eta_j-\alpha)a_i+\beta(2\eta_j-\alpha)a_j]^2}{2\alpha^3(4\eta_j-\alpha)^2\left(4-\dfrac{\alpha}{\eta_i}\right)}$，所以$\dfrac{\partial \Pi_i^{M*}}{\partial \eta_i}<0$。

$$\Pi_i^{M*} \approx \frac{4\eta_i - \alpha}{2}\alpha\eta_i\left[\frac{a_i}{\alpha(4\eta_i - \alpha)} + \frac{\beta a_j}{\alpha(4\eta_i - \alpha)}\left(\frac{1}{2} - \frac{1}{2}\frac{1}{4\eta_j - \alpha}\right)\right]^2，所$$

以$\frac{\partial \Pi_j^{M*}}{\partial \eta_i} > 0$。

$\Pi_s^{M*} \approx \frac{a_i^2}{\alpha\left(4 - \frac{\alpha}{\eta_i}\right)^2} + \frac{a_j^2}{\alpha\left(4 - \frac{\alpha}{\eta_j}\right)^2}$，所以$\frac{\partial \Pi_s^{M*}}{\partial \eta_i} < 0$。

命题 5.5：

因为 $M = \frac{(5\eta^2 - 2\eta\alpha + \alpha^2)(2\eta - \alpha) + \eta(3\eta - \alpha)^2}{2\alpha(\eta - \alpha)^2(2\eta - \alpha)^2} > 0$，且 $\alpha > \beta$，所以命题成立。

命题 5.6：

$$N = \frac{1}{\eta - \alpha}\frac{\alpha(3\eta - \alpha)(2\eta - \alpha) + 2\eta^2(2\eta - \alpha) + \eta(3\eta - \alpha)^2}{2\alpha^2(2\eta - \alpha)^2},$$

式中，$\frac{\alpha(3\eta - \alpha)(2\eta - \alpha) + 2\eta^2(2\eta - \alpha) + \eta(3\eta - \alpha)^2}{2\alpha^2(2\eta - \alpha)^2} > 0$，所以命题成立。

$\Pi_s^{S*} \approx \frac{\eta_i a_i^2}{4\alpha(2\eta_i - \alpha)} + \frac{\eta_j a_j^2}{4\alpha(2\eta_j - \alpha)}$，所以$\frac{\partial \Pi_s^{S*}}{\partial a_i} > 0$，$\frac{\partial \Pi_s^{S*}}{\partial a_j} > 0$。

命题 5.7：

因为 β 相对 α 较小，所以有：

$s_i^{S*} \approx \frac{a_i}{2(2\eta_i - \alpha)}$，$w_i^{S*} \approx \frac{\eta_i a_i}{2\alpha(2\eta_i - \alpha)}$，$q_i^{S*} \approx \frac{\eta_i a_i}{2(2\eta_i - \alpha)}$，

$$\Pi_i^{S*} \approx \frac{\eta_i a_i^2}{8\alpha(2\eta_i - \alpha)}$$

所以命题成立。

$$N_j = \frac{3\eta_i - \alpha}{2\alpha(2\eta_i - \alpha)}\frac{1}{\eta_j - \alpha} + \frac{2(\eta_i - \alpha)}{2\alpha^2(2\eta_i - \alpha)}\frac{\eta_j^2}{(\eta_j - \alpha)^2} +$$

$$\frac{(3\eta_i - \alpha)}{4\alpha^2(2\eta_j - \alpha)}\frac{\eta_j}{\eta_j - \alpha}\frac{3\eta_j - \alpha}{2\eta_i - \alpha} + \frac{\eta_i - \alpha}{4\alpha^2(2\eta_i - \alpha)}\frac{\eta_j}{2\eta_j - \alpha}\frac{(3\eta_j - \alpha)^2}{(\eta_j - \alpha)^2}$$

$\frac{\partial \frac{3\eta_j - \alpha}{2\eta_j - \alpha}}{\partial \eta_j} < 0$，$\frac{\partial \frac{\eta_j}{2\eta_j - \alpha}}{\partial \eta_j} < 0$，$\frac{\partial \frac{\eta_j}{\eta_j - \alpha}}{\partial \eta_j} < 0$，所以$\frac{\partial N_j}{\partial \eta_j} < 0$，$\frac{\partial M_j}{\partial \eta_j} > 0$。

所以命题成立。

命题 5.8：

$$\frac{\partial \frac{3\eta_i-\alpha}{2\eta_i-\alpha}}{\partial \eta_i}<0，\ \frac{\partial p_i^{S*}}{\partial \eta_i}<0；\ \frac{\partial N_j}{\partial \eta_j}<0，\ \frac{\partial p_j^{S*}}{\partial \eta_i}>0$$

$$\Pi_s^{S*}\approx\frac{\eta_i a_i^2}{4\alpha(2\eta_i-\alpha)}+\frac{\eta_j a_j^2}{4\alpha(2\eta_j-\alpha)}，\ \frac{\partial \Pi_s^{S*}}{\partial \eta_i}<0$$

命题 5.10：

$$p_i^{N*}\approx\frac{2\eta_i\alpha(3\eta_j-\alpha)a_i+\beta(5\eta_i\eta_j-\eta_j\alpha-2\eta_i\alpha)a_j}{\alpha^2(3\eta_i-\alpha)(3\eta_j-\alpha)}，\ \frac{\partial p_i^{N*}}{\partial a_i}>0$$

$6\eta_i\eta_j-2\eta_i\alpha>0$ 且 $6\eta_i\eta_j-2\eta_i\alpha>5\eta_i\eta_j-\eta_j\alpha-2\eta_i\alpha$。

当 $5\eta_i\eta_j-\eta_j\alpha-2\eta_i\alpha=\eta(5\eta-3\alpha)>0$，$\frac{\partial p_i^{N*}}{\partial a_i}>\frac{\partial p_j^{N*}}{\partial a_i}>0$

当 $\eta(5\eta-3\alpha)<0$，$\frac{\partial p_j^{N*}}{\partial a_i}<0$

$\Pi_s^{N*}\approx\frac{\eta_i^2 a_i^2}{\alpha(3\eta_i-\alpha)^2}+\frac{\eta_j^2 a_j^2}{\alpha(3\eta_j-\alpha)^2}$，所以$\frac{\partial \Pi_s^{N*}}{\partial a_i}>0$。

命题 5.11 至命题 5.12：

$$s_i^{N*}\approx\frac{a_i}{3\eta_i-\alpha}+\frac{\beta a_j}{\alpha(3\eta_i-\alpha)}\left[\frac{1}{3}-\frac{2\alpha}{3(3\eta_j-\alpha)}\right]，\ \frac{\partial s_i^{N*}}{\partial \eta_i}<0，\ \frac{\partial s_j^{N*}}{\partial \eta_i}>0，$$

同理$\frac{\partial q_i^{N*}}{\partial \eta_i}<0$，$\frac{\partial q_j^{N*}}{\partial \eta_i}>0$。

$$w_i^{N*}\approx\frac{\alpha(3\eta_j-\alpha)a_i+\beta(\eta_j-\alpha)a_j}{\alpha^2\left(3-\frac{\alpha}{\eta_i}\right)(3\eta_j-\alpha)}，\ \frac{\partial w_i^{N*}}{\partial \eta_i}<0$$

$$w_i^{N*}\approx\frac{\eta_i a_i}{\alpha(3\eta_i-\alpha)}+\frac{\beta\eta_i a_j}{\alpha^2(3\eta_i-\alpha)}\left[\frac{1}{3}-\frac{2\alpha}{3(3\eta_j-\alpha)}\right]，\ \frac{\partial w_j^{N*}}{\partial \eta_i}>0$$

$$p_i^{N*}\approx 2\,\frac{\alpha(3\eta_j-\alpha)a_i+\beta(\eta_j-\alpha)a_j}{\alpha^2(3\eta_j-\alpha)}\frac{\eta_i}{(3\eta_i-\alpha)}+\frac{\beta\eta_j a_j}{\alpha^2(3\eta_j-\alpha)}$$

$$\alpha(3\eta_j-\alpha)a_i+\beta(\eta_j-\alpha)a_j>0，\ \frac{\partial p_i^{N*}}{\partial \eta_i}<0$$

$$p_i^{N*}\approx\frac{2\eta_i a_i}{\alpha(3\eta_i-\alpha)}+\frac{2\beta\eta_i a_j}{\alpha^2(3\eta_i-\alpha)}-\frac{\beta\eta_i a_j}{\alpha^2(3\eta_i-\alpha)}\frac{\alpha+\eta_j}{3\eta_j-\alpha}，\ \frac{\partial p_j^{N*}}{\partial \eta_i}>0$$

$$\Pi_i^{N*} \approx \frac{\eta_i(2\eta_i-\alpha)}{(3\eta_i-\alpha)^2}\frac{[\alpha(3\eta_j-\alpha)a_i+\beta(\eta_j-\alpha)a_j]^2}{2\alpha^3(3\eta_j-\alpha)^2},\quad \frac{\partial\Pi_i^{N*}}{\partial\eta_i}<0$$

$$\Pi_i^{N*} \approx \frac{2\eta_i-\alpha}{2\alpha^3(3\eta_i-\alpha)^2}\eta_i\left[\alpha a_i+\frac{\eta_j-\alpha}{3\eta_j-\alpha}\beta a_j\right]^2,\quad \frac{\partial\Pi_j^{N*}}{\partial\eta_i}>0$$

$$\Pi_s^{N*} \approx \frac{\eta_i^2a_i^2}{\alpha(3\eta_i-\alpha)^2}+\frac{\eta_j^2a_j^2}{\alpha(3\eta_j-\alpha)^2},\quad \frac{\partial\Pi_s^{N*}}{\partial\eta_i}>0,\quad \frac{\partial\Pi_s^{N*}}{\partial\eta_j}>0$$

命题5. 13 至命题5. 14：

根据假设，$\alpha>\beta$。这里假定 α 相对 β 较大，所以对结果作简化后比较。

$$s_i^{M*}=\frac{a_i}{4\eta_i-\alpha},\quad s_i^{N*}=\frac{a_i}{3\eta_i-\alpha},\quad s_i^{S*}\approx\frac{a_i}{2(2\eta_i-\alpha)};$$

$$q_i^{M*}=\alpha\eta_i\frac{a_i}{4\eta_i-\alpha}q_i^{N*}=\frac{\eta_ia_i}{3\eta_i-\alpha}q_i^{S*}=\frac{\eta_ia_i}{2(2\eta_i-\alpha)};$$

$$w_i^{M*}=\frac{2\eta_ia_i}{\alpha(4\eta_i-\alpha)}w_i^{N*}=\frac{\eta_ia_i}{\alpha(3\eta_i-\alpha)}w_i^{S*}=\frac{\eta_ia_i}{2\alpha(2\eta_i-\alpha)};$$

$$\Pi_i^{M*}=\frac{\eta_ia_i^2}{2\alpha(4\eta_i-\alpha)}\Pi_i^{N*}=\frac{(2\eta_i-\alpha)\eta_ia_i}{2\alpha(3\eta_i-\alpha)^2}\Pi_i^{S*}=\frac{\eta_ia_i^2}{8\alpha(2\eta_i-\alpha)}。$$

所以当 $\eta_i<\alpha$，$s_i^{M*}<s_i^{N*}<s_i^{S*}$，$w_i^{S*}<w_i^{N*}<w_i^{M*}$，$q_i^{M*}<q_i^{N*}<q_i^{S*}$，$\Pi_i^{S*}<\Pi_i^{N*}<\Pi_i^{M*}$；当 $\alpha<\eta_i$，$s_i^{M*}<s_i^{S*}<s_i^{N*}$，$w_i^{N*}<w_i^{S*}<w_i^{M*}$，$q_i^{M*}<q_i^{S*}<q_i^{N*}$，$\Pi_i^{N*}<\Pi_i^{S*}<\Pi_i^{M*}$。

$$p_i^{M*}=\frac{3\eta_ia_i}{\alpha(4\eta_i-\alpha)}p_i^{N*}=\frac{2\eta_ia_i}{\alpha(3\eta_i-\alpha)}p_i^{S*}\approx\frac{(3\eta_i-\alpha)a_i}{2\alpha(2\eta_i-\alpha)}$$

$$\Pi_s^{M*}=\frac{2\eta_i^2a_i^2}{\alpha(4\eta_i-\alpha)^2}\Pi_s^{N*}=\frac{2\eta_i^2a_i^2}{\alpha(3\eta_i-\alpha)^2}\Pi_s^{S*}=\frac{\eta_ia_i^2}{2\alpha(2\eta_i-\alpha)}$$

当 $\eta_i<\alpha$，$p_i^{M*}<p_i^{N*}<p_i^{S*}$，当 $\alpha<\eta_i$，$p_i^{N*}<p_i^{S*}<p_i^{M*}$；$\Pi_s^{M*}<\Pi_s^{N*}<\Pi_s^{S*}$。

第六章　再制造产品价格和服务的竞争策略

第一节　理论综述

再制造是指为了充分利用资源，部分企业回收旧产品，并将其重新加工恢复原有的使用功能。在市场上，再制造产品会与原有的新产品形成竞争关系，传统企业必须要给予充分的认识，其市场策略必须要做出相应的调整。目前，企业界已经在此方面加强了重视，许多企业已经成立专门的回收物流中心处理此类业务。例如，惠普公司成立了一个部门专门从事废旧产品的回收、再制造和销售。其生产出的再制造产品在性能上几乎可以媲美新产品，而且价格相对较低，并同样提供质保和相关服务。因此，顾客在选择产品时，有时会在这两类产品上做出权衡。

目前，再制造产品经营范围主要集中于机械、汽车、电力、电子等产业。其经营模式主要有三种：

一是由公司设立专业的再制造分厂或全资子公司，一般只从事本公司生产的产品的再制造业务。例如潍柴动力再制造公司，该公司是潍柴动力的全资子公司，只从事潍柴动力产品的再制造业务。在运营中，潍柴动力的销售部门负责回收旧产品，再制造公司进行再制造的研发和生产，再制造产品通过潍柴动力的销售渠道向外销售。由于没有专利纠纷，所以这部分企业发展较快，也是目前国内再制造企业经营最为典型的模式。

二是专业的再制造企业，该类企业不从事新产品的生产，专业从事再制造。例如南京田中机电再制造有限公司，是国家质检总局批准的专业从事旧办公设备再制造的企业。公司生产、销售再制造复印机，并提供相关服务。此类企业一般需要取得原生产企业授权，其产品除保留授权企业商标外，还加注再制造企业商标。

三是混合式，公司设立专业的再制造分厂或全资子公司，不仅从事本公司生产的产品的再制造，还兼营其他品牌的再制造业务。例如卡特彼勒是全球最大的建筑机械和矿用设备制造商，从事再制造已经有40多年的历史。卡特彼勒具有先进的旧件回收系统和核心修复技术等再制造能力，不仅为本公司，而且也对其他产品制造商提供再制造服务。此类企业一般实力较强，无论是新产品还是再制造产品，大多都在行业中处于领先地位。

在现有的文献中，再制造的相关研究主要集中于再制造产品的价格、成本、回收渠道等，而服务作为影响产品需求的一个重要的因素，已经引起了许多人的关注。本书针对前两种经营模式展开。第一种模式为一个垄断市场上有两个生产商，其中一个使用新的原材料生产新产品，另一个收集顾客使用过的旧产品，重新生产出再制造产品，两种产品在功能上基本一样。两个企业在提供产品的同时，为顾客提供相关的服务，并且独立地决定价格和服务水平。第二种模式为市场上只有一家企业，同时从事两类产品生产和销售，并且决定两类产品的价格和服务水平。

第二节　模型及假设

一　生产能力和需求函数

基于现有的文献，本书给出下列基本假设：

假设6.1：顾客购买再制造产品的意愿低于购买新产品。

虽然再制造产品和新产品在功能上几乎是一样的，但是对于普通的消费者来说，不可避免地对再制造产品有心理歧视。在同等价格和服务水平上，绝大多数消费者会选择新产品而非再制造产品。此处定义θ为消费者对再制造产品的接受程度。当$\theta=1$时，顾客完全接受，即认为新产品和再制造产品无差别；当 $\theta=0$ 时，顾客完全不接受，即不会考虑购买再制造产品；通常 $0<\theta<1$。

假设 6.2：生产商有足够的生产能力满足市场的需求。

此假设不考虑企业生产能力的限制。对于新产品，其生产所需原材料可以在市场上无限地购买且生产能力足够大。对于再制造产品来说，其生产所需的原材料（废旧产品），来源可以是多种渠道的，包括新产品生产商上一个销售阶段卖出的产品，其他同类厂商的废旧产品等，能够完全满足生产再制造产品的要求。此外，企业产能不发生变化，单一产品基于价格和服务的需求假设如下：

假设 6.3：在一个市场上，当单一产品的价格降低或服务水平提高，产品的需求会增加，反之则降低。

根据此假设可以得出，当市场只存在新产品时，该产品需求函数为：

$$q_n=a-p_n+s_n \tag{6.1}$$

式中，a 表示市场容量，即当价格为 0 且提供的服务也为 0 时，该产品的需求量；p_n 表示新产品的价格；s_n 表示新产品的服务水平。

当市场同时出现再制造产品时，基于价格的需求函数如下：

$$q_n=a-\frac{p_n-p_r}{1-\theta} \tag{6.2}$$

$$q_r=\frac{\theta p_n-p_r}{\theta(1-\theta)} \tag{6.3}$$

式中，p_r 为再制造产品的价格，θ 为消费者对再制造产品的接受程度，$0<\theta<1$。

本书在此基础上，结合式（6.1）—式（6.3），给出了此情景下的需求函数：

$$q_n=a-\frac{p_n-p_r-s_n+s_r}{1-\theta} \tag{6.4}$$

$$q_r=\frac{\theta p_n-p_r-\theta s_n+s_r}{\theta(1-\theta)} \tag{6.5}$$

式中，s_n，s_r 分别表示新产品和再制造产品的服务水平。

二 成本函数和利润函数

假设 6.4：再制造产品的单位生产成本小于新产品的单位生产

成本。

设定再制造产品的单位生产成本为 c_r，新产品的单位生产成本为 c_n，则有 $c_r < c_n$。此类假设是符合实际情况的。事实上，较低的生产成本是许多企业从事再制造的最主要的原因。相对于新产品，可以节省30%—70%的生产成本。

参考前述章节的假设，服务成本与销售量无关，而与服务水平的平方成正比。则新产品利润函数为：

$$\Pi_n(p_n, s_n) = (p_n - c_n)q_n - \frac{1}{2}\eta s_n^2 \tag{6.6}$$

再制造产品利润为：

$$\Pi_r(p_r, s_r) = (p_r - c_r)q_r - \frac{1}{2}\eta s_r^2 \tag{6.7}$$

三　竞争策略

基于以上假设，本书研究以下三种情景。

1. 纳什均衡（Nash）

两个企业拥有平等的地位，目标是使各自企业的利润最大。

2. 斯塔克尔伯格（Stackelberg）

新产品生产商占据优势地位，处于Stackelberg领导者地位；再制造生产商处于弱势地位，为跟随者。两个企业目标是使各自企业的利润最大。由于再制造产品往往要依附于新产品，所以现实中基本不会存在再制造产品生产商占优势的情况，本书不考虑此类情景。

3. 企业自营（Proprietary）

新产品生产商除了生产新产品，同时也从事再制造产品的生产，目标是使两类产品的利润总和最大。

本书分析参与方的价格和服务水平的决策，以及获得销售量和利润，并对这三种情境下的结果作比较。在此基础上，分析消费者对再制造产品接受程度（θ）的变化，对参与方的决策和结果产生的影响。

第三节　新产品生产商和再制造生产商的竞争策略

该模式的典型代表有日本小松公司和南京钢加工程机械实业有限公

司，日本小松在中国销售全新产品，同时授权南京钢加回收日本小松的旧产品并再制造，再制造产品贴有两个公司的商标。类似的例子还有路虎和卡特彼勒等。设定两个企业拥有完全信息，充分了解双方的成本和需求函数，并可以独立地对产品的价格和服务水平做出决策，而且目标均追求各自的利润最大。

一　纳什均衡情境

（一）双方的决策过程和结果

在纳什均衡状态下，没有一方占据领导地位，双方拥有相同的实力，所以同时做出决策，由于双方的决策变量分别为 p_n，s_n 和 p_r，s_r，计算过程如下：

$$\frac{\partial \Pi_n}{\partial p_n}=0 \tag{6.8}$$

$$\frac{\partial \Pi_n}{\partial s_n}=0 \tag{6.9}$$

$$\frac{\partial \Pi_r}{\partial p_r}=0 \tag{6.10}$$

$$\frac{\partial \Pi_r}{\partial s_r}=0 \tag{6.11}$$

此处验证是否存在极值，求二阶偏导数：

对于新产品，$\frac{\partial^2 \Pi_n}{\partial {p_n}^2}=-\frac{2}{1-\theta}<0$，$\frac{\partial^2 \Pi_n}{\partial {s_n}^2}=-\eta<0$，$\frac{\partial^2 \Pi_n}{\partial p_n \partial s_n}=\frac{1}{1-\theta}$。

其海瑟矩阵$\frac{2}{1-\theta}\eta-\left(\frac{1}{1-\theta}\right)^2>0 \Leftrightarrow 2\eta(1-\theta)>1$。

对于再制造产品，$\frac{\partial^2 \Pi_r}{\partial {p_r}^2}=-\frac{2}{\theta(1-\theta)}<0$，$\frac{\partial^2 \Pi_r}{\partial {s_r}^2}=-\eta<0$，$\frac{\partial^2 \Pi_r}{\partial p_r \partial s_r}=\frac{1}{\theta(1-\theta)}$。

其海瑟矩阵$\frac{2}{\theta(1-\theta)}\eta-\left[\frac{1}{\theta(1-\theta)}\right]^2>0 \Leftrightarrow 2\eta\theta(1-\theta)>1$。

综上所述，当满足 $2\eta\theta(1-\theta)>1$ 时，满足存在极值的条件，存在最优解。

根据式（6.8）—式（6.11），可以得出此情景下的双方最优决策和结果。

$$s_n^{N*}=\frac{[2(1-\theta)\theta\eta-1]a-[(2-\theta)\theta\eta-1]c_n+\theta c_r\eta}{[(2-\theta)\eta-1][(2-\theta)\theta\eta-1]-\theta^2\eta^2}$$

$$s_r^{N*}=\frac{\theta[(1-\theta)\eta-1]a-[(2-\theta)\eta-1]c_r+\theta\eta c_n}{[(2-\theta)\eta-1][(2-\theta)\theta\eta-1]-\theta^2\eta^2}$$

$$p_n^{N*}=(1-\theta)\eta\frac{[2(1-\theta)\theta\eta-1]a-[(2-\theta)\theta\eta-1]c_n+\theta c_r\eta}{[(2-\theta)\eta-1][(2-\theta)\theta\eta-1]-\theta^2\eta^2}+c_n$$

$$p_r^{N*}=\theta(1-\theta)\eta\frac{\theta[(1-\theta)\eta-1]a-[(2-\theta)\eta-1]c_r+\theta\eta c_n}{[(2-\theta)\eta-1][(2-\theta)\theta\eta-1]-\theta^2\eta^2}+c_r$$

$$q_n^{N*}=\eta\frac{[2(1-\theta)\theta\eta-1]a-[(2-\theta)\theta\eta-1]c_n+\theta c_r\eta}{[(2-\theta)\eta-1][(2-\theta)\theta\eta-1]-\theta^2\eta^2}$$

$$q_r^{N*}=\eta\frac{\theta[(1-\theta)\eta-1]a-[(2-\theta)\eta-1]c_r+\theta\eta c_n}{[(2-\theta)\eta-1][(2-\theta)\theta\eta-1]-\theta^2\eta^2}$$

$$\Pi_n^{N*}=\frac{2(1-\theta)\eta-1}{2}\eta\left[\frac{[2(1-\theta)\theta\eta-1]a-[(2-\theta)\theta\eta-1]c_n+\theta c_r\eta}{[(2-\theta)\eta-1][(2-\theta)\theta\eta-1]-\theta^2\eta^2}\right]^2$$

$$\Pi_r^{N*}=\frac{2\theta(1-\theta)\eta-1}{2}\eta\left[\frac{\theta[(1-\theta)\eta-1]a-[(2-\theta)\eta-1]c_r+\theta\eta c_n}{[(2-\theta)\eta-1][(2-\theta)\theta\eta-1]-\theta^2\eta^2}\right]^2$$

（二）θ 变化对各变量的影响

由于设定 θ 在变化，为保证极值始终存在，提出假设 6.5：

假设 6.5：$2\eta\theta$（$1-\theta$）相对于 1 较大，即 η 足够大。

为确保 $s>0$，$p>0$，且便于比较大小，提出假设 6.6。

假设 6.6：a 相对 c_n，c_r 足够大。

此假设适用于本章各种命题。各命题的证明过程见本章附录。

命题 6.1：$\frac{\partial s_n^{N*}}{\partial\theta}>0$，$\frac{\partial s_r^{N*}}{\partial\theta}>0$，即随着顾客对再制造品的接受程度增加，两类产品的服务水平都会提高。

设 $a=1000$，$\eta=20$，$c_n=100$，$c_r=50$，θ 由 0.4 增加到 0.8①，运用 Matlab 做算例分析，如图 6－1 所示。

随着顾客对再制造产品的接受程度上升，新产品和再制造产品趋于一致，两者的市场区分越来越模糊，所以竞争更加激烈。双方均要通过

① 如无特别说明，该组参数适用于本书第六章和第七章。

提高服务水平来刺激需求。

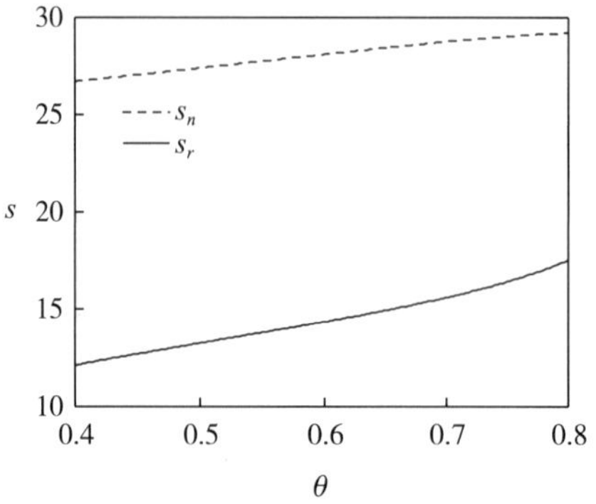

图 6-1 θ 的变化对双方服务水平的影响

命题 6.2：$\frac{\partial p_n^{N*}}{\partial\theta}<0$，即随着顾客对再制造产品的接受程度上升，新产品的价格将会降低。再制造产品价格的变化存在一个拐点 p_r^{N**}，当 $\theta\in(0, p_r^{N**})$，$\frac{\partial p_r^{N*}}{\partial\theta}>0$，当 $\theta\in(p_r^{N**}, 1)$，$\frac{\partial p_r^{N*}}{\partial\theta}<0$，式中 $p_r^{N**}\approx4-2\sqrt{3}$；即随着顾客对再制造产品的接受程度上升，再制造产品的价格呈现先上升后下降的趋势。该命题算例分析如图 6-2 所示。

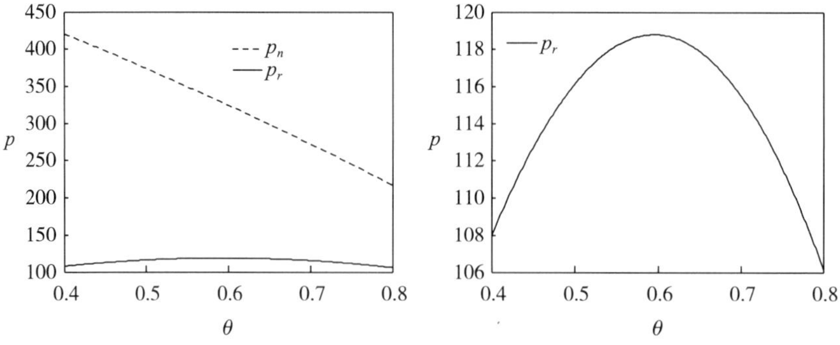

图 6-2 θ 的变化对双方价格的影响①

① 为便于观察，右图只有 p_r^{N**} 的变化趋势，两个图的参数设定和取值范围一致，后文中有部分图形也采取类似方法。

对于新产品，随着顾客对再制造产品的接受程度（θ）上升，两种产品趋于一致，新产品只能通过降低价格来促进销售。所以，θ 的增加对新产品的价格有抑制作用。

对于再制造产品，随着顾客对再制造产品的接受程度（θ）上升，有两个趋势影响其需求。一是随着 θ 上升，顾客越来越认可再制造产品，所以需求量不断增加；二是随着 θ 上升，再制造产品和新产品的市场区分度越来越小，两者趋于一致。从而使两种产品的竞争变得越来越直接和激烈，导致其需求量减少。① 当 θ 较小时（$\theta < p_r^{N**}$），第一个因素起了主导作用，所以面对需求增长，再制造产品可以通过提高价格来获取更多利润；当 θ 较大时（$\theta > p_r^{N**}$），第二个因素起了主导作用，面对需求降低，再制造产品只能通过降低价格来促进销售。

命题 6.3：$\dfrac{\partial q_n^{N*}}{\partial \theta} > 0$，$\dfrac{\partial q_r^{N*}}{\partial \theta} > 0$，即随着顾客对再制造产品的接受程度上升，新产品和再制造产品的销售量均提高。该命题算例分析如图 6－3 所示。

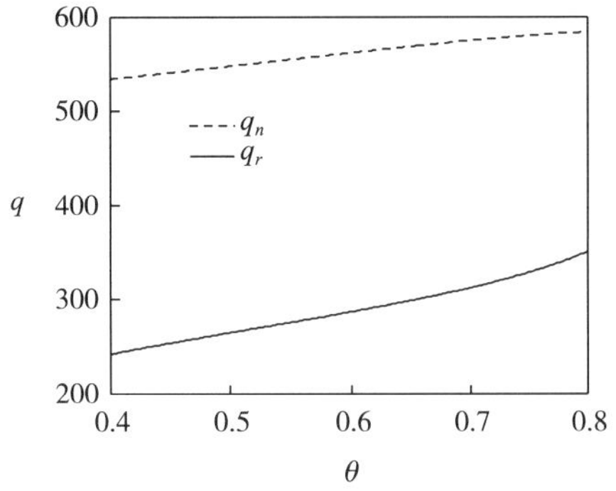

图 6－3　θ 的变化对双方需求量的影响

随着顾客对再制造产品的接受程度（θ）上升，新产品通过提高服

① 由于目前再制造产品的接受程度较低，所以绝大多数产品的 θ（再制造产品的接受程度）尚未到达拐点，在现实中还没有出现再制造产品价格和利润降低的情况。但许多相关文献都已经证明了随着 θ 的增加，新产品和再制造产品彼此之间的影响越来越大。

务水平，降低产品价格，抵消了 θ 增加带来的不利影响，从而使需求量逐渐增加。

再制造产品在 θ 较小时，由于潜在需求量增加，服务水平提高，虽然提高了价格，但是仍然保证需求量在增加；而在 θ 较大时，虽然潜在需求量减少，但是通过降低价格，提高服务水平，也仍然保证了需求量的增加。

命题 6.4：$\frac{\partial \Pi_n^{N*}}{\partial \theta}<0$，即随着顾客对再制造产品的接受程度上升，新产品的利润将会降低；而再制造产品的利润变化存在拐点 Π_r^{N**}，当 $\theta \in (0, \Pi_r^{N**})$ 时，$\frac{\partial \Pi_r^{N*}}{\partial \theta}>0$，当 $\theta \in (\Pi_r^{N**}, 1)$ 时，$\frac{\partial \Pi_r^{N*}}{\partial \theta}<0$，其中 $\Pi_r^{N**} \approx \frac{4}{7}$，即随着顾客对再制造产品的接受程度上升，再制造产品的利润呈现先上升后下降的趋势。该命题算例分析如图 6－4 所示。

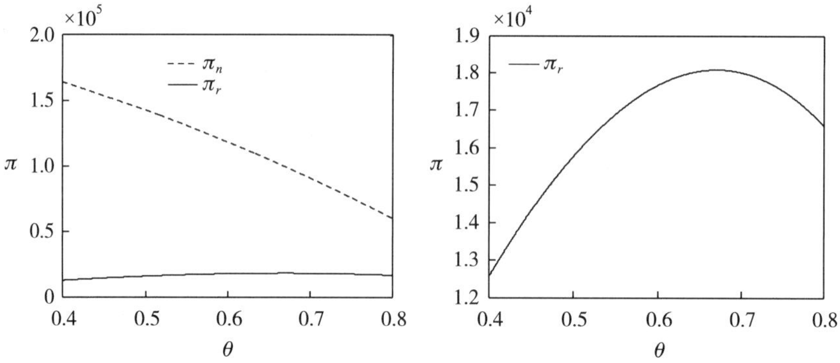

图 6－4　θ 的变化对双方利润的影响

对于新产品，随着顾客对再制造产品的接受程度（θ）上升，虽然销售量逐渐增加，但是由于价格降低，服务水平增加，所以利润还是逐渐降低的。

对于再制造产品，随着顾客对再制造产品的接受程度（θ）上升，在开始阶段，由于价格和销售量的增长，利润不断增加；但是到达拐点（Π_r^{N**}）后，价格逐渐降低，服务成本提高，销售量的少量增加不足以弥补损失，所以利润逐渐降低的。

根据命题6.4可以得出两个生产商对于θ的期望：新产品生产商希望θ越低越好，θ较小意味着顾客对于再制造产品认可度低，从而更多地选择新产品；而且θ较小也表示两者的市场细分更加明确，新产品在市场上更加具有垄断性，从而可以以较高的价格和较低的服务水平，获取更多的利润。

再制造产品生产商并不是希望θ越高越好，似乎与常理相悖。因为虽然θ较小时其增长会使再制造产品的认可度提高，从而增加需求量，且可以提高价格增加利润；但是θ较大时其增长会使再制造产品与新产品的区分越来越小，双方进入同一个市场做直接竞争，只能提高服务水平，降低价格去刺激需求，使利润减少。因此再制造产品生产商希望θ保持在利润拐点状态（$\theta = \Pi_r^{N**}$），此时再制造产品可以获得最大的利润。

二　新产品制造商占优势

（一）双方的决策过程及结果

在此情境下，根据Stackelberg模型，新产品生产商为领导者，首先确定新产品的最优价格和服务水平，再制造产品生产商作为跟随者，根据新产品生产商的决策结果，再确定再制造产品的最优价格和服务水平。此处采用逆向运算的方法求解。

根据式（6.7），此时$\Pi_r = \Pi_r(p_r, s_r \mid p_n, s_n)$，代入式（6.10）和式（6.11），得出：

$$s_r = \frac{\theta(p_n - s_n) - c_r}{2\theta(1-\theta)\eta - 1} \tag{6.12}$$

$$p_r = \theta(1-\theta)\eta\frac{\theta(p_n - s_n) - c_r}{2\theta(1-\theta)\eta - 1} + c_r \tag{6.13}$$

代入式（6.6）得出：

$$\Pi_n(p_n, s_n) = = (p_n - c_n)\left[a - \frac{\theta(2-\theta)\eta - 1}{2\theta(1-\theta)\eta - 1}(p_n - s_n) + \frac{\theta\eta c_r}{2\theta(1-\theta)\eta - 1}\right] - \frac{1}{2}\eta s_n^2 \tag{6.14}$$

一阶导数如下：

$$\frac{\partial\Pi_n}{\partial p_n}=a-2\frac{\theta(2-\theta)\eta-1}{2\theta(1-\theta)\eta-1}p_n+\frac{\theta(2-\theta)\eta-1}{2\theta(1-\theta)\eta-1}s_n+\frac{\theta\eta c_r}{2\theta(1-\theta)\eta-1}+\frac{\theta(2-\theta)\eta-1}{2\theta(1-\theta)\eta-1}c_n=0 \quad (6.15)$$

$$\frac{\partial\Pi_n}{\partial s_n}=\frac{\theta(2-\theta)\eta-1}{2\theta(1-\theta)\eta-1}p_n-\frac{\theta(2-\theta)\eta-1}{2\theta(1-\theta)\eta-1}c_n-\eta s_n=0 \quad (6.16)$$

验证是否存在极值，二阶偏导数为：

$$\frac{\partial^2\Pi_n}{\partial {p_n}^2}=-2\frac{\theta(2-\theta)\eta-1}{2\theta(1-\theta)\eta-1}<0,\quad \frac{\partial^2\Pi_n}{\partial {s_n}^2}=-\eta<0,\quad \frac{\partial^2\Pi_n}{\partial p_n\partial s_n}=\frac{\theta(2-\theta)\eta-1}{2\theta(1-\theta)\eta-1}$$

海瑟矩阵 $2\frac{\theta(2-\theta)\eta-1}{2\theta(1-\theta)\eta-1}\eta-\left(\frac{\theta(2-\theta)\eta-1}{2\theta(1-\theta)\eta-1}\right)^2>0\Leftrightarrow 2\eta>\frac{\theta(2-\theta)\eta-1}{2\theta(1-\theta)\eta-1}$。

由假设6.5得出此条件能够满足。

根据式（6.15）—式（6.16）得出新产品的决策结果：

$$s_n^{S*}=\frac{[2\theta(1-\theta)\eta-1]a+\theta\eta c_r-[\theta(2-\theta)\eta-1]c_n}{2\eta[2\theta(1-\theta)\eta-1]-[\theta(2-\theta)\eta-1]}$$

$$p_n^{S*}=\eta\frac{2\theta(1-\theta)\eta-1}{\theta(2-\theta)\eta-1}\frac{[2\theta(1-\theta)\eta-1]a+\theta\eta c_r-[\theta(2-\theta)\eta-1]c_n}{2\eta[2\theta(1-\theta)\eta-1]-[\theta(2-\theta)\eta-1]}+c_n$$

$$q_n^{S*}=\eta\frac{[2\theta(1-\theta)\eta-1]a+\theta\eta c_r-[\theta(2-\theta)\eta-1]c_n}{2\eta[2\theta(1-\theta)\eta-1]-[\theta(2-\theta)\eta-1]}$$

$$\Pi_n^{S*}=\eta\left[\frac{2\theta(1-\theta)\eta-1}{\theta(2-\theta)\eta-1}\eta-\frac{1}{2}\right]\left\{\frac{[2\theta(1-\theta)\eta-1]a+\theta\eta c_r-[\theta(2-\theta)\eta-1]c_n}{2\eta[2\theta(1-\theta)\eta-1]-[\theta(2-\theta)\eta-1]}\right\}^2$$

将结果代入式（6.12）—式（6.13），得出再制造产品的决策结果。

$$s_r^{S*}=\frac{\theta^2\left[\frac{2\theta(1-\theta)\eta-1}{\theta(2-\theta)\eta-1}\eta-1\right]s_n^{S*}+\theta c_n-c_r}{2\theta(1-\theta)\eta-1}$$

$$p_r^{S*}=\theta(1-\theta)\eta\frac{\theta^2\left[\frac{2\theta(1-\theta)\eta-1}{\theta(2-\theta)\eta-1}\eta-1\right]s_n^{S*}+\theta c_n-c_r}{2\theta(1-\theta)\eta-1}+c_r$$

$$q_r^{S*}=\eta\frac{\theta^2\left[\frac{2\theta(1-\theta)\eta-1}{\theta(2-\theta)\eta-1}\eta-1\right]s_n^{S*}+\theta c_n-c_r}{2\theta(1-\theta)\eta-1}$$

$$\Pi_r^{S*}=\left[\theta(1-\theta)\eta-\frac{1}{2}\right]\eta\left\{\frac{\theta^2\left[\frac{2\theta(1-\theta)\eta-1}{\theta(2-\theta)\eta-1}\eta-1\right]s_n^{S*}+\theta c_n-c_r}{2\theta(1-\theta)\eta-1}\right\}^2$$

（二）θ 变化对各变量的影响

命题 6.5：$\frac{\partial s_n^{S*}}{\partial\theta}<0$，$\frac{\partial s_r^{S*}}{\partial\theta}>0$，即随着顾客对再制造产品的接受程度上升，新产品的服务水平降低，而再制造产品的服务水平会提高。该命题算例分析如图 6－5 所示。

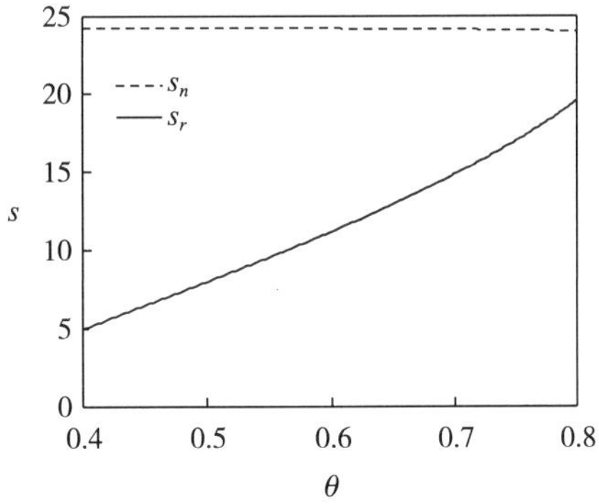

图 6－5　θ 的变化对双方服务水平的影响

该命题与命题 6.1 略有不同。随着 θ 变大，由于新产品占据优势地位，其服务水平会小幅度降低。对于再制造产品，由于两种产品的区分度越来越小，进入直接竞争阶段，所以需要提高服务水平来保持销售量和利润。

命题 6.6：$\frac{\partial p_n^{S*}}{\partial\theta}<0$，即随着顾客对再制造产品的接受程度上升，新产品的价格将会降低；再制造产品的价格变化存在拐点 p_r^{S**}；当 $\theta\in(0,\ p_r^{S**})$，$\frac{\partial p_r^{S*}}{\partial\theta}>0$，当 $\theta\in(p_r^{S**},\ 1)$，$\frac{\partial p_r^{S*}}{\partial\theta}<0$，其中 $p_r^{S**}\approx\frac{7-\sqrt{17}}{4}$，即随着顾客对再制造产品的接受程度上升，再制造产品的价

格呈现先上升后下降的趋势。该命题算例分析如图 6 - 6 所示。

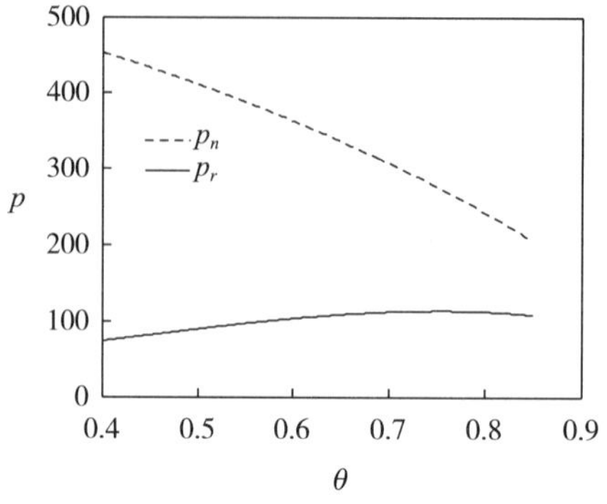

图 6 - 6 θ 的变化对双方价格的影响

该命题与命题 6.2 相似，新产品的价格一直受到 θ 的抑制作用，且 θ 越大，抑制作用越强，所以价格持续减少。对于再制造产品，当 θ 较小时，顾客对再制造产品接受程度提高起主导作用，所以潜在需求增长，再制造产品可以通过提高价格来获取更多利润；当 θ 较大时，两种产品趋于一致导致竞争加剧起主导作用，所以潜在需求降低，再制造产品只能通过降低价格来促进销售。

命题 6.7：$\frac{\partial q_n^{S*}}{\partial \theta}<0$，$\frac{\partial q_r^{S*}}{\partial \theta}>0$，即随着顾客对再制造产品的接受程度上升，新产品的销售量降低，而再制造产品的销售量会提高。该命题算例分析如图 6 - 7 所示。

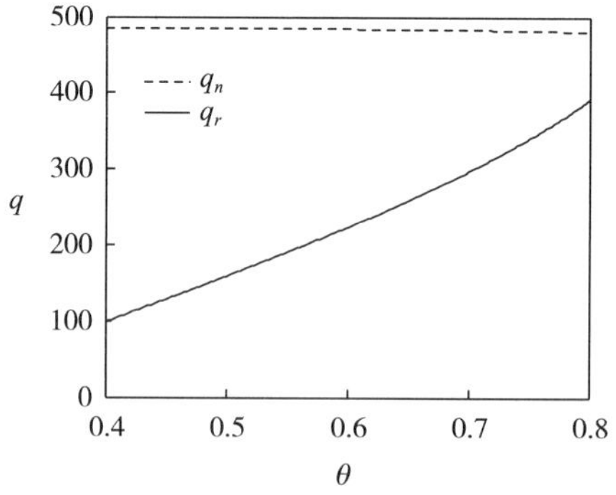

图 6 - 7 θ 的变化对双方需求量的影响

该命题与命题6.3略有不同。由于新产品处于优势地位，通过调节服务水平和价格，使销售数量小幅度减少。对于再制造产品，当 θ 较小时，由于产品认可程度和服务水平提升，虽然价格增加，但仍然增加了需求；当 θ 较大时，提高服务水平，降低价格，虽然与新产品的竞争加剧，但同样表现为需求量增加。

命题6.8：$\frac{\partial \Pi_n^{S*}}{\partial \theta} < 0$，即随着顾客对再制造产品的接受程度上升，新产品的利润将会降低；再制造产品的利润变化存在拐点 Π_n^{S**}，当 $\theta \in (0, \Pi_n^{S**})$ 时，$\frac{\partial \Pi_r^{S*}}{\partial \theta} > 0$；当 $\theta \in (\Pi_n^{S**}, 1)$ 时，$\frac{\partial \Pi_r^{S*}}{\partial \theta} < 0$，其中 $\Pi_n^{S**} \approx \frac{9 - \sqrt{33}}{4}$，即随着顾客对再制造产品的接受程度上升，再制造产品的利润呈现先上升后下降的趋势。该命题算例分析如图6－8所示。

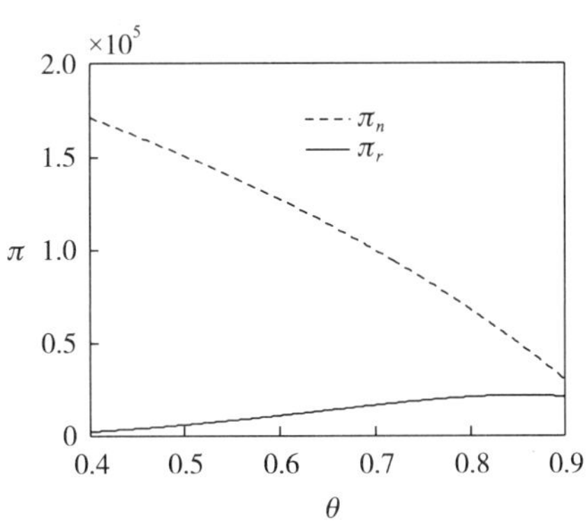

图6－8　θ 的变化对双方利润的影响

该命题与命题6.4相似，随着顾客对再制造产品的接受程度上升，虽然新产品的服务水平和销售量受到影响较小，但是价格降低，使利润不断减少。因此，新产品生产商不希望出现 θ 增大的情景。

对于再制造产品，随着顾客对再制造产品的接受程度上升，当 θ 较小时，由于价格和销售量增加，导致利润不断增加；当 θ 较大时，由于价格开始降低，服务水平增加，而销售量的增长不足以抵消这两个因素的作用，所以利润不断减少。因此再制造产品生产商并不是希望 θ 越大越好，而是希望 θ 出现在利润拐点状态（$\theta=\Pi_n^{S**}$），此时获得最大利润。

q_r 表示的是再制造产品的需求量。从整个社会的角度去分析，q_r 的值越大，表示更多的再制造产品被销售，也意味着更多的废旧物资得到了重新利用，从而节约了社会资源。从上述分析可以得出 $\frac{\partial q_r^{N*}}{\partial\theta}>0$，$\frac{\partial q_r^{S*}}{\partial\theta}>0$，所以无论何种情境，$\theta$ 值都应该越大越好。但是从再制造产品生产商的角度来看，其希望 θ 为利润拐点值（$\theta=\Pi_r^{N**}$ 或 $\theta=\Pi_r^{S**}$），而并不是越大越好。而新产品制造商则希望 θ 越小越好 $\left(\frac{\partial\Pi_n^{N*}}{\partial\theta}<0，\frac{\partial\Pi_n^{S*}}{\partial\theta}<0\right)$。在这种情境下，如何协调参与方之间的关系，政府或其他环保组织应如何给予政策补贴，鼓励更多的企业从事再制造，也是值得研究的一个方向。

三　两种情景下的对比及进一步的分析

（一）两种情境的比较

命题 6.9：$s_n^{N*}>s_n^{S*}$，$p_n^{N*}<p_n^{S*}$，$q_n^{N*}>q_n^{S*}$，$\Pi_n^{N*}<\Pi_n^{S*}$。

对于新产品来说，当其生产商处于领导者地位时，它会采取较低的服务水平，较高的价格，虽然需求量会变小，但利润会变大，这也符合处于领导者地位的生产商的通常做法。但是消费者的权益将会受到损失。

命题 6.10：当 $\theta\in(0,3-\sqrt{5})$ 时，$s_r^{N*}>s_r^{S*}$，$p_r^{N*}>p_r^{S*}$，$q_r^{N*}>q_r^{S*}$，$\Pi_r^{N*}>\Pi_r^{S*}$；当 $\theta\in(3-\sqrt{5},1)$ 时，$s_r^{N*}<s_r^{S*}$，$p_r^{N*}<p_r^{S*}$，$q_r^{N*}<q_r^{S*}$，$\Pi_r^{N*}<\Pi_r^{S*}$。

对于再制造产品来说，当其生产商处于弱势地位时，如果 θ 较小 [$\theta\in(0,3-\sqrt{5})$]，会采取较低的服务水平和较低的价格，其需求量和利润也较低，这是由于其处于弱势地位决定的，这也符合弱势一方通常采取的策略。

但是当 θ 较大 [$\theta\in(3-\sqrt{5},1)$] 时，会采取较高的服务水平和

较高的价格，其需求量和利润也较高，这似乎与常理相悖。这是因为随着θ变大，再制造产品的潜在需求越来越多，能够抵消一部分新产品对再制造产品的优势，再制造产品采取高服务水平增加需求量，同时采用高价格，使利润反而比处于纳什均衡状态时要多。

（二）双方采取的策略

当双方处于纳什均衡状态时，收益矩阵如表6－1所示。

表6－1　　处于纳什均衡时双方的收益

新产品 \ 再制造产品	双方地位平等	作为跟随者
双方地位平等	Π_n^{N*}，Π_r^{N*}	Π_n^{N*}，Π_r^{N*}
作为领导者	Π_n^{N*}，Π_r^{N*}	Π_n^{S*}，Π_r^{S*}

当θ较小时［$\theta \in (0, 3-\sqrt{5})$］，$\Pi_r^{N*} > \Pi_r^{S*}$。再制造产品存在单方占优策略即作为领导者，虽然$\Pi_n^{S*} > \Pi_n^{N*}$，但最终结果是双方按照平等地位竞争，其利润分别为$\Pi_n^{N*}$和$\Pi_r^{N*}$。

当θ较大时［$\theta \in (3-\sqrt{5}, 1)$］，$\Pi_r^{N*} < \Pi_r^{S*}$，$\Pi_n^{S*} > \Pi_n^{N*}$。双方都存在占优策略，所以结果为再制造产品生产商放弃平等地位，转而采取跟随策略，新产品制造商也愿意接受领导者地位，利用优势地位先决策。双方利润分别为Π_n^{S*}和Π_r^{S*}。

当双方处于新产品占优情境时，收益矩阵如表6－2所示。

表6－2　　处于新产品占优时双方的收益

新产品 \ 再制造产品	双方地位平等	作为跟随者
双方地位平等	Π_n^{N*}，Π_r^{N*}	Π_n^{S*}，Π_r^{S*}
作为领导者	Π_n^{S*}，Π_r^{S*}	Π_n^{S*}，Π_r^{S*}

由于$\Pi_n^{S*} > \Pi_n^{N*}$，新产品存在单方占优策略——保持优势地位。所以无论Π_r^{N*}和Π_r^{S*}的大小关系如何，新产品生产商都会利用优势地位

先决策，再制造产品只能采取跟随策略。双方的利润分别为 Π_n^{S*} 和 Π_r^{S*}。

第四节　企业自营竞争策略

在此模式中，市场上只有一家企业，该企业从事两类产品的生产，例如无锡柴油机厂除了生产新产品，同时也从事锡柴发动机的再制造，并同时将两类产品通过锡柴的销售渠道向社会销售。相似的案例还有上海大众的发动机再制造、武汉千里马工程机械再制造等。

一　决策过程和结果

根据式（6.6）—式（6.7），总利润即两类产品的利润之和为：

$$\Pi_n^P = (p_n - c_n) q_n - \frac{1}{2}\eta s_n^2 + (p_r - c_r) q_r - \frac{1}{2}\eta s_r^2 \tag{6.17}$$

企业的决策变量为 p_n，s_n，p_r，s_r。一阶导数条件为：

$$\frac{\partial \Pi_n^P}{\partial p_n} = a - \frac{p_n - p_r - s_n + s_r}{1-\theta} - \frac{p_n - c_n}{1-\theta} + \frac{p_r - c_r}{1-\theta} = 0 \tag{6.18}$$

$$\frac{\partial \Pi_n^P}{\partial p_r} = \frac{p_n - c_n}{1-\theta} + \frac{\theta p_n - p_r - \theta s_n + s_r}{\theta(1-\theta)} - \frac{p_r - c_r}{\theta(1-\theta)} = 0 \tag{6.19}$$

$$\frac{\partial \Pi_n^P}{\partial s_n} = \frac{p_n - c_n}{1-\theta} - \eta s_n - \frac{p_r - c_r}{1-\theta} = 0 \tag{6.20}$$

$$\frac{\partial \Pi_n^P}{\partial s_r} = -\frac{p_n - c_n}{1-\theta} + \frac{p_r - c_r}{\theta(1-\theta)} - \eta s_r = 0 \tag{6.21}$$

此处验证是否存在极值，求二阶偏导数：

$$\frac{\partial^2 \Pi_n^P}{\partial {s_n}^2} = \frac{\partial^2 \Pi_n^P}{\partial {s_r}^2} = -\eta,\ \frac{\partial^2 \Pi_n^P}{\partial {p_n}^2} = \frac{-2}{1-\theta},\ \frac{\partial^2 \Pi_n^P}{\partial {p_r}^2} = \frac{-2}{\theta(1-\theta)},\ \frac{\partial^2 \Pi_n^P}{\partial s_n \partial s_r} = 0,$$

$$\frac{\partial^2 \Pi_n^P}{\partial p_n \partial s_n} = \frac{1}{1-\theta},\ \frac{\partial^2 \Pi_n^P}{\partial s_n \partial p_r} = \frac{\partial^2 \Pi_n^P}{\partial s_r \partial p_n} = \frac{-1}{1-\theta},\ \frac{\partial^2 \Pi_n^P}{\partial p_r \partial s_r} = \frac{1}{\theta(1-\theta)},\ \frac{\partial^2 \Pi_n^P}{\partial p_n \partial p_r} = \frac{2}{1-\theta}$$

当 $2\theta(1-\theta)\eta > 1$ 且 $4\theta(1-\theta)\eta^2 - 2(1+\theta)\eta + 1 > 0$ 时，存在最优解。

根据式（6.18）—式（6.21），可得企业的最优决策：

$$s_n^{P*}=\frac{[2\theta(1-\theta)\eta-1]a-(2\theta\eta-1)c_n+2\theta\eta c_r}{4\theta(1-\theta)\eta^2-2(1+\theta)\eta+1}$$

$$s_r^{P*}=\frac{2\theta\eta c_n-(2\eta-1)c_r-\theta a}{4\theta(1-\theta)\eta^2-2(1+\theta)\eta+1}$$

$$p_n^{P*}=\frac{[2\theta(1-\theta)\eta-(1+\theta^2)]\eta a+[2\theta(1-\theta)\eta^2-(1+2\theta)\eta+1]c_n+\theta\eta c_r}{4\theta(1-\theta)\eta^2-2(1+\theta)\eta+1}$$

$$p_r^{P*}=\frac{[2\theta^2(1-\theta)\eta-\theta(1+\theta)]\eta a+[2\theta(1-\theta)\eta^2-(2+\theta)\eta+1]c_r+\theta\eta c_n}{4\theta(1-\theta)\eta^2-2(1+\theta)\eta+1}$$

$$q_n^{P*}=\eta\frac{[2\theta(1-\theta)\eta-1]a-(2\theta\eta-1)c_n+2\theta\eta c_r}{4\theta(1-\theta)\eta^2-2(1+\theta)\eta+1}$$

$$q_r^{P*}=\eta\frac{2\theta\eta c_n-(2\eta-1)c_r-\theta a}{4\theta(1-\theta)\eta^2-2(1+\theta)\eta+1}$$

$$\Pi^{P*}=\frac{\eta}{2}\frac{[2\theta(1-\theta)\eta-(1+\theta^2)]a^2+2\theta ac_r+(2\eta-1)c_r^2}{4\theta(1-\theta)\eta^2-2(1+\theta)\eta+1}-$$
$$\frac{\eta}{2}\frac{2[2\theta(1-\theta)\eta-1]ac_n+4\theta\eta c_nc_r+(2\theta\eta-1)c_n^2}{4\theta(1-\theta)\eta^2-2(1+\theta)\eta+1}$$

为保证 $p>0$，$s>0$，则有 $2\theta\eta c_n-(2\eta-1)c_r-\theta a>0$。因此，只有满足 $\theta>\frac{(2\eta-1)c_r}{2\eta c_n-a}$时，才存在非负解，此时制造商才会考虑生产再制造产品。

二　θ 变化对各变量的影响

命题 6.11：$\frac{\partial s_n^{P*}}{\partial\theta}<0$，$\frac{\partial s_r^{P*}}{\partial\theta}>0$；即随着 θ 增加，企业会降低新产品的服务水平，同时增加再制造产品的服务水平，该命题算例分析如图 6－9 所示。

此命题说明随着顾客对再制造产品的接受程度升高，企业会把更多的注意力投入再制造产品上，同时相应地减少新产品的资源投入。即企业增加再制造产品的服务水平去吸引更多的顾客，同时降低新产品服务水平以减少成本。

命题 6.12：$\frac{\partial p_n^{P*}}{\partial\theta}<0$，$\frac{\partial p_r^{P*}}{\partial\theta}>0$；即随着 θ 增加，企业会降低新产品

的价格而增加再制造产品的价格。该命题算例分析如图 6 - 10 所示。

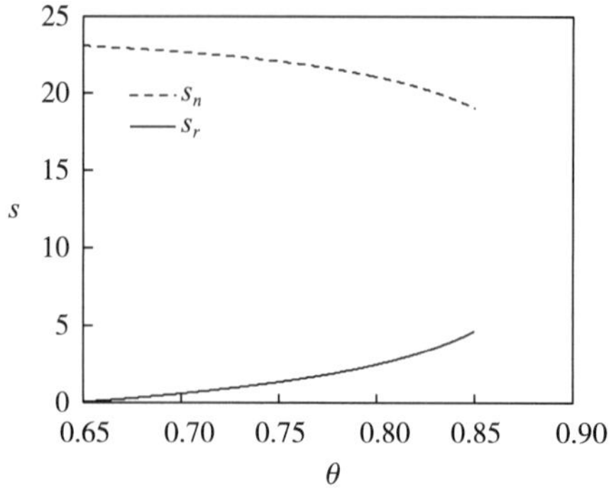

图 6 - 9　θ 的变化对服务水平的影响①

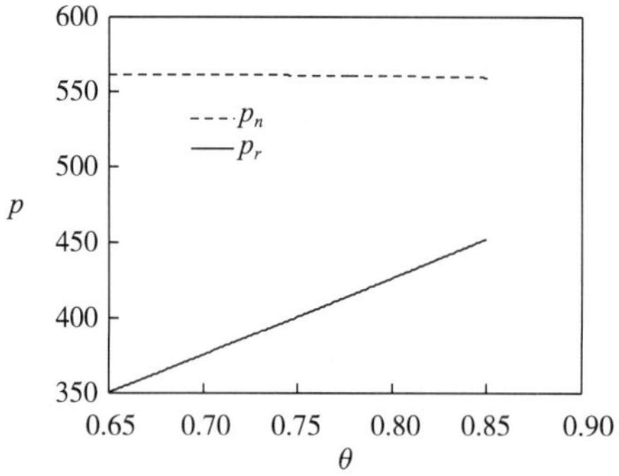

图 6 - 10　θ 的变化对价格的影响

此命题说明，随着顾客对再制造产品的接受程度升高，企业会提高再制造产品的价格来获取更多的利润。对于新产品，由于服务水平降低，且受到再制造品的冲击越来越大，所以价格降低。

命题 6. 13：$\frac{\partial q_n^{P*}}{\partial \theta}<0$，$\frac{\partial q_r^{P*}}{\partial \theta}>0$；即随着 θ 增加，新产品的需求将会减少，再制造产品的需求则会增加。该命题算例分析如图 6 - 11 所示。

随着 θ 增加，对于新产品，由于受再制造品的影响且服务水平降低，所以需求量逐渐降低；对于再制造产品，虽然价格升高，但是服务水平也同时提高，而且 θ 增加意味着再制造产品的市场容量也在增加，

① 本节 θ 的取值范围为使满足约束条件的区间。

所以再制造产品的需求量一直在增加。

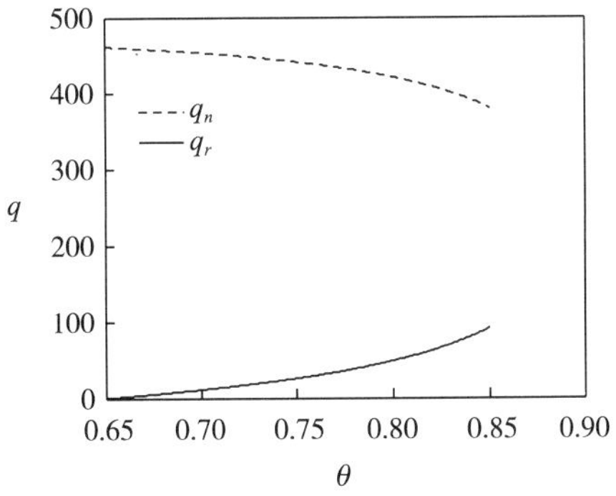

图 6-11　θ 的变化对需求量的影响

命题 6.14：$\frac{\partial \Pi^{P*}}{\partial \theta}<0$，即随着 θ 增加，企业的总利润会减少。该命题算例分析如图 6-12 所示。

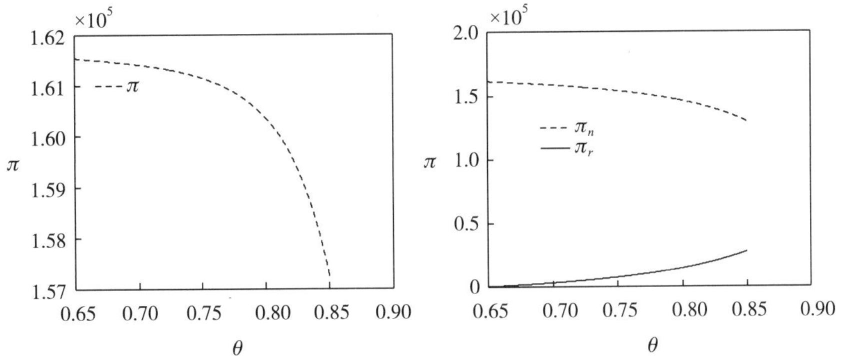

图 6-12　θ 的变化对总利润的影响

企业的利润由新产品和再制造产品两部分构成。随着 θ 增加，对于新产品，由于价格降低且需求减少，所以创造的利润在减少；对于再制造产品，由于价格和需求均升高，所以创造的利润在增加。由于在企业经营中，新产品的利润所占比例往往大于再制造产品，所以总的利润在减少。因此在经营中，企业为了抑制 θ 增加，往往刻意回避再制造产品，而把更多的机会用于新产品的宣传；在销售时，也是尽力推销利润较高的新产品。

但是从社会整体利益的角度分析，由于$\frac{\partial q_r^{P*}}{\partial \theta}>0$，所以 θ 越大意味着 q_r^{P*} 越大，即更多的再制造产品得到了应用，促进了社会整体利益。为了解决这个问题，政府一方面采取行政命令方式，要求企业必须建立物流回收和再制造体系，充分利用资源，例如欧盟国家强制要求生产商必须回收废旧电池从事再制造。另一方面采取政策补贴的方式，增加再制造产品给企业带来的利润，刺激企业从事再制造。2013 年我国发改委等五部委联合下发再制造产品“以旧换再”实施方案。方案允许消费者用废旧产品折算购买再制造产品，政府给予一定的财政补贴。

第五节　两种模式的对比及进一步的分析

命题 6.15：$s_n^{N*}>s_n^{S*}>s_n^{P*}$，$p_n^{N*}<p_n^{S*}<p_n^{P*}$，$q_n^{N*}>q_n^{S*}>q_n^{P*}$；$s_r^{N*}>s_r^{P*}$，$s_r^{S*}>s_r^{P*}$，$p_r^{N*}<p_r^{P*}$，$p_r^{S*}<p_r^{P*}$，$q_r^{N*}>q_r^{P*}$，$q_r^{S*}>q_r^{P*}$；$\Pi^{P*}>\Pi_n^{S*}>\Pi_n^{N*}$。

此命题说明，当企业同时生产两类产品时，由于没有了竞争对手，所以企业都会采取高价格、低服务水平，虽然需求量较低，但是可以获得最大的利润。这也符合垄断经营的一般策略。

虽然企业自营再制造产品可以获取更多的利润，但现实中并不是所有的企业都同时生产两类产品。一方面是前述所提到 θ 必须足够大$\left(\theta>\frac{(2\eta-1)\ c_r}{2\eta c_n-a}\right)$，即再制造产品的认可度足够高；另一方面由于再制造产品的技术、工艺和生产设备等都不同于新产品，所以企业需要追加固定生产成本的投资（生产变动成本 c_n 前述已考虑）。设生产再制造产品固定成本为 Π_n^{**}，企业决策方案如下。

当 $\Pi_n^{**}<\Pi_n^{P*}-\Pi_n^{S*}$ 时，由于固定成本较低，所以生产商在生产新产品的同时，还会投资生产再制造产品。

当 $\Pi_n^{P*}-\Pi_n^{S*}<\Pi_n^{**}<\Pi_n^{P*}-\Pi_n^{N*}$ 时，意味着固定成本中等水平，

若新产品生产商与再制造商相比处于优势地位，由于优势地位带来足够多的利润，所以只生产新产品，由再制造商生产再制造产品；若双方处于平等地位，此时新产品带来的利润较少，所以新产品生产商会投资生产再制造产品。

若 $\Pi_n^{P*}-\Pi_n^{S*}<\Pi_n^{**}$，由于固定成本较高，则无论何种情境，新产品生产商都不会生产再制造产品，而由再制造商生产。

从命题 6.14 和命题 6.15 可以看出，如果不考虑回收渠道、再制造技术等因素，企业自营会使再制造产品销量较低。所以政府一方面鼓励新产品生产商从事再制造，另一方面也为独立的再制造商创造条件，允许他们进入市场经营。

第六节　本章小结

本章研究了两种模式。第一种模式中，市场上存在两个生产商，一个是传统的新产品生产商，另一个通过回收旧产品再制造。两个企业在销售产品的同时提供与产品相关的配套服务，并且独立地决定产品的价格和服务水平。论文讨论了在纳什均衡和新产品生产商为领导者两种情景下双方的价格、服务水平的最优决策以及获得的销售量和利润，并研究了顾客对再制造产品的接受程度 θ 对于双方决策和结果的影响。

在纳什均衡状态下，随着顾客对于再制造产品认可度的提升，新产品的服务水平和需求量增加，但是价格却降低，导致利润减少；再制造产品的服务水平和需求量增加，而价格和利润却先增加后降低。在新产品生产商为领导者状态下，随着顾客对于再制造产品认可度的提升，新产品的服务水平、需求量、价格和利润都会降低；再制造产品的服务水平和销售量增加，而价格和利润同样呈现先升高后降低的趋势。

在两种情境比较方面，与纳什均衡相比，当新产品生产商其处于领导者地位时，新产品会采取较低的服务水平，较高的价格，虽然需求量会变小，但是总的利润会变大。对于再制造产品，当 θ 较小，会采取较低的服务水平和较低的价格，其需求量和利润也较低；但是当 θ 较大时，会采取较高的服务水平和较高的价格，其需求量和利润也较高。所以当 θ 较小时，双方若处于纳什均衡，双方按照平等地位竞争；若新产品生产商处于领导者地位，再制造产品只能采取跟随策略。当θ较大时，无论双方处于何种情景，再制造产品生产商都会采取跟随策略。

第二种模式是市场上只有一个生产商，同时生产两类产品。论文讨论了这两类产品的价格、服务水平的最优决策以及获得的销售量和利润。随着θ增加，新产品的价格、服务水平和需求会降低；再制造产品的服务水平、价格和需求均会增加；企业总利润会减少。

与第一种模式相比，第二种模式中两类产品都会采取高价格、低服务水平，虽然需求量较低，但是可以获得最多的利润。在经营策略方面，新产品生产商会根据顾客对于再制造产品的认可程度，再制造所需投入的固定成本和再制造商实力，决定独自经营还是由再制造商生产再制造产品。

第七节　附录4：本章命题证明

在证明中，根据假设6.5至假设6.6，对各公式先做简化处理，再判断单调性或比较大小。

命题6.1：

$$s_n^{N*} \approx \frac{[2(1-\theta)\theta\eta-1]a}{\eta^2\theta^3+(\eta-5\eta^2)\theta^2+(4\eta^2-\eta)\theta+(1-2\eta)} \approx \frac{2(1-\theta)\theta\eta}{\eta^2\theta^3-5\eta^2\theta^2+4\eta^2\theta}a=\frac{2a}{\eta}\frac{1}{4-\theta}$$

所以$\frac{\partial s_n^{N*}}{\partial\theta}>0$。

$$s_r^{N*}=\frac{\theta[(1-\theta)\eta-1]}{[(2-\theta)\eta-1][(2-\theta)\theta\eta-1]-\theta^2\eta^2}a \approx \frac{1}{\eta}\frac{1-\theta}{\theta^2-5\theta+4}a=\frac{a}{\eta}\frac{1}{4-\theta}$$

所以$\frac{\partial s_r^{N*}}{\partial\theta}>0$。

命题6.2：

$p_n^{N*}=(1-\theta)\eta s_n^*+c_n \approx 2\frac{1-\theta}{4-\theta}a+c_n$，所以$\frac{\partial p_n^{N*}}{\partial\theta}=\frac{-6}{(4-\theta)^2}a<0$。

$p_r^{N*}=\theta(1-\theta)\eta s_r^{N*}+c_r\approx\frac{\theta(1-\theta)}{4-\theta}a+c_r$，则有：$\frac{\partial p_r^{N*}}{\partial\theta}=\frac{\theta^2-8\theta+4}{(4-\theta)^2}a$

所以当 $\theta\in(0,\ 4-2\sqrt{3})$，$\frac{\partial p_r^*}{\partial\theta}>0$；当 $\theta\in(4-2\sqrt{3},\ 1)$，$\frac{\partial p_r^*}{\partial\theta}<0$。

命题6.3：

因为 $q_n^{N*}=\eta s_n^{N*}$，所以$\frac{\partial q_n^{N*}}{\partial\theta}=\eta\frac{\partial s_n^{N*}}{\partial\theta}>0$；

因为 $q_r^{N*}=\eta s_r^{N*}$，所以$\frac{\partial q_r^{N*}}{\partial\theta}=\eta\frac{\partial s_r^{N*}}{\partial\theta}>0$。

命题6.4：

$$\Pi_n^{N*}=(p_n^{N*}-c_n)q_n^{N*}-\frac{1}{2}\eta s_n^{N*2}\approx\left[4\frac{1-\theta}{(4-\theta)^2}-\frac{2}{\eta}\frac{1}{(4-\theta)^2}\right]a^2$$

因为$\frac{\partial\frac{1-\theta}{(4-\theta)^2}}{\partial\theta}=\frac{-2-\theta}{(4-\theta)^3}<0$，$\frac{\partial\frac{1}{(4-\theta)^2}}{\partial\theta}>0$，所以$\frac{\partial\Pi_n^*}{\partial\theta}<0$。

$$\Pi_r^{N*}=(p_r^{N*}-c_r)q_r^{N*}-\frac{1}{2}\eta_r s_r^{N*2}\approx\frac{\theta(1-\theta)}{(4-\theta)^2}a^2,\quad\frac{\partial\Pi_r^{N*}}{\partial\theta}=\frac{4-7\theta}{(4-\theta)^3}a^2$$

所以当 $\theta\in\left(0,\ \frac{4}{7}\right)$时，$\frac{\partial\Pi_r^*}{\partial\theta}>0$；当 $\theta\in\left(\frac{4}{7},\ 1\right)$时，$\frac{\partial\Pi_r^*}{\partial\theta}<0$。

命题6.5：

$$s_n^{S*}\approx\frac{2\theta(1-\theta)\eta a+\theta\eta c_r-\theta(2-\theta)\eta c_n}{2\eta\times2\theta(1-\theta)\eta}=\frac{a}{2\eta}+\frac{1}{4\eta}\left(\frac{c_r-c_n}{1-\theta}-c_n\right)$$

因为 $c_r<c_n$，所以$\frac{\partial s_n^{S*}}{\partial\theta}<0$。

$s_r^{S*}\approx\frac{\theta}{2(2-\theta)\eta}a$，所以$\frac{\partial s_r^{S*}}{\partial\theta}=\frac{1}{(2-\theta)^2\eta}a>0$。

命题6.6：

$p_n^{S*}\approx\frac{1-\theta}{2-\theta}a+c_n$，所以$\frac{\partial p_n^{S*}}{\partial\theta}=\frac{-1}{(2-\theta)^2}a<0$。

$p_r^{S*}\approx\frac{\theta^2(1-\theta)}{2(2-\theta)}a+c_r$，$\frac{\partial p_r^{S*}}{\partial\theta}=\frac{\theta}{2}\frac{2\theta^2-7\theta+4}{(2-\theta)^2}a$

当 $\theta\in\left(0,\ \frac{7-\sqrt{17}}{4}\right)$，$\frac{\partial p_r^*}{\partial\theta}>0$；当 $\theta\in\left(\frac{7-\sqrt{17}}{4},\ 1\right)$，$\frac{\partial p_r^*}{\partial\theta}<0$。

命题 6. 7：

$q_n^{S*}=\eta s_n^{S*}$，所以$\frac{\partial q_n^{S*}}{\partial\theta}<0$。$q_r^{S*}\approx\frac{\theta}{2(2-\theta)}a$，所以$\frac{\partial q_r^{S*}}{\partial\theta}=\frac{1}{(2-\theta)^2}a>0$。

命题 6. 8：

$$\Pi_n^{S*}=(p_n^{S*}-c_n)q_n^{S*}-\frac{1}{2}\eta s_n^{S*2}\approx\frac{1}{2}\frac{1-\theta}{2-\theta}a^2,\quad \frac{\partial\Pi_n^{S*}}{\partial\theta}=\frac{1}{2}\frac{-1}{(2-\theta)^2}a^2<0$$

$$\Pi_r^{S*}=(p_r^{S*}-c_r)q_r^{S*}-\frac{1}{2}\eta s_r^{S*2}\approx\frac{1}{4}\frac{\theta^3(1-\theta)}{(2-\theta)^2}a^2,\quad \frac{\partial\Pi_r^{S*}}{\partial\theta}=$$

$$\frac{\theta^2(2-\theta)}{4}\frac{2\theta^2-9\theta+6}{(2-\theta)^4}a$$

所以 $\theta\in\left(0,\ \frac{9-\sqrt{33}}{4}\right)$，$\frac{\partial\Pi_r^*}{\partial\theta}>0$；$\theta\in\left(\frac{9-\sqrt{33}}{4},\ 1\right)$，$\frac{\partial\Pi_r^*}{\partial\theta}<0$。

命题 6. 9：

$$s_n^{N*}\approx\frac{a}{\eta}\frac{1}{2-\frac{\theta}{2}}>s_n^{S*}=\frac{a}{2\eta};\quad p_n^{N*}\approx\frac{1-\theta}{2-\frac{\theta}{2}}a+c_n<p_n^{S*}\approx\frac{1-\theta}{2-\theta}a+c_n$$

$$q_n^{N*}\approx\frac{a}{2-\frac{\theta}{2}}>q_n^{S*}\approx\frac{a}{2}$$

因为 $\theta^2>0\Leftrightarrow(4-\theta)^2>8(2-\theta)\Leftrightarrow\frac{4}{(4-\theta)^2}<\frac{1}{2}\frac{1}{2-\theta}$。

所以 $\Pi_n^{N*}\approx4\frac{1-\theta}{(4-\theta)^2}a^2<\Pi_n^{S*}\approx\frac{1}{2}\frac{1-\theta}{2-\theta}a^2$。

命题 6. 10：

已知 $s_r^{N*}\approx\frac{a}{\eta}\frac{1}{4-\theta}$，$p_r^{N*}\approx\frac{\theta(1-\theta)}{4-\theta}a+c_r$，$q_r^{N*}\approx\frac{a}{4-\theta}$，$\Pi_r^{N*}\approx\frac{\theta(1-\theta)}{(4-\theta)^2}a^2$；

$s_r^{S*}\approx\frac{\theta}{4-2\theta}\frac{a}{\eta}$，$p_r^{S*}\approx\frac{\theta^2(1-\theta)}{2(2-\theta)}a+c_r$，$q_r^{S*}\approx\frac{\theta}{2(2-\theta)}a$，$\Pi_r^{S*}\approx\frac{1}{4}\frac{\theta^3(1-\theta)}{(2-\theta)^2}a^2$

$$\frac{1}{4-\theta}-\frac{\theta}{4-2\theta}=\frac{\theta^2-6\theta+4}{(4-\theta)(4-2\theta)}$$

当 $\theta\in(0,\ 3-\sqrt{5})$，$\theta^2-6\theta+4>0$；当 $\theta\in(3-\sqrt{5},\ 1)$，$\theta^2-6\theta+4<0$；

所以当 $\theta\in(0,\ 3-\sqrt{5})$ 时，$s_r^{N*}>s_r^{S*}$，$p_r^{N*}>p_r^{S*}$，$q_r^{N*}>q_r^{S*}$，$\Pi_r^{N*}>\Pi_r^{S*}$；

当 $\theta\in(3-\sqrt{5},\ 1)$ 时，$s_r^{N*}<s_r^{S*}$，$p_r^{N*}<p_r^{S*}$，$q_r^{N*}<q_r^{S*}$，$\Pi_r^{N*}<\Pi_r^{S*}$。

命题6.11：

$s_n^{P*}\approx\dfrac{a}{2\eta}-\dfrac{c_n-c_r}{2(1-\theta)\eta}$，因为 $c_n-c_r>0$，所以 $\dfrac{\partial s_n^{P*}}{\partial\theta}<0$。

$s_r^{P*}\approx\dfrac{(2\eta c_n-a)\theta-2\eta c_r}{4\theta(1-\theta)\eta^2}$，$\dfrac{\partial s_r^{P*}}{\partial\theta}=$

$$\frac{1}{4\eta^2}\frac{\theta(2\theta\eta c_n-2\eta c_r-\theta a)+2(1-\theta)\eta c_r}{[\theta(1-\theta)]^2}>0$$

命题6.12：

$p_n^{P*}=\dfrac{a+c_n+s_n^{P*}}{2}$，所以 $\dfrac{\partial p_n^{P*}}{\partial\theta}<0$。$p_r^{P*}\approx\dfrac{\theta a+c_r}{2}$，所以 $\dfrac{\partial p_r^{P*}}{\partial\theta}>0$。

命题6.14：

$$\Pi_n^{P*}\approx\frac{a^2}{4}-\frac{ac_n}{2}+\frac{1}{4\eta}\frac{[ac_r-2\eta c_nc_r-\eta c_n{}^2]\theta+\eta c_r{}^2}{\theta(1-\theta)}$$

$$\frac{\partial\Pi_n^{P*}}{\partial\theta}=-\frac{1}{4\eta^2}\frac{\theta(2\theta\eta c_n-2\eta c_r-\theta a)c_r+(c_n{}^2+c_r{}^2)\eta}{[\theta(1-\theta)]^2}<0$$

命题6.15：

$s_n^{S*}-s_n^{P*}=\dfrac{\theta c_n-c_r}{4(1-\theta)\eta}>0$，$p_n^{P*}-p_n^{S*}=\dfrac{2(1-\theta)^2a+\theta(2-\theta)c_n-c_r}{2(1-\theta)(2-\theta)}>0$

因为 c_n，c_r 相对 a 较小，$\Pi_n^{P*}\approx\dfrac{a^2}{4}$，$\Pi_n^{S*}\approx\dfrac{1-\theta}{2(2-\theta)}a^2$，

所以 $\Pi_n^{P*}>\Pi_n^{S*}>\Pi_n^{S*}$。

因为 $(1-\theta)a-c_n+c_r>0$，所以 c_n，c_r 相对 a 较小，所以

$\dfrac{\theta}{2}>\dfrac{\theta(1-\theta)}{4-\theta}$，$p_r^{P*}>p_r^{N*}$；$\dfrac{\theta}{2}>\dfrac{2\theta^2(1-\theta)}{4(2-\theta)}$，$p_r^{P*}>p_r^{S*}$。

同理 $q_r^{P*}<q_r^{N*}$，$q_r^{P*}<q_r^{S*}$。

第七章　再制造生产商与零售商价格和服务竞争策略

第一节　模型及竞争策略

一　模型

目前市场上存在部分零售商，在销售新产品的同时也承担再制造产品的销售工作，例如北京欧瑞福、常熟柏科等公司专业从事电机产品的销售，其产品范围不仅包括新电机，也包括再制造电机，公司同时向市场销售这两类产品。

本章研究有零售商参与再制造品销售的经营模式。设定一个垄断市场上存在两个生产商和一个零售商。其中一个生产商使用新的原材料生产出新产品，另一个生产商回收顾客使用过的旧产品，重新生产出再制造产品，两种产品在功能上基本一样。两个生产商将两类产品以较低的批发价格卖给同一个零售商，零售商再将产品以较高的零售价格对外销售。两个生产商在提供产品的同时，为顾客提供配套服务。模型如图 7－1 所示。

第六章中提出了再制造产品的相关假设，这些假设在本章同样适用。

对于新产品生产商，设定单位产品生产成本为 c_n，批发价格为 w_n，服务水平为 s_n；对于再制造产品生产商，设定单位产品生产成本 c_r，批发价格为 w_r，服务水平为 s_r。对于零售商，设定新产品的零售价格为

p_n，再制造产品的销售价格为 p_r。则两种产品的需求函数分别为：

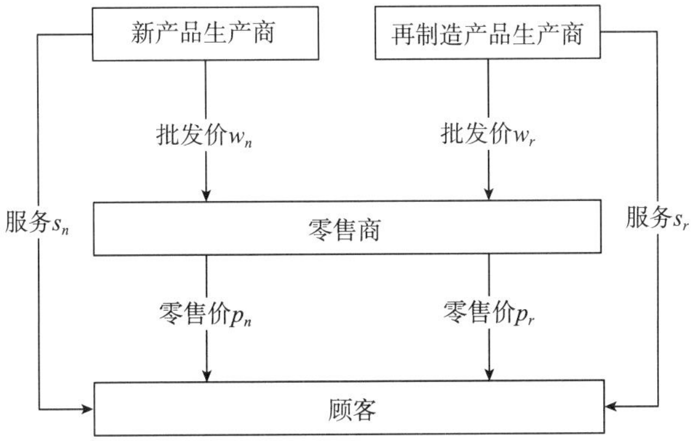

图 7-1　销售策略模型

$$q_n = a - \frac{p_n - p_r - s_n + s_r}{1-\theta} \tag{7.1}$$

$$q_r = \frac{\theta p_n - p_r - \theta s_n + s_r}{\theta(1-\theta)} \tag{7.2}$$

θ 为消费者对再制造产品的接受程度，$0<\theta<1$。

则新产品生产商利润为：

$$\Pi_n(w_n,\ s_n) = (w_n - c_n)q_n - \frac{1}{2}\eta s_n^2 \tag{7.3}$$

再制造产品生产商利润为：

$$\Pi_r(w_r,\ s_r) = (w_r - c_r)q_r - \frac{1}{2}\eta s_r^2 \tag{7.4}$$

零售商的利润为：

$$\Pi_s(p_n,\ p_r) = (p_n - w_n)q_n + (p_r - w_r)q_r \tag{7.5}$$

假设三个企业拥有完全信息，充分了解所有参与方的成本和需求函数，可以独立地对产品的价格和服务水平作出决策，且目标均为追求各自的利润最大。

二　竞争策略

1. 零售商占优势

零售商占据优势地位，两个生产商处于劣势地位且彼此平等，目标是使各自企业的利润最大。

2. 生产商占优势

两个生产商占据优势地位且彼此平等，零售商处于劣势地位，目标是使各自企业的利润总和最大。

3. 纳什均衡

三个企业拥有平等的地位，目标是使各自企业的利润最大。

本课题讨论在此三种情境下，三方的价格和服务水平的决策，以及获得销售量和利润，并且对这三种情境下的结果作比较。在此基础上，分析消费者对再制造产品接受程度 θ 的变化，对三方的决策和结果产生的影响。

第二节　零售商占优势

一　三方决策过程及结果

零售商占据 Stackelberg 优势地位，两个生产商处于劣势地位且相互之间是平等的关系。决策过程为，零售商先决定两种产品的零售价格 p_n，p_r，生产商根据零售价格独立地决定各自的批发价格和服务水平 w_n，s_n，w_r，s_r。计算过程采取逆向运算的方法，过程及结果如下。

（一）新产品生产商的决策

此时新产品的利润函数为 $\Pi_n = \Pi_n\ (w_n,\ s_n | p_n,\ p_r)$，其决策变量为 w_n，s_n，令一阶导数为零，则有：

$$\frac{\partial \Pi_n}{\partial w_n} = a - \frac{p_n - p_r - s_n + s_r}{1-\theta} - \frac{w_n - c_n}{1-\theta} = 0 \tag{7.6}$$

$$\frac{\partial \Pi_n}{\partial s_n} = \frac{w_n - c_n}{1-\theta} - \eta s_n = 0 \tag{7.7}$$

二阶导数为$\frac{\partial^2 \Pi_n}{\partial {w_n}^2} = -\frac{2}{1-\theta}$；$\frac{\partial^2 \Pi_n}{\partial {s_n}^2} = -\eta$；$\frac{\partial^2 \Pi_n}{\partial w_n \partial s_n} = \frac{1}{1-\theta}$。

当$\frac{2\eta}{1-\theta} > \frac{1}{(1-\theta)^2} \Leftrightarrow 2(1-\theta)\eta > 1$ 时，海瑟矩阵满足负定条件，存在极值。

（二）再制造产品生产商的决策

此时再制造产品的利润函数为 $\Pi_r = \Pi_r(w_r, s_r | p_n, p_r)$，决策变量为 w_r，s_r，令一阶导数为零，则有：

$$\frac{\partial \Pi_r}{\partial w_r} = \frac{\theta p_n - p_r - \theta s_n + s_r}{\theta(1-\theta)} - \frac{w_r - c_r}{\theta(1-\theta)} = 0 \tag{7.8}$$

$$\frac{\partial \Pi_r}{\partial s_r} = \frac{w_r - c_r}{\theta(1-\theta)} - \eta s_r = 0 \tag{7.9}$$

二阶导数为$\frac{\partial^2 \Pi_r}{\partial {w_r}^2} = -\frac{2}{\theta(1-\theta)}$；$\frac{\partial^2 \Pi_r}{\partial {s_r}^2} = -\eta$；$\frac{\partial^2 \Pi_r}{\partial w_r \partial s_r} = \frac{1}{\theta(1-\theta)}$。

当$\frac{2\eta}{\theta(1-\theta)} > \frac{1}{\theta^2(1-\theta)^2} \Leftrightarrow 2\theta(1-\theta)\eta > 1$时，海瑟矩阵满足负定条件，存在极值。

根据式（7.6）—式（7.9），可得：

$$s_n = \frac{[\theta(1-\theta)\eta - 1]a - (\theta\eta - 1)p_n + \theta\eta p_r}{\theta(1-\theta)\eta^2 - (1+\theta)\eta + 1} \tag{7.10}$$

$$s_r = \frac{\theta\eta p_n - (\eta - 1)p_r - \theta a}{\theta(1-\theta)\eta^2 - (1+\theta)\eta + 1} \tag{7.11}$$

$$w_n = (1-\theta)\eta \frac{[\theta(1-\theta)\eta - 1]a - (\theta\eta - 1)p_n + \theta\eta p_r}{\theta(1-\theta)\eta^2 - (1+\theta)\eta + 1} + c_n \tag{7.12}$$

$$w_r = \theta(1-\theta)\eta \frac{\theta\eta p_n - (\eta - 1)p_r - \theta a}{\theta(1-\theta)\eta^2 - (1+\theta)\eta + 1} + c_r \tag{7.13}$$

（三）零售商的决策

将式（7.10）—式（7.13）代入式（7.5），此时 $\Pi_s = \Pi_s(p_n, p_r | w_n, w_r, s_n, s_r)$，令一阶导数为零，则有：

$$\frac{\partial \Pi_s}{\partial p_n} = 0 \tag{7.14}$$

$$\frac{\partial \Pi_s}{\partial p_r} = 0 \tag{7.15}$$

二阶导数为 $\frac{\partial^2 \Pi_s}{\partial p_n^2} \approx \frac{-2\theta(\theta+2)\eta}{[\theta(1-\theta)\eta^2 - (1+\theta)\eta + 1]^2}$，$\frac{\partial^2 \Pi_s}{\partial p_r^2} \approx \frac{-2\theta(\theta+2)\eta}{[\theta(1-\theta)\eta^2 - (1+\theta)\eta + 1]^2}$，

$$\frac{\partial^2 \Pi_s}{\partial p_n \partial p_r} \approx \frac{6\theta\eta}{[\theta(1-\theta)\eta^2-(1+\theta)\eta+1]^2}$$

因为$[-2\theta(\theta+2)][-2\theta(\theta+2)]-(6\theta)^2=4\theta(1-\theta)(4-\theta)>0$，所以始终存在极值。

综上所述，当$2\theta(1-\theta)\eta>1$时，存在最优解。

根据式（7.14）—式（7.15），可以得出零售商的最优解。

$$p_n^{S*}=\frac{A_3B_2-A_2B_3}{A_2B_1-A_1B_2}$$

$$p_r^{S*}=\frac{A_1B_3-A_3B_1}{A_2B_1-A_1B_2}$$

其中，

$$A_1=-2\eta[\theta^2(1-\theta)(2+\theta)\eta^2-\theta(2-\theta)\eta+1]$$

$$A_2=\theta\eta[6(1-\theta)\theta\eta^2-(3+2\theta-2\theta^2)\eta+1]$$

$$A_3=\eta[3\theta^2(1-\theta)2\eta^2-\theta(1-\theta)(2\theta^2+\theta-4)\eta+2-\theta]a+[\theta(1-\theta)\eta^2-(1+\theta)\eta+1](\theta\eta-1)c_n-[\theta(1-\theta)\eta^2-(1+\theta)\eta+1]\theta\eta c_r$$

$$B_1=6\theta^2(1-\theta)\eta^3-\theta(3+\theta-2\theta^2)\eta^2+\eta$$

$$B_2=-2(2+\theta)\theta(1-\theta)\eta^3+2(1+3\theta-2\theta^2)\eta^2-(3+2\theta-\theta^2)\eta+1$$

$$B_3=\eta[-2\theta^2(^1-\theta)2\eta^2+\theta(-3\theta^2+3\theta+1)\eta-\theta]a-[\theta(1-\theta)\eta^2-(1+\theta)\eta+1]\theta\eta c_n+[\theta(1-\theta)\eta^2-(1+\theta)\eta+1](\eta-1)c_r$$

将结果代入式（7.10）—式（7.13），得到两个生产商的最优解：

$$s_n^{S*}=\frac{[\theta(1-\theta)\eta-1]a-(\theta\eta-1)p_n^{S*}+\theta\eta p_r^{S*}}{\theta(1-\theta)\eta^2-(1+\theta)\eta+1}$$

$$s_r^{S*}=\frac{\theta\eta p_n^{S*}-(\eta-1)p_r^{S*}-\theta a}{\theta(1-\theta)\eta^2-(1+\theta)\eta+1}$$

$$w_n^{S*}=(1-\theta)\eta\frac{[\theta(1-\theta)\eta-1]a-(\theta\eta-1)p_n^{S*}+\theta\eta p_r^{S*}}{\theta(1-\theta)\eta^2-(1+\theta)\eta+1}+c_n$$

$$w_r^{S*}=\theta(1-\theta)\eta\frac{\theta\eta p_n^{S*}-(\eta-1)p_r^{S*}-\theta a}{\theta(1-\theta)\eta^2-(1+\theta)\eta+1}+c_r$$

$$q_n^{S*}=\eta\frac{[\theta(1-\theta)\eta-1]a-(\theta\eta-1)p_n^{S*}+\theta\eta p_r^{S*}}{\theta(1-\theta)\eta^2-(1+\theta)\eta+1}$$

$$q_r^{S*}=\eta\frac{\theta\eta p_n^{S*}-(\eta-1)p_r^{S*}-\theta a}{\theta(1-\theta)\eta^2-(1+\theta)\eta+1}$$

$$\Pi_n^{S*} = \left[(1-\theta)\eta - \frac{1}{2}\right]\eta s_n^{N*2}$$

$$\Pi_r^{S*} = \left[\theta(1-\theta)\eta - \frac{1}{2}\right]\eta s_r^{N*2}$$

$$\Pi_s^{S*} = (p_n^{S*} - w_n)q_n^{S*} + (p_r^{S*} - w_r^{S*})q_r^{S*}$$

二　判断 θ 变化对各变量的影响

与第六章类似，为保证 $p>0$，$s>0$ 且存在极值，此处给出两个假设：

假设 7.1：a 相对 c_n，c_r 足够大；

假设 7.2：$2\eta\theta$（$1-\theta$）相对于 1 足够大，即 η 相对 θ 足够大。

此假设条件适用于本章所有命题。各命题的证明过程见本章附录。

命题 7.1：$\frac{\partial s_n^{S*}}{\partial\theta}>0$，$\frac{\partial s_r^{S*}}{\partial\theta}>0$；随着顾客对再制造产品的接受程度上升，新产品和再制造产品的服务水平均会提高。

设 $a=1000$，$\eta=20$，$c_n=100$，$c_r=50$，θ 由 0.4 增加到 0.8[①]，运用 Matlab 算例分析如图 7－2 所示。

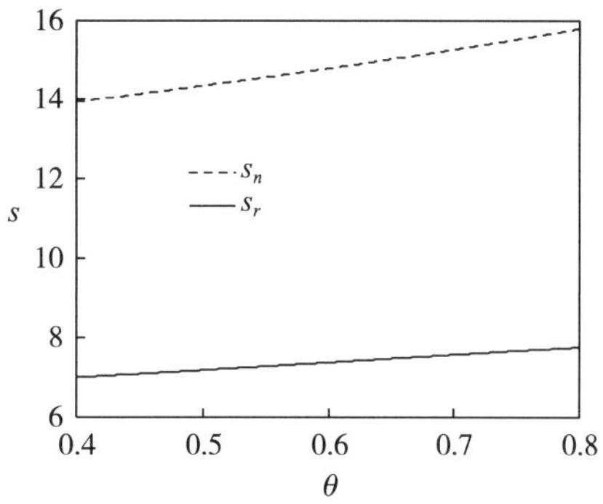

图 7－2　θ 的变化对服务水平的影响

可以看出，随着顾客对再制造产品的接受程度上升，新产品和再制

① 如无特别说明，该组参数适用于本书第七章。

造产品均会提高服务水平来吸引顾客。这是因为 θ 的增加导致两种产品的区分度越来越小，两者的竞争也越发激烈，而服务作为一种重要的手段，要发挥在市场竞争中的作用。且从图 7－1 中可以看出，由于 θ 的增加对再制造产品相对有利，所以新产品需要提供更高的服务水平才能保持竞争力。

命题 7.2：$\frac{\partial p_n^{S*}}{\partial \theta}<0$，$\frac{\partial p_r^{S*}}{\partial \theta}>0$，即随着顾客对再制造产品的接受程度上升，新产品的零售价格将会降低，而再制造产品的零售价格将会上升。该命题算例分析如图 7－3 所示。

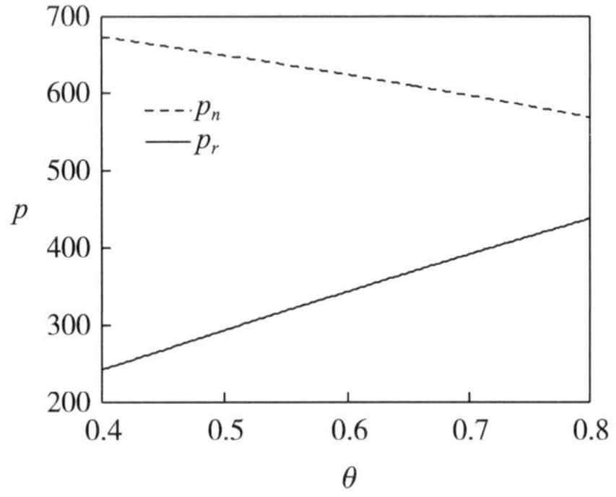

图 7－3　θ 的变化对零售价格的影响

对于新产品，随着顾客对再制造产品的接受程度上升，两种产品越来越趋于一致，此种状态下，零售商只能通过降低价格来促进销售，所以其零售价格一直在持续降低。

对于再制造产品，随着顾客对再制造产品的接受程度上升，顾客对其越来越认可，所以潜在需求量不断增加。零售商会提高再制造产品的价格，从而获取更多的利润。

命题 7.3：$\frac{\partial w_n^{S*}}{\partial \theta}<0$，即随着顾客对再制造产品的接受程度上升，新产品的批发价格将会降低；再制造产品批发价格的变化存在拐点 w_r^{S**}，当 $\theta\in(0, w_r^{S**})$，$\frac{\partial w_r^{S*}}{\partial \theta}>0$，当 $\theta\in(w_r^{S**}, 1)$，$\frac{\partial w_r^{S*}}{\partial \theta}<0$，其

中 $w_r^{S**} \approx 4-2\sqrt{3}$，即随着顾客对再制造产品的接受程度上升，再制造产品的批发价格呈现先上升后下降的趋势。该命题算例分析如图 7－4 所示。

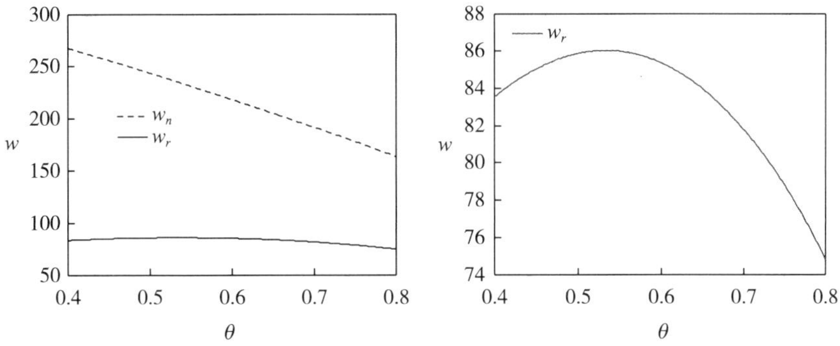

图 7－4　θ 的变化对批发价格的影响①

两个生产商提供的服务是面对各自的客户群体，而零售商在销售时也是面对不同的目标客户，所以这两方面的竞争相对较弱。但是对于批发价格，由于两个生产商均通过同一个零售商来销售，所以双方在这方面的竞争较为直接且激烈，当然零售商也希望这种状态的发生。

对于新产品，随着顾客对再制造产品的接受程度上升，两类产品越来越趋于一致，导致新产品的零售价格降低，零售商只能通过压低批发价格来规避损失，所以新产品的批发价格会持续降低。

对于再制造产品，如第六章所述，随着顾客对再制造产品的接受程度上升，顾客对于再制造产品越来越认可，潜在需求逐渐增加。此外两类产品的区分度越来越小，相互之间的竞争越来越直接，这也意味着零售商的优势地位越来越强。

当 θ 较小时（$\theta < w_r^{S**}$），前一个因素起了主导作用，此时零售商的优势地位较小，所以面对潜在需求增长，再制造产品生产商可以通过提高批发价格来获取更多利润，由命题 7.2 可知，零售商也会相应地提高

① 为便于观察，右图只有 w_r^{S*} 的变化趋势，两个图的参数设定和取值范围一致，后文中有部分图形也采取类似方法。

零售价格，将这部分损失转移给消费者；当 θ 较大时（$\theta > w_r^{S**}$），第二个因素起了主导作用，此时零售商的优势地位较强，尽管零售价格增加，零售商仍然会压低批发价格去获取更多的利润。

命题 7.4：$\frac{\partial q_n^{S*}}{\partial \theta} > 0$，$\frac{\partial q_r^{S*}}{\partial \theta} > 0$，即随着顾客对再制造产品的接受程度增加，两类产品的需求均增加。该命题算例分析如图 7－5 所示。

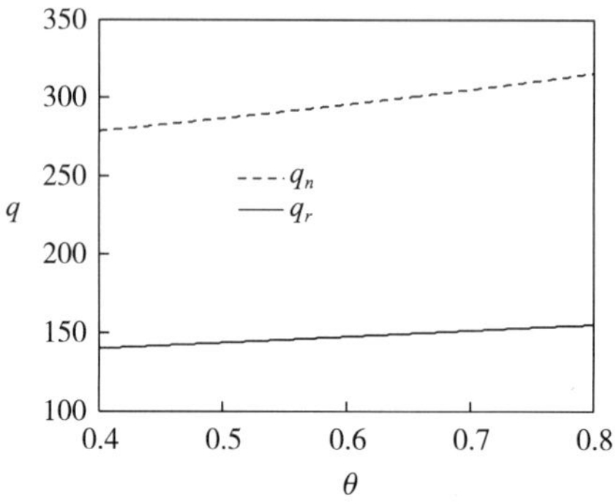

图 7－5　θ 的变化对销售量的影响

随着顾客对再制造产品的接受程度上升，新产品虽然潜在需求量减少，但是由于一直不断地降低价格，同时提高服务水平，从而使需求量逐渐增加。

再制造产品虽然提高了零售价格，但也同时提高了服务水平，并且 θ 的增加意味着潜在需求量增加，所以同样保证需求量的增加。

命题 7.5：$\frac{\partial \Pi_n^{S*}}{\partial \theta} < 0$，即随着顾客对再制造产品的接受程度上升，新产品生产商的利润将会降低。再制造产品生产商的利润变化存在拐点 Π_r^{S**}，当 $\theta \in (0, \Pi_r^{S**})$ 时，$\frac{\partial \Pi_r^{S*}}{\partial \theta} > 0$；当 $\theta \in (\Pi_r^{S**}, 1)$ 时，$\frac{\partial \Pi_r^{S*}}{\partial \theta} < 0$，其中 $\Pi_r^{S**} \approx \frac{4}{7}$，即随着顾客对再制造产品的接受程度上升，再制造产品生产商的利润呈现先上升后下降的趋势。$\frac{\partial \Pi_s^{S*}}{\partial \theta} > 0$，即随着顾客对再制造产品的接受程度上升，零售商的利润将会持续增加。该命题算例

分析如图 7 - 6 所示。

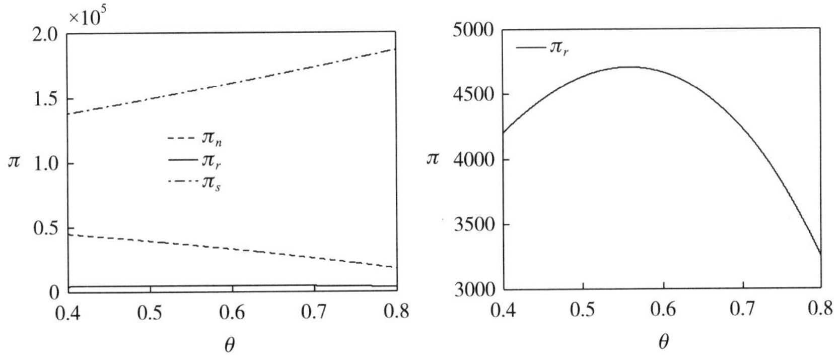

图 7 - 6 θ 的变化对利润的影响

对于新产品生产商，随着顾客对再制造产品的接受程度上升，新产品的需求量虽然增加，但是由于批发价格一直降低且服务水平持续提高，所以利润在不断减少。

对于再制造产品生产商，随着顾客对再制造产品的接受程度上升，在开始阶段，由于批发价格和销售量的增长，利润不断增加；但是到达拐点 Π_r^{S**} 后，由于零售商逐渐掌握话语权，开始压低批发价格，并且随着服务成本提高，销售量的少量增加不足以弥补利润的下降，所以利润逐渐降低。

对于零售商，新产品带来的利润变化如下：随着 θ 变大，虽然其零售价格逐渐降低，但是批发价格也在减少，即零售商将价格的损失转移给新产品生产商，并且由于销售量逐渐增加，所以获取的利润也在增加。再制造产品带来的利润变化如下：在开始阶段，虽然批发价格增加，但是零售价格也在增加，即零售商将价格的损失转移给消费者。到达拐点（w_r^{S**}）后，零售商的话语权较大，尽管零售价格增加，零售商仍然会压低批发价格，且销售量一直在持续增加，所以获取的利润也在增加。因此，两种产品给零售商带来的总利润是不断增加的。

根据命题 7.5 可以得出参与三方对于 θ 的期望：新产品生产商希望 θ 越低越好，θ 较小意味着顾客对于再制造产品认可度低，从而更多地选择新产品；而且 θ 较小也表示两者的市场细分更加明确，新产品在市场上更加具有垄断性，所以此时服务水平较低但价格较高，可以获取更多的利润。

再制造产品生产商并不是希望 θ 越高越好，θ 较小时其增长会使再制造产品的认可度提高，从而提高需求量，并且批发价格的增加会带来更多利润。但是 θ 较大时其增长会使再制造产品与新产品的区分越来越小，从而导致双方竞争越发激烈，只能压低批发价格并提高服务水平，使利润减少。因此再制造产品希望 θ 保持在一个均衡状态（$\theta = \Pi_r^{S**}$），此时可以获得最大的利润。

零售商则是希望 θ 越高越好，θ 的增长会使再制造产品与新产品的竞争更加直接，零售商获得了更多的优势，从而压低批发价格，且 θ 的增长使服务水平提高，而服务成本由两个生产商承担，使需求量增加，获得的利润也在增加。

由于 $\frac{\partial q_r^{S*}}{\partial \theta} > 0$，所以政府和相关环保组织也是希望 θ 越高越好，θ 越高意味着更多的再制造产品得到使用，从而使资源得到节约和充分利用。在现实中相关组织尽可能地向消费者宣传再制造产品，提高消费者对于再制造产品的接受度（θ），从而增加再制造品的需求。

第三节　制造商占优势

一　三方决策过程及结果

两个生产商处于 Stackelberg 优势地位且相互之间是平等的纳什均衡，零售商处于劣势地位。决策过程为两个生产商首先相互独立地决定各自产品的批发价格和服务水平 w_n，s_n，w_r，s_r，零售商也在此基础上决定两种产品的零售价格 p_n，p_r。计算过程采取逆向运算的方法，过程及结果如下。

（一）零售商的决策过程

零售商的决策变量为 p_n，p_r，此时 $\Pi_s = \Pi_s(p_n, p_r | w_n, w_r, s_n, s_r)$。一阶导数为：

$$\frac{\partial \Pi_s}{\partial p_n}=a-\frac{p_n-p_r-s_n+s_r}{1-\theta}-\frac{p_n-w_n}{1-\theta}+\frac{p_r-w_r}{1-\theta}=0 \tag{7.16}$$

$$\frac{\partial \Pi_s}{\partial p_r}=\frac{\theta p_n-p_r-\theta s_n+s_r}{1-\theta}+\frac{p_n-w_n}{\theta(1-\theta)}-\frac{p_r-w_r}{\theta(1-\theta)}=0 \tag{7.17}$$

二阶导数为$\frac{\partial^2 \Pi_s}{\partial {p_n}^2}=\frac{-2}{1-\theta}$；$\frac{\partial^2 \Pi_s}{\partial {p_r}^2}=\frac{-2}{\theta(1-\theta)}$；$\frac{\partial^2 \Pi_s}{\partial p_n \partial p_r}=\frac{2}{1-\theta}$。

因为$\frac{4}{\theta(1-\theta)^2}>\frac{4}{(1-\theta)^2}\Leftrightarrow 0<\theta<1$，所以海瑟矩阵始终为负定矩阵，极值始终存在。

根据式（7.16）—式（7.17），可以得出：

$$p_n=\frac{a+s_n+w_n}{2} \tag{7.18}$$

$$p_r=\frac{\theta a+s_r+w_r}{2} \tag{7.19}$$

（二）生产商的决策过程

将式（7.18）—式（7.19）代入式（7.3）—式（7.4），则有：

$$\Pi_n=\Pi_n(w_n,\ s_n|p_n,\ p_r)=(w_n-c_n)\left(\frac{a}{2}+\frac{s_n-s_r-w_n+w_r}{2(1-\theta)}\right)-\frac{1}{2}\eta {s_n}^2 \tag{7.20}$$

$$\Pi_r=\Pi_r(w_r,\ s_r|p_n,\ p_r)=(w_r-c_r)\left(\frac{-\theta s_n+s_r+\theta w_n-w_r}{2\theta(1-\theta)}\right)-\frac{1}{2}\eta {s_r}^2 \tag{7.21}$$

新产品生产商的决策变量为w_n，s_n，一阶导数为：

$$\frac{\partial \Pi_n}{\partial w_n}=\frac{a}{2}+\frac{s_n-s_r-w_n+w_r}{2(1-\theta)}-\frac{w_n-c_n}{2(1-\theta)}=0 \tag{7.22}$$

$$\frac{\partial \Pi_n}{\partial s_n}=\frac{w_n-c_n}{2(1-\theta)}-\eta s_n=0 \tag{7.23}$$

二阶导数为$\frac{\partial^2 \Pi_n}{\partial {w_n}^2}=\frac{-1}{1-\theta}$，$\frac{\partial^2 \Pi_n}{\partial {s_n}^2}=-\eta$，$\frac{\partial^2 \Pi_n}{\partial w_n \partial s_n}=\frac{1}{2(1-\theta)}$。

所以当$\frac{\eta}{1-\theta}>\frac{1}{4(1-\theta)^2}\Leftrightarrow 4(1-\theta)\eta>1$时，海瑟矩阵为负定矩阵，存在极值。

再制造产品生产商的决策变量为w_n，s_n，一阶导数为：

$$\frac{\partial \Pi_r}{\partial w_r} = \frac{-\theta s_n + s_r + \theta w_n - w_r}{2\theta(1-\theta)} - \frac{w_r - c_r}{2\theta(1-\theta)} = 0 \tag{7.24}$$

$$\frac{\partial \Pi_r}{\partial s_r} = \frac{w_r - c_r}{2\theta(1-\theta)} - \eta s_r = 0 \tag{7.25}$$

二阶导数为$\frac{\partial^2 \Pi_r}{\partial {w_r}^2} = -\frac{1}{\theta(1-\theta)}$；$\frac{\partial^2 \Pi_r}{\partial {s_r}^2} = -\eta$；$\frac{\partial^2 \Pi_r}{\partial w_r \partial s_r} = \frac{1}{2\theta(1-\theta)}$。

所以当$\frac{\eta}{\theta(1-\theta)} > \frac{1}{4\theta^2(1-\theta)^2} \Leftrightarrow 4\theta(1-\theta)\eta > 1$时，海瑟矩阵为负定矩阵，存在极值。

综上所述，当$4\theta(1-\theta)\eta > 1$，存在最优解。

根据式（7.22）—式（7.25）及式（7.18）—式（7.19），可得参与三方的最优决策及结果：

$$s_n^{M*} = \frac{[4\theta(1-\theta)\eta - 1]a + 2\theta\eta c_r - [2\theta(2-\theta)\eta - 1]c_n}{4\theta(1-\theta)(4-\theta)\eta^2 - 2(2+\theta-\theta^2)\eta + 1}$$

$$s_r^{M*} = \frac{\theta[2(1-\theta)\eta - 1]a + 2\theta\eta c_n - [2(2-\theta)\eta - 1]c_r}{4\theta(1-\theta)(4-\theta)\eta^2 - 2(2+\theta-\theta^2)\eta + 1}$$

$$w_n^{M*} = 2(1-\theta)\eta \frac{[4\theta(1-\theta)\eta - 1]a + 2\theta\eta c_r - [2\theta(2-\theta)\eta - 1]c_n}{4\theta(1-\theta)(4-\theta)\eta^2 - 2(2+\theta-\theta^2)\eta + 1} + c_n$$

$$w_r^{M*} = 2\theta(1-\theta)\eta \frac{\theta[2(1-\theta)\eta - 1]a + 2\theta\eta c_n - [2(2-\theta)\eta - 1]c_r}{4\theta(1-\theta)(4-\theta)\eta^2 - 2(2+\theta-\theta^2)\eta + 1} + c_r$$

$$p_n^{M*} = \frac{a + [2(1-\theta)\eta + 1]s_n^{M*} + c_n}{2}$$

$$p_r^{M*} = \frac{\theta a + [2\theta(1-\theta)\eta + 1]s_r^{M*} + c_r}{2}$$

$$q_n^{M*} = \eta \frac{[4\theta(1-\theta)\eta - 1]a + 2\theta\eta c_r - [2\theta(2-\theta)\eta - 1]c_n}{4\theta(1-\theta)(4-\theta)\eta^2 - 2(2+\theta-\theta^2)\eta + 1}$$

$$q_r^{M*} = \eta \frac{\theta[2(1-\theta)\eta - 1]a + 2\theta\eta c_n - [2(2-\theta)\eta - 1]c_r}{4\theta(1-\theta)(4-\theta)\eta^2 - 2(2+\theta-\theta^2)\eta + 1}$$

$$\Pi_n^{M*} = \left[2(1-\theta)\eta - \frac{1}{2}\right]\eta\left[\frac{[4\theta(1-\theta)\eta - 1]a + 2\theta\eta c_r - [2\theta(2-\theta)\eta - 1]c_n}{4\theta(1-\theta)(4-\theta)\eta^2 - 2(2+\theta-\theta^2)\eta + 1}\right]^2$$

$$\Pi_r^{M*} = \left[2\theta(1-\theta)\eta - \frac{1}{2}\right]\eta\left[\frac{\theta[2(1-\theta)\eta - 1]a + 2\theta\eta c_n - [2(2-\theta)\eta - 1]c_r}{4\theta(1-\theta)(4-\theta)\eta^2 - 2(2+\theta-\theta^2)\eta + 1}\right]^2$$

$$\Pi_s^{M*} = \frac{\eta}{2}\{a - [2(1-\theta)\eta - 1]s_n^{M*}\}s_n^{M*} + \frac{\eta}{2}\{\theta a - [2\theta(1-\theta)\eta - 1]s_r^{M*}\}s_r^{M*}$$

二　判断 θ 变化对各变量的影响

命题 7.6：$\frac{\partial s_n^{M*}}{\partial \theta} > 0$，$\frac{\partial s_r^{M*}}{\partial \theta} > 0$，即随着顾客对再制造产品的接受程度增加，两类产品的服务水平都会提高。该命题算例分析如图 7－7 所示。

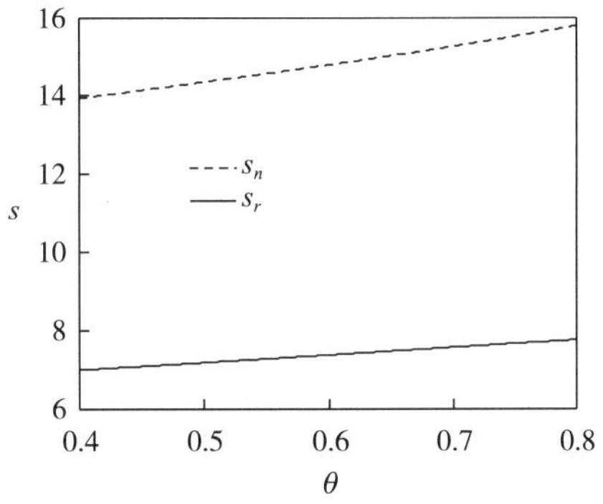

图 7－7　θ 的变化对双方服务水平的影响

此结论与命题 7.1 相似。随着 θ 变大，新产品和再制造产品均会提高服务水平来吸引顾客。这是因为 θ 的增加导致两种产品的区分度越来越小，两者的竞争也越发激烈，所以必须提高服务水平来刺激需求。

命题 7.7：$\frac{\partial p_n^{M*}}{\partial \theta} < 0$，$\frac{\partial p_r^{M*}}{\partial \theta} > 0$，即随着顾客对再制造产品的接受程度上升，新产品的零售价格将会降低，而再制造产品的零售价格也会增加。该命题算例分析如图 7－8 所示。

此结论与命题 7.2 相似。随着顾客对再制造产品的接受程度上升，零售商会降低新产品价格并提高再制造产品的价格，从而获取更多的利润。

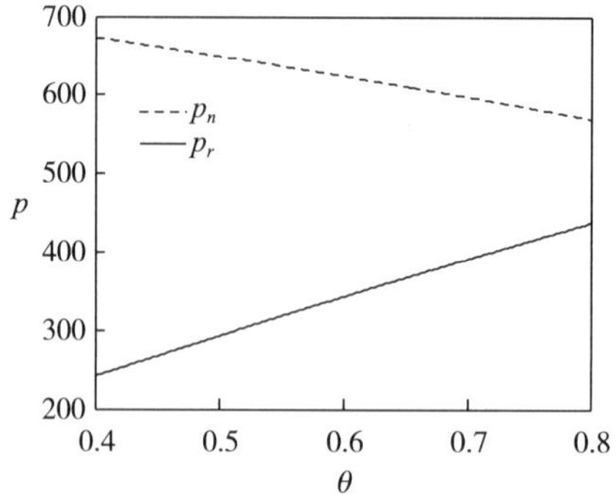

图 7－8 θ 的变化对零售价格的影响

命题 7.8：$\frac{\partial w_n^{M*}}{\partial \theta}<0$，即随着顾客对再制造产品的接受程度上升，新产品的批发价格将会降低；而再制造产品批发价格的变化存在拐点 w_r^{M**}，当 $\theta \in (0, w_r^{M**})$，$\frac{\partial w_r^{M*}}{\partial \theta}>0$，当 $\theta \in (w_r^{M**}, 1)$，$\frac{\partial w_r^{M*}}{\partial \theta}<0$，其中，$w_r^{M**} \approx 4-2\sqrt{3}$，即随着顾客对再制造产品的接受程度上升，再制造产品的批发价格呈现先上升后下降的趋势。该命题算例分析如图 7－9 所示。

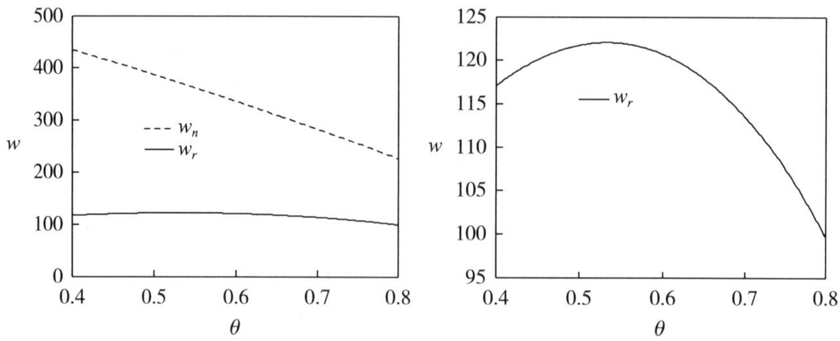

图 7－9 θ 的变化对批发价格的影响

此结论与命题 7.3 相似。随着 θ 增加，新产品批发价格持续下降。对于再制造产品，当 θ 较小时，顾客对再制造产品接受程度增加起主导作用，可以通过提高批发价格来获取更多利润；当 θ 较大时，零售商掌握了更多的话语权，再制造产品只能通过降低批发价格来促进销售。

命题 7.9：$\frac{\partial q_n^{M*}}{\partial\theta}>0$，$\frac{\partial q_r^{M*}}{\partial\theta}>0$，即随着顾客对再制造产品的接受程度增加，两类产品的需求都会提高。该命题算例分析如图 7-10 所示。

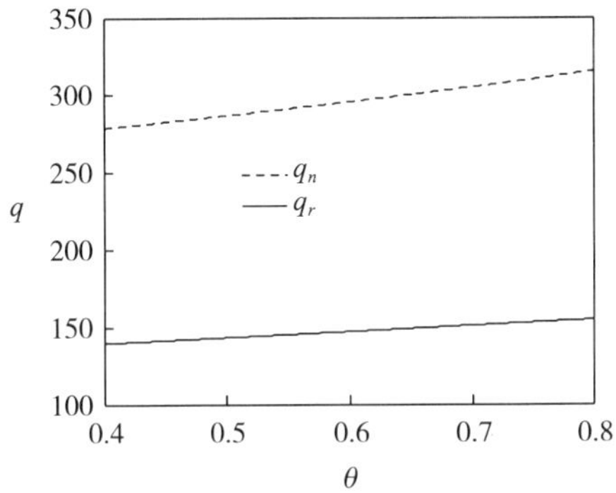

图 7-10　θ 的变化对销售量的影响

此结论与命题 7.4 相似。随着 θ 的增加，新产品通过降低零售价格和提高服务水平增加销售；再制造产品通过认可程度提升和提高服务水平使需求量增加。

命题 7.10：$\frac{\partial\Pi_n^{M*}}{\partial\theta}<0$，即随着顾客对再制造产品的接受程度上升，新产品的利润将会降低。再制造产品的利润变化存在拐点 Π_r^{M**}，当 $\theta\in(0,\ \Pi_r^{M**})$ 时，$\frac{\partial\Pi_r^{M*}}{\partial\theta}>0$；当 $\theta\in(\Pi_r^{M**},\ 1)$ 时，$\frac{\partial\Pi_r^{M*}}{\partial\theta}<0$，其中，$\Pi_r^{M**}\approx\frac{4}{7}$，即随着顾客对再制造产品的接受程度上升，再制造产品生产商的利润呈现先上升后下降的趋势。$\frac{\partial\Pi_s^{M*}}{\partial\theta}>0$，即随着顾客对再制造产品的接受程度上升，零售商的利润将会持续增加。该命题算例分析如图 7-11 所示。

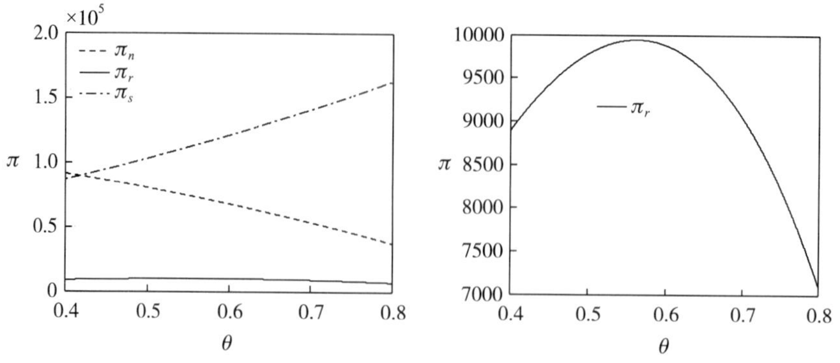

图 7－11　θ 的变化对利润的影响

此结论与命题 7.5 相似，其导致的原因和结果不再赘述。

第四节　纳什均衡

一　三方的决策过程及结果

在纳什均衡状态下，没有一方占据领导地位，三方拥有相同的实力，所以同时做决策。由于三方的决策变量分别为 w_n，s_n，w_r，s_r 和 p_n，p_r，计算过程如下：

（一）新产品商的决策

新产品商的决策变量为 w_n，s_n，所以一阶导数为：

$$\frac{\partial \Pi_n}{\partial w_n}=q_n-\frac{w_n-c_n}{1-\theta}=0 \tag{7.26}$$

$$\frac{\partial \Pi_n}{\partial s_n}=\frac{w_n-c_n}{1-\theta}-\eta s_n=0 \tag{7.27}$$

二阶导数为$\frac{\partial^2 \Pi_n}{\partial {w_n}^2}=-\frac{2}{1-\theta}$，$\frac{\partial^2 \Pi_n}{\partial {s_n}^2}=-\eta$，$\frac{\partial^2 \Pi_n}{\partial w_n \partial s_n}=\frac{1}{1-\theta}$。

当$\frac{2\eta}{1-\theta}-\frac{1}{(1-\theta)^2}>0 \Leftrightarrow 2\eta(1-\theta)>1$ 时，海瑟矩阵为负定矩阵，存在极值。

（二）再制造商的决策

再制造商的决策变量为 w_r，s_r，一阶导数为：

$$\frac{\partial \Pi_r}{\partial w_r}=q_r-\frac{w_r-c_r}{\theta(1-\theta)}=0 \tag{7.28}$$

$$\frac{\partial \Pi_r}{\partial s_r}=\frac{w_r-c_r}{\theta(1-\theta)}-\eta s_r=0 \tag{7.29}$$

二阶导数为 $\frac{\partial^2 \Pi_r}{\partial {w_r}^2}=-\frac{2}{\theta(1-\theta)}$，$\frac{\partial^2 \Pi_r}{\partial {s_r}^2}=-\eta$，$\frac{\partial^2 \Pi_r}{\partial w_r \partial s_r}=\frac{1}{\theta(1-\theta)}$。

当 $\frac{2\eta}{\theta(1-\theta)}-\frac{1}{\theta^2(1-\theta)^2}>0 \Leftrightarrow 2\eta\theta(1-\theta)>1$ 时，海瑟矩阵为负定矩阵，存在极值。

（三）零售商

零售商的决策变量为 p_n，p_r，所以一阶导数为：

$$\frac{\partial \Pi_s}{\partial p_n}=q_n-\frac{p_n-w_n}{1-\theta}+\frac{p_r-w_r}{1-\theta}=0 \tag{7.30}$$

$$\frac{\partial \Pi_s}{\partial p_r}=\frac{p_n-w_n}{1-\theta}+q_r-\frac{p_r-w_r}{\theta(1-\theta)}=0 \tag{7.31}$$

二阶导数为 $\frac{\partial^2 \Pi_s}{\partial {p_n}^2}=-\frac{2}{1-\theta}$，$\frac{\partial^2 \Pi_s}{\partial {p_r}^2}=-\frac{2}{\theta(1-\theta)}$，$\frac{\partial^2 \Pi_s}{\partial p_n \partial p_r}=\frac{2}{1-\theta}$。

因为 $\frac{4}{\theta(1-\theta)^2}-\frac{4}{(1-\theta)^2}>0 \Leftrightarrow 0<\theta<1$，所以极值始终存在。

综上所述，当 $2\eta\theta(1-\theta)>1$，存在最优解。

（四）计算结果

根据式（7.26）—式（7.31）可得：

$$s_n^{N*}=\frac{3\theta(1-\theta)^2\eta a-\theta[(3-\theta)(1-\theta)\eta+1]c_n+[2\theta(1-\theta)\eta+1]c_r}{\theta(1-\theta)\eta[(9-\theta)(1-\theta)\eta-2]}$$

$$s_r^{N*}=\frac{\theta(1-\theta)^2\eta a+\theta[4(1-\theta)\eta-1]c_n-[(3+\theta)(1-\theta)\eta-1]c_r}{\theta(1-\theta)\eta[(9-\theta)(1-\theta)\eta-2]}$$

$$w_n^{N*}=(1-\theta)\eta\frac{3\theta(1-\theta)^2\eta a-\theta[(3-\theta)(1-\theta)\eta+1]c_n+[2\theta(1-\theta)\eta+1]c_r}{\theta\eta[(9-\theta)(1-\theta)\eta-2]}+c_n$$

$$w_r^{N*}=\theta(1-\theta)\eta\frac{\theta(1-\theta)^2\eta a+\theta[4(1-\theta)\eta-1]c_n-[(3+\theta)(1-\theta)\eta-1]c_r}{\eta[(9-\theta)(1-\theta)\eta-2]}+c_r$$

$$p_n^{N*}=\eta[(2-\theta)s_n^{N*}+\theta s_r^{N*}]+c_n$$

$$p_r^{N*}=\eta[\theta s_n^{N*}+\theta(2-\theta)s_r^{N*}]+c_r$$

$$q_n^{N*}=\eta\frac{3\theta(1-\theta)^2\eta a-\theta[(3-\theta)(1-\theta)\eta+1]c_n+[2\theta(1-\theta)\eta+1]c_r}{\theta(1-\theta)\eta[(9-\theta)(1-\theta)\eta-2]}$$

$$q_r^{N*}=\eta\frac{\theta(1-\theta)^2\eta a+\theta[4(1-\theta)\eta-1]c_n-[(3+\theta)(1-\theta)\eta-1]c_r}{\theta(1-\theta)\eta[(9-\theta)(1-\theta)\eta-2]}$$

$$\Pi_n^{N*}=\left[(1-\theta)\eta-\frac{1}{2}\right]\eta\left[\frac{3\theta(1-\theta)^2\eta a-\theta[(3-\theta)(1-\theta)\eta+1]c_n+[2\theta(1-\theta)\eta+1]c_r}{\theta(1-\theta)\eta[(9-\theta)(1-\theta)\eta-2]}\right]^2$$

$$\Pi_r^{N*}=\left[\theta(1-\theta)\eta-\frac{1}{2}\right]\eta\left[\frac{\theta(1-\theta)^2\eta a+\theta[4(1-\theta)\eta-1]c_n-[(3+\theta)(1-\theta)\eta-1]c_r}{\theta(1-\theta)\eta[(9-\theta)(1-\theta)\eta-2]}\right]^2$$

$$\Pi_s=\eta^2(s_n^{N*2}+2\theta s_n^{N*}s_r^{N*}+\theta s_r^{N*2})$$

二　判断 θ 变化对各变量的影响

命题7.11：$\frac{\partial s_n^{N*}}{\partial\theta}>0$，$\frac{\partial s_r^{N*}}{\partial\theta}>0$，即随着顾客对再制造产品的接受程度增加，两类产品的服务水平都会提高。该命题算例分析如图7－12所示。

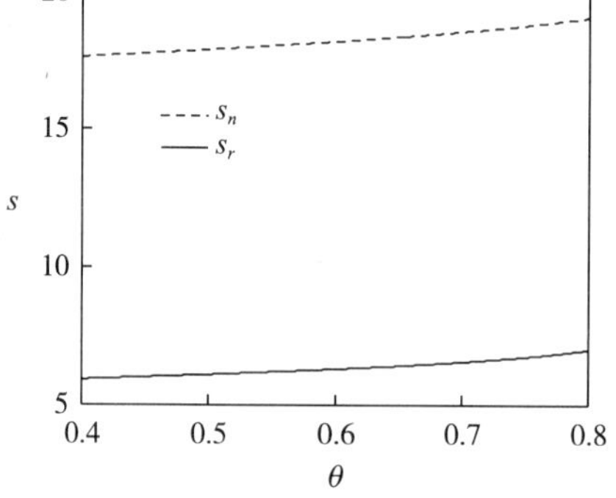

图7－12　θ的变化对服务水平的影响

此命题与命题7.1和命题7.6相似，此处不再赘述。

命题7.12：$\frac{\partial p_n^{N*}}{\partial \theta}<0$，$\frac{\partial p_r^{N*}}{\partial \theta}>0$，即随着顾客对再制造产品的接受程度上升，新产品的零售价格将会降低，而再制造产品的零售价格也会上升。该命题算例分析如图7－13所示。

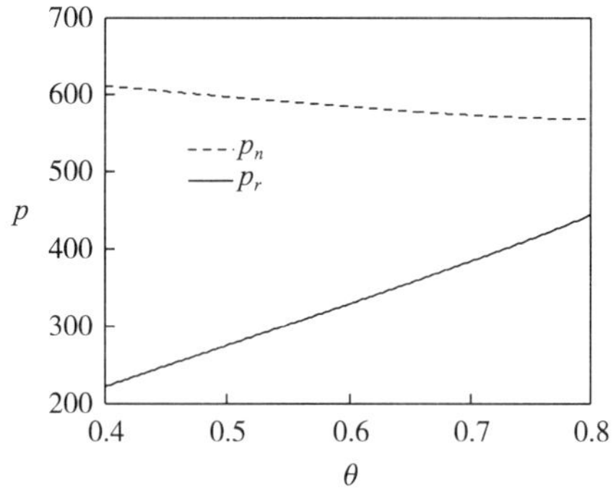

图7－13　θ的变化对零售价格的影响

此命题与命题7.2和命题7.7相似，此处不再赘述。

命题7.13：$\frac{\partial w_n^{N*}}{\partial \theta}<0$，即随着顾客对再制造产品的接受程度上升，新产品的批发价格将会降低；而再制造产品批发价格的变化存在一个拐点w_r^{N**}，当$\theta \in (0, w_r^{N**})$，$\frac{\partial w_r^{N*}}{\partial \theta}>0$，当$\theta \in (w_r^{N**}, 1)$，$\frac{\partial w_r^{N*}}{\partial \theta}<0$，其中，$w_r^{N**} \approx 9-6\sqrt{2}$，即随着顾客对再制造产品的接受程度上升，再制造产品的批发价格呈现先上升后下降的趋势。该命题算例分析如图7－14所示。

此结论与命题7.3和命题7.8相似，此处不再赘述。

命题7.14：$\frac{\partial q_n^{N*}}{\partial \theta}>0$，$\frac{\partial q_r^{N*}}{\partial \theta}>0$，即随着顾客对再制造产品的接受程度增加，两类产品的需求都会提高。该命题算例分析如图7－15所示。

此命题与命题7.4和命题7.9相似，此处不再赘述。

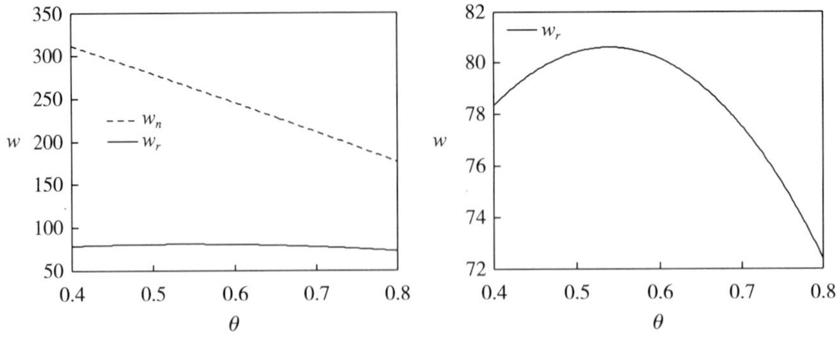

图 7－14　θ 的变化对批发价格的影响

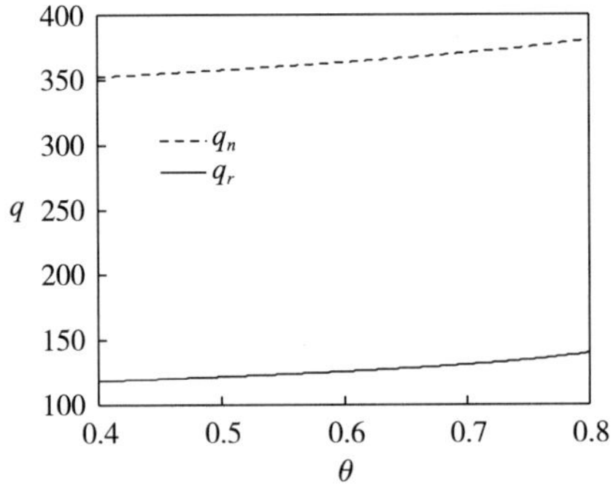

图 7－15　θ 的变化对销售量的影响

命题 7. 15：$\frac{\partial \Pi_n^{N*}}{\partial \theta}<0$，即随着顾客对再制造产品的接受程度上升，新产品生产商的利润将会降低。再制造产品生产商的利润变化存在拐点 Π_r^{N**}，当 $\theta \in (0,\ \Pi_r^{N**})$ 时，$\frac{\partial \Pi_r^{N*}}{\partial \theta}>0$；当 $\theta \in (\Pi_r^{N**},\ 1)$ 时，$\frac{\partial \Pi_r^{N*}}{\partial \theta}<0$，其中，$\Pi_r^{N**} \approx \frac{9}{17}$，即随着顾客对再制造产品的接受程度上升，再制造产品生产商的利润呈现先上升后下降的趋势。$\frac{\partial \Pi_s^{N*}}{\partial \theta}>0$，即随着顾客对再制造产品的接受程度上升，零售商的利润将会持续增加。该命题算例分析如图 7－16 所示。

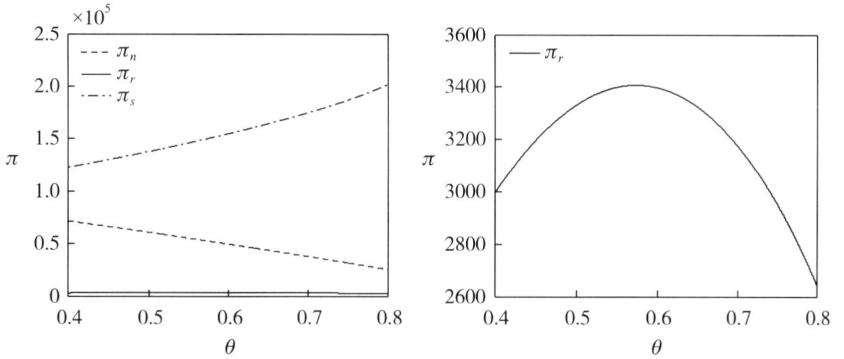

图 7-16　θ 的变化对利润的影响

此命题与命题 7.5 和命题 7.10 相似，此处不再赘述。

第五节　三种情景下的对比及进一步的研究

一　新产品各项指标比较

命题 7.16：$s_n^{M*} = s_n^{S*} < s_n^{N*}$，$w_n^{S*} < w_n^{N*} < w_n^{M*}$，$q_n^{M*} = q_n^{S*} < q_n^{N*}$，$\Pi_n^{S*} < \Pi_n^{N*} < \Pi_n^{M*}$。

从该命题可以看出，在制造商占优势的情境下，新产品采取最高的批发价格并获取最大利润，而在零售商占优势的情境下，新产品的批发价格最低且利润最小，这是占优势一方通常采取的策略。

而无论是制造商占优势还是零售商占优势，只要三方处于不平等的地位，新产品都会采取较低的服务水平，而销售量也较低。因为新产品生产商越过零售商直接对消费者提供服务，当三方地位不平等时竞争较激烈，要用低服务水平去降低成本；处于 Nash 均衡时竞争相对稳定，所以用高服务水平去促进销售。与之相对应，处于强势或弱势地位时销售量较低，而平等地位时销售量较高。

二　再制造产品各项指标比较

命题 7.17：$s_r^{N*} < s_r^{M*} = s_r^{S*}$，$w_r^{N*} < w_r^{S*} < w_r^{M*}$，$q_r^{N*} < q_r^{M*} =$

q_r^{S*}，$\Pi_r^{N*} < \Pi_r^{S*} < \Pi_r^{M*}$。

从此命题可以看出，当制造商占优势时，再制造产品有最高的批发价格，并获取最大的利润，这也符合占优势地位的参与方的一般策略。但是当处于弱势地位时，其批发价格和利润反而较之纳什均衡时较高，这似乎与常理相悖。这是因为虽然设定新产品商和再制造商之间是平等的关系，但根据需求函数，再制造产品不可避免地受到新产品的制约和影响。当制造商处于弱势地位时，由于新产品生产商受到更多的限制而趋于保守，其对再制造产品的影响力较小。再制造产品可以用较高的服务水平和稍高一些的价格使销售量增加，从而获得更多的利润。此结论与第六章的命题 6.10 类似。

再制造产品的服务水平和销售量与新产品正好相反。无论是制造商占优势还是零售商占优势，只要三方处于不平等的地位，新产品都会采取较高且相等的服务水平，而销售量也较高且相等。这是因为处于强势地位时再制造产品有一定的话语权，处于弱势地位时受到新产品生产商的影响力较小，所以这两种情境下均可以采用高服务水平去增加销售量。处于 Nash 均衡状态时，再制造产品处于相对稳定的较弱势地位，只能用低服务水平去降低成本，使销售量最低。

三　零售商各项指标比较

命题 7.18：$p_n^{N*} < p_n^{M*} = p_n^{S*}$，$p_r^{N*} < p_r^{M*} = p_r^{S*}$，$\Pi_s^{M*} < \Pi_s^{N*} < \Pi_s^{S*}$。

从此命题可以看出，在纳什均衡状态下零售价格最低。当双方处于不平等地位时，两种产品在两种情景下的价格都较高。这是因为当生产商占优势时，生产商会抬高产品的批发价格进而影响零售价格；而当零售商占优势时，零售商虽然压低批发价格，但是仍然会采取较高的零售价格去获取更多利润。

但是两种情境在利润分配上是有区别的。虽然 $p_n^{M*} = p_n^{S*}$，$p_r^{M*} = p_r^{S*}$，即零售价格相等，但是根据命题 7.16—命题 7.17 可以得出 $w_n^{S*} < w_n^{M*}$，$w_r^{S*} < w_r^{M*}$，即批发价格不相等。在生产商占优势的情境下，生产商占了其中更多的利润（$w_n^{S*} - c_n < w_n^{M*} - c_n$，$w_r^{S*} - c_r <$

$w_r^{M*}-c_r$)；在零售商占优势的情境下，零售商占了其中更多的利润（$p_n^{M*}-w_n^{M*}<p_n^{S*}-w_n^{S*}$，$p_r^{M*}-w_r^{M*}<p_r^{S*}-w_r^{S*}$）。

所以在总利润方面，当零售商占优势时利润最多，在占劣势时利润最少，这也符合一般的经济学规律。

第六节　本章小结

本书研究了在三种不同情境下，新产品生产商、再制造产品生产商和零售商的价格、服务水平的最优决策，以及所获得的销售量和利润。在变化趋势上，随着顾客对于再制造产品认可度的提升，对于新产品，其服务水平和需求量增加，批发价格和利润降低。对于再制造产品，其服务水平和需求量增加，批发价格和利润先增加后降低。对于零售商，其新产品零售价降低，而再制造产品零售价增加，但由于两种产品的销售量均在增加，所以其利润持续增长。

在生产商为领导状态下，新产品和再制造产品采用较高的批发价格而且获得较高的利润，从而使零售商的零售价格虽然较高但是仍然只能获得最低的利润。在零售商为领导者状态下，新产品只能采取最低的批发价格并获取最低的利润，再制造产品反而可以采取中等的批发价格并获取中等的利润，零售商则用其优势地位获取最高的零售价格从而获取最高的利润。在纳什均衡状态下，新产品和零售商由于平等地位，均会获得中等的价格和利润，而再制造产品由于相对弱势只能获得最低的价格和利润。

第七节　附录5：本章命题证明

在证明中，根据假设7.1和假设7.2，对各公式先做简化处理，再判断单调性或比较大小。

命题7.1：

$$s_n^{S*}\approx\frac{1}{(4-\theta)\eta}a,\ \frac{\partial s_n^{S*}}{\partial\theta}>0;\ s_r^{S*}\approx\frac{1}{2(4-\theta)\eta}a,\ \frac{\partial s_r^{S*}}{\partial\theta}>0$$

命题7.2：

$$w_n^{S*} \approx \frac{1-\theta}{4-\theta}a,\ \frac{\partial w_n^{S*}}{\partial \theta} = \frac{-3}{(4-\theta)^2} < 0$$

$$w_r^{S*} \approx \frac{\theta(1-\theta)}{2(4-\theta)}a,\ \frac{\partial w_r^{S*}}{\partial \theta} = \frac{\theta^2 - 8\theta + 4}{(4-\theta)^2}$$

当 $0 < \theta < 4 - 2\sqrt{3}$，$\frac{\partial w_r^{S*}}{\partial \theta} > 0$，当 $4 - 2\sqrt{3} < \theta < 1$，$\frac{\partial w_r^{S*}}{\partial \theta} < 0$。

命题 7.3：

$$p_n^{S*} \approx \frac{3(2-\theta)}{2(4-\theta)}a,\ \frac{\partial p_n^{S*}}{\partial \theta} = \frac{-3}{(4-\theta)^2} < 0;\ p_r^{S*} \approx \frac{\theta(5-2\theta)}{2(4-\theta)}a,\ \frac{\partial p_r^{S*}}{\partial \theta} = \frac{10 - 8\theta + \theta^2}{(4-\theta)^2} > 0$$

命题 7.4：

$$q_n^{S*} \approx \frac{1}{4-\theta}a,\ \frac{\partial q_n^{S*}}{\partial \theta} > 0;\ q_r^{S*} \approx \frac{1}{2(4-\theta)}a,\ \frac{\partial q_r^{S*}}{\partial \theta} > 0$$

命题 7.5：

$$\Pi_n^{S*} \approx \frac{1-\theta}{(4-\theta)^2}a^2,\ \frac{\partial \Pi_n^{S*}}{\partial \theta} = -\frac{2+\theta}{(4-\theta)^2} < 0$$

$$\Pi_r^{S*} \approx \frac{\theta(1-\theta)}{4(4-\theta)^2}a^2,\ \frac{\partial \Pi_r^{S*}}{\partial \theta} = \frac{4-7\theta}{4(4-\theta)^2}$$

当 $0 < \theta < \frac{4}{7}$，$\frac{\partial \Pi_r^{S*}}{\partial \theta} > 0$，当 $\frac{4}{7} < \theta < 1$，$\frac{\partial \Pi_r^{S*}}{\partial \theta} < 0$。

$$\Pi_s^{S*} \approx \frac{2+\theta}{4(4-\theta)}a^2,\ \frac{\partial \Pi_s^{S*}}{\partial \theta} > 0$$

命题 7.6：

$$s_n^{M*} \approx \frac{a}{(4-\theta)\eta},\ \frac{\partial s_n^{M*}}{\partial \theta} > 0;\ s_r^{M*} \approx \frac{a}{2(4-\theta)\eta},\ \frac{\partial s_r^{M*}}{\partial \theta} > 0$$

命题 7.7：

$$w_n^{M*} \approx \frac{1-\theta}{4-\theta}2a = (1 - \frac{3}{4-\theta})2a,\ \frac{\partial w_n^{M*}}{\partial \theta} < 0$$

$$w_r^{M*} \approx \frac{\theta(1-\theta)}{4-\theta}a,\ \frac{\partial w_r^{M*}}{\partial \theta} = \frac{\theta^2 - 8\theta + 4}{(4-\theta)^2}a$$

当 $0 < \theta < 4 - 2\sqrt{3}$，$\frac{\partial w_r^{M*}}{\partial \theta} > 0$，当 $4 - 2\sqrt{3} < \theta < 1$，$\frac{\partial w_r^{M*}}{\partial \theta} < 0$。

命题 7. 8：

$p_n^{M*} \approx \frac{3a}{2} - \frac{3}{4-\theta}a$，$\frac{\partial p_n^{M*}}{\partial \theta} < 0$

$p_r^{M*} \approx \frac{\theta(5-2\theta)}{2(4-\theta)}a$，$\frac{\partial p_r^{M*}}{\partial \theta} = \frac{\theta^2 - 8\theta + 10}{(4-\theta)^2}a$，当 $0 < \theta < 1$，$\frac{\partial p_r^{M*}}{\partial \theta} > 0$。

命题 7. 9：

$q_n^{M*} \approx \frac{a}{4-\theta}$，$\frac{\partial q_n^{M*}}{\partial \theta} > 0$；$q_r^{M*} \approx \frac{a}{2(4-\theta)}$，$\frac{\partial q_r^{M*}}{\partial \theta} > 0$

命题 7. 10：

$\Pi_n^{M*} \approx \frac{1-\theta}{(4-\theta)^2}2a^2$，$\frac{\partial \Pi_n^{M*}}{\partial \theta} = -\frac{2(\theta+2)}{(4-\theta)^3}a^2 < 0$

$\Pi_r^{M*} \approx \frac{\theta(1-\theta)}{2(4-\theta)^2}a^2$，$\frac{\partial \Pi_r^{M*}}{\partial \theta} = \frac{a^2}{2}\frac{4-7\theta}{(4-\theta)^3}$

当 $0 < \theta < \frac{4}{7}$，$\frac{\partial \Pi_r^{M*}}{\partial \theta} > 0$，当 $\frac{4}{7} < \theta < 1$，$\frac{\partial \Pi_r^{M*}}{\partial \theta} < 0$。

$\Pi_s^{M*} \approx \frac{4+5\theta}{4(4-\theta)^2}a^2$，$\frac{\partial \Pi_s^{M*}}{\partial \theta} = \frac{a^2}{4}\frac{28+5\theta}{(4-\theta)^3} > 0$

命题 7. 11：

$s_n^{N*} \approx \frac{3a}{(9-\theta)\eta}$，$\frac{\partial s_n^{N*}}{\partial \theta} > 0$；$s_r^{N*} \approx \frac{a}{(9-\theta)\eta}$，$\frac{\partial s_r^{N*}}{\partial \theta} > 0$

命题 7. 12：

$w_n^{N*} \approx \frac{3(1-\theta)a}{9-\theta}$，$\frac{\partial w_n^{N*}}{\partial \theta} = \frac{-24}{(9-\theta)^2} < 0$

$w_r^{N*} \approx \frac{\theta(1-\theta)a}{9-\theta}$，$\frac{\partial w_r^{N*}}{\partial \theta} = \frac{9-18\theta+\theta^2}{(9-\theta)^2}$

当 $0 < \theta < 9-6\sqrt{2}$，$\frac{\partial w_r^{N*}}{\partial \theta} > 0$，当 $9-6\sqrt{2} < \theta < 1$，$\frac{\partial w_r^{N*}}{\partial \theta} < 0$。

命题 7. 13：

$p_n^{N*} \approx \frac{6-2\theta}{9-\theta}a$，$\frac{\partial p_n^{N*}}{\partial \theta} = \frac{-12}{(9-\theta)^2} < 0$

$p_r^{N*} \approx \frac{\theta(5-\theta)}{9-\theta}a$，$\frac{\partial p_r^{N*}}{\partial \theta} = \frac{\theta^2-18\theta+45}{(9-\theta)^2}a > 0$

命题 7. 14：

$q_n^{N*} \approx \frac{3a}{9-\theta}$，$\frac{\partial q_n^{N*}}{\partial \theta} > 0$；$q_r^{N*} \approx \frac{a}{9-\theta}$，$\frac{\partial q_r^{N*}}{\partial \theta} > 0$

命题 7.15：

$\Pi_n^{N*} \approx \frac{9(1-\theta)a^2}{(9-\theta)^2}$，$\frac{\partial \Pi_n^{N*}}{\partial \theta} = -\frac{9(\theta+7)}{(9-\theta)^3}a^2 < 0$

$\Pi_r^{N*} \approx \frac{\theta(1-\theta)a^2}{(9-\theta)^2}$，$\frac{\partial \Pi_r^{N*}}{\partial \theta} = \frac{9-17\theta}{(9-\theta)^3}a^2$，

当 $0<\theta<\frac{9}{17}$，$\frac{\partial \Pi_r^{N*}}{\partial \theta} > 0$，当 $\frac{9}{17}<\theta<1$，$\frac{\partial \Pi_r^{N*}}{\partial \theta} < 0$。

$\Pi_s^{N*} \approx \frac{(9+7\theta)a^2}{(9-\theta)^2}$，$\frac{\partial \Pi_r^{N*}}{\partial \theta} = \frac{81+7\theta}{(9-\theta)^3}a^2 > 0$

命题 7.16—命题 7.18：

$s_n^{S*} \approx \frac{1}{(4-\theta)\eta}a$，$s_n^{M*} \approx \frac{a}{(4-\theta)\eta}$，$s_n^{N*} \approx \frac{3a}{(9-\theta)\eta}$；所以 $s_n^{M*} = s_n^{S*} < s_n^{N*}$。

$s_r^{S*} \approx \frac{1}{2(4-\theta)\eta}a$，$s_r^{M*} \approx \frac{a}{2(4-\theta)\eta}$，$s_r^{N*} \approx \frac{a}{(9-\theta)\eta}$；所以 $s_r^{N*} < s_r^{M*} = s_r^{S*}$。

$w_n^{S*} \approx \frac{1-\theta}{4-\theta}a$，$w_n^{M*} \approx \frac{1-\theta}{4-\theta}2a$，$w_n^{N*} \approx \frac{3(1-\theta)a}{9-\theta}$；所以 $w_n^{S*} < w_n^{N*} < w_n^{M*}$。

$w_r^{S*} \approx \frac{\theta(1-\theta)}{2(4-\theta)}a$，$w_r^{M*} \approx \frac{\theta(1-\theta)}{4-\theta}a$，$w_r^{N*} \approx \frac{\theta(1-\theta)a}{9-\theta}$；所以$w_r^{N*} < w_r^{S*} < w_r^{M*}$。

$q_n^{S*} \approx \frac{1}{4-\theta}a$，$q_n^{M*} \approx \frac{a}{4-\theta}$，$q_n^{N*} \approx \frac{3a}{9-\theta}$；所以 $q_n^{M*} = q_n^{S*} < q_n^{N*}$。

$q_r^{S*} \approx \frac{1}{2(4-\theta)}a$，$q_r^{M*} \approx \frac{a}{2(4-\theta)}$，$q_r^{N*} \approx \frac{a}{9-\theta}$；所以 $q_r^{N*} < q_r^{M*} = q_r^{S*}$。

$p_n^{S*} \approx \frac{3(2-\theta)}{2(4-\theta)}a$，$p_n^{M*} \approx \frac{3a}{2} - \frac{3}{4-\theta}a$，$p_n^{N*} \approx \frac{6-2\theta}{9-\theta}a$；所以 $p_n^{N*} < p_n^{M*} = p_n^{S*}$。

$p_r^{S*} \approx \frac{\theta(5-2\theta)}{2(4-\theta)}a$，$p_r^{M*} \approx \frac{\theta(5-2\theta)}{2(4-\theta)}a$，$p_r^{N*} \approx \frac{\theta(5-\theta)}{9-\theta}a$；所以 $p_r^{N*} <$

$p_r^{M*} = p_r^{S*}$。

$\Pi_n^{S*} \approx \frac{1-\theta}{(4-\theta)^2}a^2$，$\Pi_n^{M*} \approx \frac{1-\theta}{(4-\theta)^2}2a^2$，$\Pi_n^{N*} \approx \frac{9(1-\theta)a^2}{(9-\theta)^2}$；所以 $\Pi_n^{S*} < \Pi_n^{N*} < \Pi_n^{M*}$。

$\Pi_r^{S*} \approx \frac{\theta(1-\theta)}{4(4-\theta)^2}a^2$，$\Pi_r^{M*} \approx \frac{\theta(1-\theta)}{2(4-\theta)^2}a^2$，$\Pi_r^{N*} \approx \frac{\theta(1-\theta)a^2}{(9-\theta)^2}$；所以 $\Pi_r^{N*} < \Pi_r^{S*} < \Pi_r^{M*}$。

$\Pi_s^{S*} \approx \frac{2+\theta}{4(4-\theta)}a^2$，$\Pi_s^{M*} \approx \frac{4+5\theta}{4(4-\theta)^2}a^2$，$\Pi_s^{N*} \approx \frac{(9+7\theta)a^2}{(9-\theta)^2}$；所以 $\Pi_s^{M*} < \Pi_s^{N*} < \Pi_s^{S*}$。

第八章　结论

本书对基于价格和服务的市场销售策略做了深入研究，主要做了以下几个方面的工作。

（1）研究了两个制造商在提供替代产品的同时提供配套服务，在三种情景下双方价格和服务水平的决策及获得的销售量和利润。在参数分析方面，产品自身的市场容量增加或者服务成本减少使产品的价格、服务水平、需求量和利润都增加。而替代品之间存在负的溢出效应。当替代品市场容量增加时，若服务成本较高，则产品的价格、服务水平、需求量和利润都增加，但其幅度小于替代品；若服务成本较低，产品的价格、服务水平、需求量和利润都减少。而替代品服务成本减少，则一定会导致产品的价格、服务水平、需求量和利润减少。

在三种情境对比方面，两个企业形成联盟时，能够获得最大利润，但消费者利益受到损失。当无法形成联盟时，若双方实力相等，则维持纳什均衡，此时双方的利润都较低；如一方占据优势，则领导者凭借优势地位获取较多的利润，跟随者只能获取较低的收益。

（2）研究了两个生产互补品企业在提供产品的同时提供配套服务，在三种情境下双方价格和服务水平的决策及获得的销售量和利润。在参数分析方面，产品自身的市场容量增加或者服务成本减少使产品的价格、服务水平、需求量和利润都增加。而替代品之间存在正的溢出效应。当互补品市场容量增加时，若服务成本较低，则产品的价格、服务水平、需求量和利润都增加，但其幅度小于互补品；若服务成本较高，则产品的价格、服务水平、需求量和利润都减少。而互补品的服务成本减少，则一定会导致产品的价格、服务水平、需求量和利润都增加。

在三种情境对比方面，两个企业形成联盟时，能够获得最大利润，且消费者同样从中受益。当无法形成联盟时，若双方实力相等，则维持纳什均衡，此时双方的利润都较低；如一方占据优势，则领导者凭借优势地位获取较多的利润，跟随者只能获取较低的收益。

（3）研究了市场上存在两个替代品生产商和一个零售商，且由生产商提供服务的模型。分析了在三种情境下，三方的价格和服务水平的决策，以及获得销售量和利润。随着产品市场容量增加，该产品的服务水平、批发价格、需求量和利润都是增加的，替代品同样也会小幅度增加（在纳什均衡状态下，当服务成本较低时则有小幅减少）。零售商的产品零售价格和总利润也会增加，而替代品的零售价格与服务成本相关。随着产品服务成本降低，生产商的服务水平、批发价格、需求量和利润都提高，而替代品的服务水平、批发价格、需求量和利润都降低。零售商会提高该产品的零售价格，而降低替代品零售价格，但总利润会增加。

当生产商占优势时，生产商采取低服务水平和高批发价格获得最多的利润；而零售商只能以低的零售价格，获取最少的利润。当零售商占优势时，零售商采取高的零售价格获取最多的利润；而生产商只能以高服务水平和低批发价格，获得最少的利润。当处于纳什均衡状态，双方的决策与服务成本相关。当服务成本较低时，双方保持平等状态，会采取中等水平的服务水平、批发价格和零售价格，且都获得中等水平的利润。当服务成本较高时，生产商放弃平等地位转为跟随者获取中等水平的利润，零售商也乐意成为领导者，从而获取最多的利润。

（4）研究了再制造产品经营的两种模式。第一种模式中，市场上存在两个生产商，一个是传统的新产品生产商，另一个是通过回收旧产品再制造，两个企业在销售产品的同时提供与产品相关的配套服务。讨论了在纳什均衡和新产品生产商为领导者两种情境下双方的价格、服务水平的最优决策以及此时的销售量和获得的利润。在纳什均衡情境下，随着顾客对于再制造产品认可度的提升，新产品的服务水平和需求量增加，但价格降低且利润减少；再制造产品的服务水平和需求量增加，而价格和利润却先增加后降低。在新产品生产商为领导者情境下，随着顾客对于再制造产品认可度的提升，新产品的服务水平、需求量、价格和利润都会降低；再制造产品的服务水平和销售量增加，而价格和利润同样先升高后降低。

当处于新产品生产商领导者地位时，相对于纳什均衡状态，新产品商会采取较低的服务水平，较高的价格，虽然需求量会变小，但是总的利润会变大。对于再制造产品生产商，当 θ 较小时会采取较低的服务水平和较低的价格，其需求量和利润也较低；但是当 θ 较大时会采取较高的服务水平和较高的价格，其需求量和利润也较高。所以当 θ 较小时，双方若处于纳什均衡状态，双方按照平等地位竞争；若新产品生产商处于领导者地位，再制造产品只能采取跟随策略。当 θ 较大时，无论何种情境，再制造产品生产商都会采取跟随策略，使新产品生产商处于领导者地位。

第二种模式是市场上只有一个生产商，同时生产两类产品。本书讨论了这两类产品的价格、服务水平的最优决策以及获得的销售量和利润。随着 θ 增加，新产品的价格、服务水平和需求会降低，再制造产品的服务水平、价格和需求均会增加，但总利润会减少。

与第一种模式相比，第二种模式中两类产品都会采取高价格、低服务水平，虽然需求量较低，但是可以获得最多的利润。在经营策略方面，新产品生产商会根据再制造产品的认可程度，生产所投入的固定成本和再制造商实力，决定独自经营还是由再制造商生产再制造产品。

（5）研究了有零售商参与的再制造品销售模型。分析了在三种不同情境下，新产品生产商、再制造产品生产商和零售商的价格、服务水平的最优决策，以及所获得的销售量和利润。在变化趋势上，随着顾客对于再制造产品认可度的提升，新产品的服务水平和需求量增加，但是批发价格和利润减少；再制造产品的服务水平和需求量增加，而批发价格和利润却先增加后降低；零售商的新产品零售价格降低，再制造产品零售价格增加，总利润增加。

在生产商为领导者状态下，新产品和再制造产品采用较高的批发价格而且获得较高的利润，零售商的零售价格虽然稍高但只能获得较低的利润。在零售商为领导者状态下，新产品只能采取最低的批发价格并获取最低的利润，再制造产品反而可以采取中等的批发价格并获取中等的利润，零售商则用其优势地位获取较高的零售价格从而获取最高的利润。在纳什均衡状态下，新产品和零售商由于平等地位，均会获得中等的价格和利润，而再制造产品由于相对弱势只能获得最低的价格和利润。

本书研究的主题对学术领域和企业界都具有重要的意义，具体来说，可以分为以下两个方面：

（1）从理论上来看，本书的研究内容将对现有的基于服务的竞争形成有益的补充。在产品种类方面，现有文献大多只分析单一产品在不同销售模式下基于服务的竞争，较少涉及多种产品的情景；在服务提供方面，往往设定零售商为服务的提供者；在结果分析方面，主要侧重于不同情境下的比较。

因此本书对多种具有相关关系的产品基于服务和价格的企业销售策略做了较为系统的分析。设定由制造商提供产品配套服务，更加符合服务型制造的发展趋势。对博弈结果作参数分析，研究当外界环境变化时企业的价格和服务决策应如何调整，需求和利润会如何改变，指导企业如何适应这种变化，甚至有意识地改变环境参数，获取更多的利润，并对结果做算例分析。这对于现有的研究是一个重要补充。

（2）从企业实践层面来看，本书的研究将对企业成功实施服务增值提供非常有价值的参考。目前虽然众多企业都认识到提供服务的好处，但是同时也不得不面对实施所带来的诸多挑战，尤其是对于如何确定提供的服务的水平和价格缺乏足够的了解。

服务增值成功的原因就在于对服务水平和价格的准确把握，所以企业要想获得更多的市场份额和利润，必须对这种竞争模式有充分的认识。本书的研究内容从市场需求规律出发，探讨制造商零售商消费者等多方参与过程中的具体决策过程，从而可以给企业提供一个全新的视角，有利于服务增值的成功应用和推广。

结合现有的关于服务和再制造的相关文献，以及本书为简化分析所做出的假设，存在以下几个可进一步拓展的研究方向。

（1）本书基于完全信息的博弈。但在实际的经济活动中，参与方对竞争对手的信息并不能完全掌握，不完全信息博弈更符合一般的常态。所以将来还可以考虑在此方面做更深入的研究。

（2）本书的研究基于单周期模型，且设定企业同时对价格和服务水平做出决策。然而在很多情况下，企业的生产和销售是在多周期甚至无限周期展开。下一步研究可考虑两阶段甚至多阶段模型，且价格和服务的决策在不同阶段分别决策，这样才能深入理解基于价格和服务的销售策略。

（3）本书在研究中发现，企业之间存在一些“搭便车”的行为，即某个企业的经营改进会对其他企业带来正的溢出效应。而经营改进所花费的成本，本书均假定由企业自身承担。因此如何更公平合理地分配这部分成本，使参与方更有动力去改善经营，也是值得研究的方向。

（4）关于再制造产品生产方面，废旧产品的回收有两种情况：①回收数量不受上一期新产品销售量的限制；②回收数量受上一期新产品销售量的限制。本书采取了第一种情况，即假定有足够多的废旧品用于再制造。因此，下一步可以考虑多阶段且再制造生产能力受到限制情境下企业的决策行为。

（5）为简化分析，本书在研究时，并没有考虑现实中新产品生产商对于再制造产品生产商的约束，例如市场准入和品牌授权等，下一步可考虑将这些因素添加做更深入的研究。

参考文献

[1] 柏昊、徐捷：《服务增强在制造业企业产品创新中的作用研究》，《华东经济管理》2006 年第 10 期。

[2] 毕功兵、王怡璇、丁晶晶：《存在替代品情况下考虑消费者策略行为的动态定价》，《系统工程学报》2013 年第 1 期。

[3] 别传武、陈丽珍：《论互补商品对营销的影响》，《中国流通经济》2001 年第 2 期。

[4] 曹国昭、齐二石：《替代品竞争环境下损失厌恶报童问题研究》，《管理学报》2013 年第 6 期。

[5] 常香云、钟永光、王艺璇、陈智高：《促进我国汽车零部件再制造的政府低碳引导政策研究——以汽车发动机再制造为例》，《系统工程理论与实践》2013 年第 11 期。

[6] 陈剑、徐鸿雁：《基于销售商努力的供应商定价和生产决策》，《系统工程理论与实践》2009 年第 5 期。

[7] 陈菊红、史成东、郭福利：《第三方负责回收再制造闭环供应链契约设计》，《工业工程与管理》2010 年第 2 期。

[8] 陈远高、刘南：《具有服务差异的双渠道供应链竞争策略》，《计算机集成制造系统》2010 年第 11 期。

[9] 程大中：《商品与服务：从分离到综合》，《经济学家》2002 年第 2 期。

[10] 程子阳、唐守廉：《电信业重组前后移动通信市场份额的博弈分析》，《北京邮电大学学报》（社会科学版）2008 年第 3 期。

[11] 戴志强：《制造企业向服务化转型的新动向》，《经济导刊》2007

年第 8 期。
[12] 但斌、田丽娜、董绍辉：《考虑溢出效应的互补品企业间广告决策模型研究》，《中国管理科学》2013 年第 2 期。
[13] 但斌、王瑶、王磊、张旭梅：《考虑制造商服务努力的异质产品双渠道供应链协调》，《系统管理学报》2013 年第 6 期。
[14] 丁斌、左琪、罗秋慧：《信息共享下的在线零售商与物流提供商额外配送能力》，《系统工程》2014 年第 4 期。
[15] 丁兆国、金青、张忠：《服务型制造企业的价值创造研究》，《中国科技论坛》2013 年第 5 期。
[16] 丁志伟：《制造企业产品延伸服务的配置困境与出路》，《理论学刊》2014 年第 4 期。
[17] 范体军、楼高翔、王晨岚、陈荣秋：《基于绿色再制造的废旧产品回收外包决策分析》，《管理科学学报》2011 年第 8 期。
[18] 方红卫、马建：《基于增值服务的服务型制造企业商业模式》，《交通运输工程学报》2013 年第 5 期。
[19] 冯泰文、孙林岩、何哲、张颖：《制造与服务的融合：服务型制造》，《科学学研究》2009 年第 6 期。
[20] 高攀、王旭、景熠、邓蕾：《基于异质需求的再制造与翻新产品差异定价策略》，《计算机集成制造系统》2014 年第 9 期。
[21] 高鹏、聂佳佳、谢忠秋：《存在绿色消费者的再制造供应链信息分享策略》，《管理工程学报》2014 年第 4 期。
[22] 葛静燕、黄培清、王子萍：《基于博弈论的闭环供应链协调问题》，《系统管理学报》2007 年第 5 期。
[23] 何哲、孙林岩、朱春燕：《服务型制造的产生和政府管制的作用——对山寨机产业发展的思考》，《管理评论》2011 年第 1 期。
[24] 吉伟卓、马军海：《发电市场不同决策规则三寡头博弈模型研究》，《系统工程学报》2008 年第 3 期。
[25] 简兆权、伍卓深：《制造业服务化的路径选择研究——基于微笑曲线理论的观点》，《科学学与科学技术管理》2011 年第 12 期。
[26] 蒋传海、杨渭文：《互补产品、捆绑销售和市场竞争》，《2011 年产业组织前沿问题国际研讨会论文》，中国大连，2011 年 6 月。

［27］孔庆山、邢伟、石晓梅：《具有服务策略的双渠道供应链定价问题研究》，《商业研究》2012 年第 2 期。

［28］李枫、孙浩、达庆利：《不完全信息下再制造逆向供应链的定价与协调研究》，《中国管理科学》2009 年第 3 期。

［29］李杰、柳键：《基于需求敏感指数的供应链延保服务模式分析》，《控制与决策》2013 年第 7 期。

［30］李善民、曾昭灶：《质量差异化与产品互补型企业兼并问题》，《管理科学学报》2003 年第 6 期。

［31］李书娟、张子刚：《电子商务环境下双渠道供应链价格竞争与协调机制研究综述》，《图书情报工作》2010 年第 18 期。

［32］梁军、周扬：《不同驱动模式下生产者服务业与制造业的互动关系研究》，《现代财经》（天津财经大学学报）2013 年第 4 期。

［33］蔺雷、吴贵生：《服务延伸产品差异化：服务增强机制探讨——基于 Hotelling 地点模型框架内的理论分析》，《数量经济技术经济研究》2005 年第 8 期。

［34］蔺雷、吴贵生：《我国制造企业服务增强差异化机制的实证研究》，《管理世界》2007 年第 6 期。

［35］蔺雷、吴贵生：《制造业的服务增强研究：起源、现状与发展》，《科研管理》2006 年第 1 期。

［36］刘继国、李江帆：《国外制造业服务化问题研究综述》，《经济学家》2007 年第 3 期。

［37］刘继国：《制造业服务化带动新型工业化的机理与对策》，《经济问题探索》2006 年第 6 期。

［38］刘明宇、芮明杰、姚凯：《生产性服务价值链嵌入与制造业升级的协同演进关系研究》，《中国工业经济》2010 年第 8 期。

［39］刘平：《基于产品服务的制造企业战略选择》，《江西社会科学》2006 年第 1 期。

［40］刘芹、何彬斌、吕郑超、马媛：《双渠道供应链服务溢出下的协调策略》，《合肥工业大学学报》（自然科学版）2014 年第 7 期。

［41］刘清峰、刘金兰：《服务产品价格构成因素及定价策略——基于顾客感知理论》，《价格理论与实践》2005 年第 12 期。

[42] 刘晓峰、陈通、柳锦铭、张红兵：《基于网络分析法的逆向物流回收模式选择评价》，《电子科技大学学报》（社会科学版）2007年第3期。

[43] 刘玉霜、张纪会：《零售商价格竞争下的最优决策与收益共享契约》，《控制与决策》2013年第2期。

[44] 柳键、罗春林：《利润–CVaR准则下的二级供应链定价与订货策略研究》，《控制与决策》2010年第1期。

[45] 鲁桂华、蔺雷、吴贵生：《差别化竞争战略与服务增强的内在机理》，《中国工业经济》2005年第5期。

[46] 罗春林、柳键、李杰：《风险厌恶因子不确定的二阶供应链定价与订货策略》，《控制与决策》2011年第1期。

[47] 罗美玲、李刚、孙林岩：《具有服务溢出效应的双渠道供应链竞争》，《系统管理学报》2011年第6期。

[48] 骆品亮、陈连权：《零售商关于售前服务的搭便车行为与RPM制度研究》，《产业经济研究》2008年第1期。

[49] 买生、匡海波、马慧：《基于VTC正网络外部性的互补品协调模型》，《运筹与管理》2013年第4期。

[50] 彭志强、厉华杰、申成然：《专利产品再制造下闭环供应链的决策优化与授权许可策略》，《重庆理工大学学报》（社会科学版）2010年第10期。

[51] 彭志强、徐玲玲、袁晨：《基于顾客选择行为的再制造产品价格歧视策略》，《工业工程与管理》2011年第3期。

[52] 钱宇、陈剑：《供应链中考虑下游转运的订货和定价决策研究》，《中国管理科学》2008年第1期。

[53] 权锡鉴、刁建东：《大型零售商服务功能拓展与盈利模式创新研究》，《价格理论与实践》2011年第11期。

[54] 申成然、熊中楷、彭志强：《专利保护与政府补贴下再制造闭环供应链的决策和协调》，《管理工程学报》2013年第3期。

[55] 沈瑾、王丽亚、隆惠君、吴明兴、江志斌：《服务型制造中基于知识的产品服务配置》，《计算机集成制造系统》2013年第10期。

［56］石岿然、盛昭瀚、马胡杰：《双边不确定性条件下制造商质量投资与零售商销售努力决策》，《中国管理科学》2014 年第 1 期。
［57］宋高歌、黄培清、帅萍：《基于产品服务化的循环经济发展模式研究》，《中国工业经济》2005 年第 5 期。
［58］宋寒、但斌、张旭梅：《不对称信息下服务外包中的客户企业参与机制》，《系统管理学报》2011 年第 1 期。
［59］孙浩、达庆利：《基于产品差异的再制造闭环供应链定价与协调研究》，《管理学报》2010 年第 5 期。
［60］孙浩、吴亚婷、达庆利：《需求价格敏感下具有损失厌恶零售商的闭环供应链定价与协调》，《控制与决策》2014 年第 10 期。
［61］孙林岩、李刚、江志斌、郑力、何哲：《21 世纪的先进制造模式——服务型制造》，《中国机械工程》2007 年第 19 期。
［62］汤易兵、黄祖庆、张宝友：《两阶段供应链联合服务定价决策和渠道策略》，《数学的实践与认识》2013 年第 8 期。
［63］王虹、周晶：《具有风险规避参与者的双渠道供应链最优策略研究》，《计算机集成制造系统》2009 年第 11 期。
［64］王明微、张树生、周竞涛：《面向服务型制造的协同业务流程构建框架》，《计算机集成制造系统》2010 年第 11 期。
［65］王素娟、胡奇英：《基于延保服务吸引力指数的服务模式分析》，《计算机集成制造系统》2010 年第 10 期。
［66］王文宾、达庆利、孙浩：《再制造逆向供应链协调的奖励与奖惩机制设计》，《中国管理科学》2009 年第 5 期。
［67］王文宾、达庆利：《考虑消费者利益的逆向供应链利润分配》，《东南大学学报》（自然科学版）2007 年第 4 期。
［68］韦铁、鲁若愚：《基于 Hotelling 改进模型的服务创新差异化竞争战略研究》，《管理工程学报》2013 年第 3 期。
［69］吴贵生、蔺雷：《我国制造企业“服务增强”的实证研究及政策建议》，《管理工程学报》2011 年第 4 期。
［70］项保华、王延飞：《互补品对海尔集团竞争优势的影响分析》，《管理现代化》2009 年第 2 期。
［71］肖剑、但斌、张旭梅：《双渠道供应链中制造商与零售商的服务

合作定价策略》,《系统工程理论与实践》2010 年第 12 期。
[72] 谢文明、江志斌、王康周、林文进:《服务型制造与传统制造的差异及新问题研究》,《中国科技论坛》2012 年第 9 期。
[73] 熊中楷、聂佳佳、李根道:《基于微分对策的多寡头品牌和大类广告策略研究》,《管理工程学报》2009 年第 3 期。
[74] 熊中楷、申成然、彭志强:《专利保护下闭环供应链的再制造策略研究》,《管理工程学报》2012 年第 3 期。
[75] 徐广业、但斌、肖剑:《基于改进收益共享契约的双渠道供应链协调研究》,《中国管理科学》2010 年第 6 期。
[76] 徐晋、廖刚、陈宏民:《多寡头古诺竞争与斯塔尔博格竞争的对比研究》,《系统工程理论与实践》2006 年第 2 期。
[77] 许明辉、于刚、张汉勤:《具备提供服务的供应链博弈分析》,《管理科学学报》2006 年第 2 期。
[78] 许明星、王健:《双渠道供应链中服务对定价和需求的影响研究》,《计算机应用研究》2014 年第 4 期。
[79] 杨慧、宋华明、俞安平:《服务型制造模式的竞争优势分析与实证研究——基于江苏 200 家制造企业数据》,《管理评论》2014 年第 3 期。
[80] 姚树俊、陈菊红、张晓瑞:《产品服务化供应链能力协调对策研究——以价格敏感性随机需求为视角》,《科技管理研究》2011 年第 23 期。
[81] 叶勤:《产品服务增值扩展战略的兴起与发展》,《商业经济与管理》2002 年第 6 期。
[82] 张汉江、李聪颖、姚琴、孟园:《闭环供应链上的最优回收激励契约与政府补贴再制造政策的最优化》,《系统工程》2014 年第 8 期。
[83] 张盼、熊中楷、郭年:《基于价格和服务竞争的零售商双渠道策略》,《工业工程》2012 年第 6 期。
[84] 张思、张庆:《考虑服务水平影响的双渠道分散库存控制策略研究》,《工业工程》2013 年第 6 期。
[85] 张旭梅、郭佳荣、张乐乐、但斌:《现代制造服务的内涵及其运

营模式研究》，《科技管理研究》2009年第9期。

[86] 张雅琪、陈菊红、郭福利、李赛赛：《混合渠道下2-2可替代品供应链中交叉选择及均衡分析》，《中国管理科学》2013年第1期。

[87] 张怡、陈旭：《考虑服务水平约束的零售商订货策略研究》，《预测》2010年第6期。

[88] 郑吉昌：《产品服务增殖与现代制造企业竞争优势》，《商业经济与管理》2003年第8期。

[89] 周俊：《关于互补产品战略的探讨》《云南财贸学院学报》2003年第4期。

[90] Agrawal V., Seshadri S., Impact of Uncertainty and Risk Aversion on Price and Order Quantity in the Newsvendor Problem, Manufacturing & Service Operations Management, Vol. 2, No. 4, 2000.

[91] Ahmadi J. A., Hoseinpour P., On a Cooperative Advertising Model for a Supply Chain with One - Manufacturer and One - Retailers, European Journal of Operational Research, Vol. 219, No. 2, 2012.

[92] Amrouche N., Yan R., Can a Weak Retailer Benefit from Manufacturer - dominant Retailer Alliance?, Journal of Retailing and Consumer Services, Vol. 20, No. 1, 2013.

[93] Atasu A., Sarvary M., Wassenhove L. N. V., Remanufacturing As a Marketing Strategy, Management Science, Vol. 54, No. 10, 2008.

[94] Aurich J. C., Mannweiler C., Schweitzer E., "How to Design and Offer Services Successfully", CIRP Journal of Manufacturing Science and Technology, Vol. 2, No. 3, 2010.

[95] Berger S., Lester R. Made by Hong Kong, Oxford: Oxford University Press, 1997.

[96] Bernstein F., Federgruen A., Coordination mechanisms for supply chains under price and service competition, Manufacturing and Service Operations Management, Vol. 9, No. 3, 2007.

[97] Bhaskaran S. R., Gilbert S. M., Selling and Leasing Strategies for Durable Goods with Complementary Products, Management Science,

Vol. 51, No. 8, 2005.

[98] Blandine L., Fabienne P., "Environmental Constraints, Product - Service Systems Development and Impacts on Innovation Management: Learning From Manufacturing Firms in the French Context", Journal of Cleaner Production, Vol. 53, No. 15, 2013.

[99] Boisvert J., Ashill N. J., How Brand Innovativeness and Quality Impact Attitude Toward New Service Line Extensions: the Moderating Role of Consumer Involvement, Journal of Services Marketing, Vol. 25, No. 7, 2011.

[100] Brady T., Davies A., Gann D. "Creating Value by Delivering Integrated Solutions", International Journal of Project Management, Vol. 23, No. 33, 2005.

[101] Brax S., A Manufacturer Becoming Service Provider - challenges and a Paradox, Managing Service Quality, Vol. 15, No. 2, 2005.

[102] Brynjolfsson E., Yu H., Rahman M. S., Battle of the Retail Channels: How Product Selection and Geography Drive Cross - channel Competition, Management Scicncc, Vol. 55, No. 11, 2009.

[103] Cai G., Zhang Z. G., Zhang M., Game Theoretical Perspectives on Dual - channel Supply Chain Competition with Price Discounts and Pricing Schemes, International Journal of Production Economics, Vol. 117, No. 1, 2008.

[104] Charoensiriwath C., Chyi J., "Competition under Manufacturer Service and Retail Price", Economic Modelling, Vol. 28, No. 3, 2011.

[105] Chen Y. C., Fang S. C., Wen U. P., Pricing Policies for Substitutable Products in a Supply Chain with Internet and Traditional Channels, European Journal of Operational Research, Vol. 224, No. 3, 2013.

[106] Chiang W. K., Chhajed D., Hess J. D., Direct Marketing, Indirect Profits: a Strategic Analysis of Dual Channel Supply Chain Design, Management Science, Vol. 49, No. 1, 2003.

[107] Chiang W. K., Monahan G. E., Managing Inventories in a Two - echelon Dual - channel Supply Chain, European Journal of Operational Research, Vol. 162, No. 2, 2003.

[108] Choi J. P., Merges with Bundling in Complementary Markets, Journal of Industrial Economics, Vol. 56, No. 3, 2008.

[109] Chun S. H., Rhee B. D., Park S. Y., Kim J. C., Emerging Dual Channel System and Manufacturer's Direct Retail Channel Strategy, International Review of Economics & Finance, Vol. 20, No. 4, 2011.

[110] Cohen M. A., Whang S., Competing in Product and Service: A Product Life - cycle Model, Management Science, Vol. 43, No. 4, 1997.

[111] Dan B., Xu G., Liu C., Pricing Policies in a Dual - channel Supply Chain with Retail Services, International Journal of Production Economics, Vol. 139, No. 1, 2012.

[112] Debo L. G., Toktay L. B., Wassenhove L. N. V., Market Segmentation and Product Technology Selection for Remanufacturable Products, Management Science, Vol. 51, No. 8, 2005.

[113] Dong L. X., Narasimhan C., Zhu K. J., Product Line Pricing in a Supply Chain, Management Science, Vol. 55, No. 10, 2009.

[114] Drucker, Peter F, "The Emerging Theory of Manufacturing", Harvard Business Review, Vol. 68, No. 3, 1990.

[115] Dumrongsiri A., Fan M., Jain A., Moinzadeh K., A Supply Chain Model with Direct and Retail Channels, European Journal of Operational Research, Vol. 187, No. 3, 2008.

[116] Elnadi M., Shehab E., "A Conceptual Model for Evaluating Product - service Systems Leanness in UK Manufacturing Companies", Procedia CIRP, Vol. 2014, No. 22, 2014.

[117] Ferguson M., Toktay L. B., The Effect of Competition on Recovery Strategies, Production and Operations Management, Vol. 15, No. 3, 2006.

[118] Ferrer G. , Ketzenberg M. E. , Value of Information in Remanufacturing Complex Products, IIE Transactions, Vol. 36, No. 3, 2004.

[119] Ferrer, G. , Swaminathan J. M. , Managing New and Remanufactured Products, Management Science, Vol. 52, No. 1, 2006.

[120] Gabszewicz J. , Sonnae N. , Wauthy X. , On Price Competition with Complementary Goods, Economies Letters, Vol. 70, No. 3, 2001.

[121] Gann M. , Salter J. , "Innovation in Project – based, Service – enhanced Firms: the Construction of Complex Products and Systems", Research Policy, Vol. 29, No. 7, 2002.

[122] Gebauer H. , Gustafsson A. , Witell L. , Competitive Advantage through Service Differentiation by Manufacturing Companies, Journal of Business Research, Vol. 64, No. 12, 2011.

[123] Geum Y. , Park Y. , "Designing the Sustainable Product – service Integration: a Product – service Blueprint Approach", Journal of Cleaner Production, Vol. 19, No. 14, 2011.

[124] Goffin K. , "Customer support: A Cross – industry Study of Distribution Channels and Strategies", International Journal of Physical Distribution & Logistics Management, Vol. 29, No. 6, 1999.

[125] Guerrieri P. , Meliciani V. , Technology and International Competitiveness: The Interdependence Between Manufacturing and Producer Services, Structural Change and Economic Dynamics, Vol. 16, No. 4, 2006 .

[126] Guide V. , Daniel R. J. , Wassenhove L. N. V. , The Evolution of Closed – loop Supply Chain Research, Operations Research, Vol. 57, No. 1, 2009.

[127] Hauser W. , Lund R. T. , Remanufacturing: Operating Practices and Strategies. Department of Manufacturing Engineering, Boston MA: Boston University, 2008.

[128] Howells. J, "The Nature of Innovation in service", Paperpresented for OECD, Australia Work Shop Innovation and Productivity in Services, Sydney, Australia , 2002.

[129] Hsieh C. C. , Wu C. H. , Capacity Allocation, Ordering and Pricing Decisions in a Supply Chain with Demand and Supply Uncertainties, European Journal of Operational Research, Vol. 184, No. 2, 2008.

[130] Hua G. , Wang S. Y. , Cheng T. C. E. , Price and Lead Time Decisions in Dual - channel Supply Chains, European Journal of Operational Research, Vol. 205, No. 16, 2010.

[131] Huang S. , Yang C. , Liu H. , Pricing and Production Decisions in a Dual - channel Supply Chain When Production Costs Are Disrupted, Economic Modelling, Vol. 30, No. 2013, 2013.

[132] Huck S. , Muller W. , Normann H. T. , Stackelberg Beats Cournot: On Collusion and Efficiency in Experimental Markets, The Economic Journal, Vol. 111, No. 10, 2001.

[133] Iyer G. , Coordinating Channels under Price and Nonprice Competition, Marketing Science, Vol. 17, No. 4, 1998.

[134] Kastalli I. V. , Looy B. V. , Servitization: Disentangling the Impact of Service Business Model Innovation on Manufacturing Firm Performance, Journal of Operations Management, Vol. 31, No. 4, 2013.

[135] Kowalkowski C. , Witell L. , Gustafsson A. , Any Way Goes: Identifying Value Constellations for Service Infusion in SMEs, Industrial Marketing Manage, Vol. 42, No. 1, 2013.

[136] Krishnan H. , Kapuscinski R. , Butz D. A. , Coordinating Contracts for Decentralized Supply Chains with Retailer Promotional Effort, Management Science, Vol. 50, No. 1, 2004.

[137] Kurata H. , Nam S. H. , After - sales Service Competition in a Supply Chain: Optimization of Customer Satisfaction Level or Profit or Both? International Journal of Production Economics, Vol. 127, No. 1, 2010.

[138] Li G. , Huang F. F. , Cheng T. C. E, Zheng Q. , Ji P. , Make - or - buy Service Capacity Decision in a Supply Chain Providing After - sales Service, European Journal of Operational Research, Vol. 239, No. 2, 2014.

[139] Li X. , Li Y. J. , Cai X. Q. , Remanufacturing and Pricing Decisions with Random Yield and Random Demand, Computers & Operations Research, Vol. 54, No. C, 2015.

[140] Liu L. , Parlar M. , Zhu S. X. , Pricing and Lead Time Decisions in Decentralized Supply Chains, Management Science, Vol. 53, No. 5, 2007.

[141] Lu Z. , "An Analytical Study on Service – oriented Manufacturing Strategies", International Journal of Production Economics, Vol. 139, No. 1, 2012.

[142] Majumder P. , Groenevelt H. , Competition in Remanufacturing, Production and Operations Management, Vol. 10, No. 2, 2001.

[143] Marceau J. , Martinez C. , "Selling Solutions: Product – Service Packages As Links Between New and Old Economics", DRUID Summer Conference on Industrial Dynamis of the New and Old Economy – Who Is Embracing Whom?, Copenhagen Elsinore, 2002.

[144] Martos P. M. , Gonzalez B. O. , Store Brand and Store Loyalty: The Moderating Role of Store Brand Positioning, Marketing Letters, Vol. 22, No. 3, 2011.

[145] Matsumura T. , Cournot Dupoly with Multi – period Competition: Inventory as a Coordination device, Australian Economic Papers, Vol. 38, No. 3, 1999.

[146] Mattoo A. , Rathindran R. , Subramanian A. , Measuring Services Trade Liberalization and its Impact on Economic Growth: An Illustration, Journal of Economic Integration, Vol. 21, No. 1, 2006.

[147] Mitra S. , Webster S. , Competition in Remanufacturing and the Effects of Government Subsidies, International Journal of Production Economics, Vol. 111, No. 2, 2008.

[148] Morelli N. , "Developing New Product Service Systems (PSS): Methodologies and Operational Tools", Journal of Cleaner Production, Vol. 14, No. 7, 2006.

[149] Morri A. , Whang C. S. , Competing in Product and Service: A Prod-

uct Life - Cycle Model, Management Science, Vol. 43, No. 4, 1997.

[150] Mukhopadhyay K. S., Yue X. H., Zhu X. W., A Stackelberg Model of Pricing of Complementary Goods under Information Asymmetry, International Journal of Production Economics, Vol. 134, No. 2, 2011.

[151] Neely A., Exploring the Financial Consequences of the Servitization of Manufacturing, Operations Management Research, Vol. 1, No. 2, 2008.

[152] Norman G., Pepall L., Richards D., Generic Product Advertising, Spillovers, and Market Concentration, American Journal of Agricultural Economics, Vol. 90, No. 3, 2008.

[153] Oliva R., Kallenberg R., "Managing the Transition From Products to Services", International Journal of Service Industry Management, Vol. 14, No. 2, 2003.

[154] Oraiopoulos N., Ferguson M. E., Toktay L. B., Relicensing as a secondary market strategy, Management Science, Vol. 58, No. 5, 2012.

[155] Reinartz W., Ulaga W., How to Sell Services More Profitably, Harvard Business Review, Vol. 86, No. 5, 2008.

[156] Sakao T., Napolitano N., Tronci M., Sundin E., Lindahl M., "How Are Product - service Combined Offers Provided in Germany and Italy? Analysis with Company Sizes and Countries", Journal of Systems Science and Systems Engineering, Vol. 17, No. 3, 2008.

[157] Salonen A., "Service Transition Strategies of Industrial Manufacturers", Industrial Marketing Management, Vol. 40, No. 5, 2011.

[158] Savaskan R. C., Bhattacharya S., Wassenhove L. N. V., Closed - loop Supply Chain Models with Product Remanufacturing, Management Science, Vol. 50, No. 2, 2004.

[159] Savaskan R. C., Wassenhove L. N. V., Reverse Channel Design: the Case of Competing Retailers, Management Science, Vol. 52,

No. 1, 2006.

[160] Sawhney M., Balasubramanian S., Krishnan V. V., Creating Growth with Services. MIT Sloan Management Review, Vol. 45, No. 2, 2003.

[161] Sengupta. S, Some Approaches to Complementary Product Strategy, Journal of Product Innovation Management, Vol. 15, No. 4, 1998.

[162] Shao B., Li K. P., Cross – sale in Integrated Supply Chain System, Journal of Business & Economics Reearch, Vol. 10, No. 5, 2012.

[163] Shin J., Kulvatunyou B., Lee Y., Ivezic N., "Concept Analysis to Enrich Manufacturing Service Capability Models", Procedia Computer Science, Vol. 2013, No. 16, 2013.

[164] Taylor T. A., Supply Chain Coordination under Channel Rebates with Sales Effort Effects, Management Science, Vol. 48, No. 8, 2002.

[165] Tsay A. A., Agrawal N., Channel Dynamics Under Price and Service Competition, Manufacturing & Service Operations Management, Vol. 2, No. 4, 2000.

[166] Turunen T., Finne M., The Organisational Environment's Impact on the Servitization of Manufacturers, European Management Journal, Vol. 32, No. 4, 2014.

[167] Visnjic I., Van L. B., Servitization: Disentangling the Impact of Service Business Model Innovation on Manufacturing Firm Performance, Journal of Operations Management, Vol. 31, No. 4, 2013.

[168] Wang G. F., Ai X. Z., Deng H. P., Study on Dual – channel Revenue Sharing Coordination Mechanisms Based on the Free Riding, International Conference on Service Systems and Service, Management, IEEE, Xiamen, 2009.

[169] Wolf D., Smeers Y., A Stochastic Versionof a Stackelberg – Nash – Cournot Equilibrium Model, Management Science, Vol. 43, No. 2, 1997.

[170] Wu C. H., Price and Service Competition Between New and Remanu-

factured Products in a Two – echelon Supply Chain, International Journal of Production Economics, Vol. 140, No. 1, 2012.

[171] Xia Y. S., Gilbert S. M., Strategic Interactions between Channel Structure and Demand Enhancing Services, European Journal of Operational Research, Vol. 181, No. 1, 2007.

[172] Xiao T., Xu T., Coordinating Price and Service Level Decisions for a Supply Chain with Deteriorating Item under Vendor Managed Inventory, International Journal of Production Economics, Vol. 145, No. 2, 2013.

[173] Xiao T., Yang D., Price and Service Competition of Supply Chains with Risk – averse Retailers under Demand Uncertainty, International Journal of Production Economics, Vol. 141, No. 1, 2008.

[174] Xie J., Wei J. C., Coordinating Advertising and Pricing in a Manufacturer – retailer Channel, European Journal of Operational Research, Vol. 197, No. 2, 2009.

[175] Xiong Y., Li G., Zhou Y., Fernandes K., Harrison R., Xiong Z. K., Dynamic Pricing Models for Used Products in Remanufacturing with Lost – sales and Uncertain Quality, International Journal of Production Economics, Vol. 147, No. C, 2014.

[176] Yan R., Pei Z., Retail Services and Firm Profit in a Dual – channel Market, Journal of Retailing and Consumer Services, Vol. 16, No. 4, 2009.

[177] Yue X., Mukhopadhyay S. K., Zhu X., A Bertrand Model of Pricing of Complementary Goods under Information Asymmetry, Journal of Business Research, Vol. 59, No. 10, 2006.